dtv

Sie haben Urlaub. Sie haben Zeit. Der Liegestuhl ruft, die Parkbank lockt, der Balkon winkt.
Schnappen Sie sich die besten Sommergeschichten des Jahres und lassen Sie sich unterhalten z. B. von Alex Capus (und seiner Vorstellung eines Sommeridylls), von Alice Munro (die von einer ganz besonderen Frauenfreundschaft erzählt), von Axel Hacke (der weiß, wie es ist, mit Kindern in Urlaub zu fahren), von Steffi von Wolff (die sich beim Segeln ungeschickt anstellt), von T. C. Boyle (der seine eigene Sicht auf die Welt hat), von Elke Heidenreich (die ein Geheimnis lüftet), von Mick Fitzgerald (der den irischen Sommer nur zu gut kennt), von Anja Jonuleit (die ein Haus renoviert und seltsame Nachbarn hat) und vielen anderen mehr.

Geschichten von: Ewald Arenz, T. C. Boyle, Claudia Brendler, Wolfgang Brenner, Katinka Buddenkotte, Alex Capus, Pamela Cockerill, Mick Fitzgerald, Axel Hacke, Elke Heidenreich, Anja Jonuleit, Laabs Kowalski, Arnold Küsters, Siegfried Lenz, Katherine Mansfield, Milena Moser, Stefan Moster, Alice Munro, Cees Nooteboom, Anne B. Ragde, Ulrike Rylance, Nadine Stachorra, Kurt Tucholsky, Steffi von Wolff.

Sommermeerchen

Die schönsten Geschichten
für den Urlaub

Herausgegeben von
Karoline Adler

Deutscher Taschenbuch Verlag

Ausführliche Informationen über
unsere Autoren und Bücher
finden Sie auf unserer Website
www.dtv.de

MIX
Papier aus verantwortungsvollen Quellen
FSC® C019821
FSC
www.fsc.org

Originalausgabe 2014

Umschlagkonzept: Balk & Brumshagen
Umschlaggestaltung: Lisa Höfner unter Verwendung
eines Fotos von plainpicture/Elektrons 08
Gesetzt aus der Stempel Garamond 10/12·
Gesamtherstellung: Druckerei C.H.Beck, Nördlingen
Gedruckt auf säurefreiem, chlorfrei gebleichtem Papier
Printed in Germany · ISBN 978-3-423-21512-1

Inhaltsverzeichnis

T. C. Boyle

Jubilation

Ich lebe jetzt seit fast zwei Jahren in Jubilation. In dieser Zeit hat sich viel verändert, zum Guten und zum Schlechten, wie es in jeder realen und authentischen Stadt zu erwarten ist, in der reale und authentische Menschen mit eiserner Identität und unterschiedlichen persönlichen Vorstellungen leben, aber insgesamt muss ich sagen, dass ich froh bin, mich für Contash Corps Vision vom gemeinschaftlichen Leben entschieden zu haben. Ich habe hier Freunde, Nachbarn, Menschen, die mich mögen, so wie ich sie mag. Wir hatten unsere Krisen, keine Frage – Mutter Natur war während der letzten zwei Jahre ziemlich unberechenbar –, und es gibt in Jubilation niemanden, keinen Mann, keine Frau und kein Kind, der sich angesichts der Ablehnung und der Kritik, die uns entgegenschlagen, keine Sorgen um die Erhaltung unserer Vermögenswerte macht. Dennoch, es geht in erster Linie um die *Menschen,* und die Leute, die ich kenne, sind so entschlossen und zukunftsorientiert, wie man es sich nur wünschen kann. Wir haben hier etwas aufgebaut, etwas, worauf wir alle, glaube ich, stolz sein können.

Es war nicht einfach. Von Anfang an wurde hinter meinem Rücken gelacht. Alle sagten: »Ja, klar, Jackson, du lässt dich scheiden, und als Erstes fliegst du nach Florida und lebst in einem Themenpark mit Gulpy Gator und wem auch immer – Chowchy, der Eidechse, stimmt's? – und verteidigst es mit irgendeinem Blödsinn von wegen Gemeinschaft und neuem Urbanismus, und wir sollen sagen, du verhältst dich vernünftig?« Meine Exfrau war die Schlimmste. Lauren. Bei ihr klang es, als würde ich persönlich den Sky Lift fahren oder in den Gulpy-Anzug schlüpfen und die Leute am Tor von Contash World begrüßen, aber in Wahrheit war ich ein Pionier, ich hatte die Chance, von Anfang an bei etwas dabei zu sein und es zum Erfolg zu führen – mich dafür zu *opfern* –, und die Zyniker, die ich früher meine Freunde nannte, kicherten in ihre Apfel-Martinis, als wäre mein Leben nach der Scheidung eine Opera buffa, die zu ihrem Vergnügen aufgeführt würde.

Die Lotterie zum Beispiel. Alle hielten mich für verrückt, aber ich buchte das Ticket, flog nach Orlando und stellte mich in eine Reihe mit sechstausend Fremden, während die Sonne die Haut auf meiner Nasenspitze schälte und durch die Sohlen meiner Schuhe brannte. Auf der Startbahn von LaGuardia lag Graupel, als das Flugzeug abhob, in den Vororten wurde mit einem halben Meter Schnee gerechnet, aber all das hatte keine Bedeutung für mich, nicht mehr. Die Palmen schwankten in einer lauen tropischen Brise, die Sandflöhe, Kriebelmücken und Moskitos machten irgendwo Ferien, Kinder tollten über smaragdgrüne Wiesen, und lebhafte kleine Vögel flatterten in den Jasmin- und Hibiskusbüschen. Die Leute scharrten mit den Füßen, tippten auf ihre Armbanduhren, starrten hoffnungsvoll in die Ferne, während hundert Contash-Mitarbeiter die Reihe entlanggingen und Krapfen und Styroporbecher mit Kaffee verteilten.

Die Aufregung war ansteckend und enthielt zugleich ein Element von Konkurrenzangst – der Zufall bestimmte das Los, und es musste zwangsläufig Gewinner und Verlierer geben. Dennoch waren die Leute kontaktfreudig und freundlich, plauderten miteinander, als würden sie sich schon ein Leben lang kennen, teilten kalten Braten und hausgemachten Kartoffelsalat, erzählten Geschichten. Alle kannten die Regeln – niemand wurde bevorzugt. Charles Contash gründete eine Stadt, eine Prêt-à-porter-Gemeinde mitten im Urlaubswunderland, die Contash-Welt auf der einen und der Game Park USA auf der anderen Seite, und wenn man dabei sein wollte, musste man sich – gleichgültig, wer man war oder wen man kannte – wie alle anderen auch anstellen.

Direkt vor mir stand eine alleinerziehende Mutter in einem staubblauen Top, das ihre beträchtlichen Aktivposten zur Geltung brachte, und vor ihr warteten zwei Männer, die Händchen hielten; direkt hinter mir befand sich eine vierköpfige Familie, Mama, Papa, Tochter und Junior, die schweigend Krapfen kauten, ihre Gesichter verhärmt und austauschbar, und hinter ihnen vergrub ein schwarzes Paar die Köpfe in Hochglanzbroschüren. Die alleinerziehende Mutter – sie hatte sich nur als Vicki zu erkennen gegeben – hatte einen fetten, runden Sahnewindbeutel von Baby über die linke Schulter geworfen, wo es (er? sie?) mit dem dünnen Band ihres Spaghettiträgers spielte, während das andere Kind, ein ungefähr dreijähriger Junge, herausgeputzt mit einem gestreiften Polohemd und Shorts, in die er noch hineinwachsen musste, sich an ihr Bein klammerte, als wäre er mit einem Klettverschluss daran befestigt. »Wie, sagten Sie, ist Ihr Name?«, fragte sie und drehte sich zum ungefähr hundertsten Mal in der letzten Stunde zu mir um. Das Baby sah aus dieser Perspektive aus, als bestünde es nur aus blendend weißen Windeln und zwei geschwollenen strampelnden Beinen.

Ich erwiderte, mein Name sei Jackson und ich freute mich, sie kennenzulernen, und bevor sie fragen konnte, *Ist das Ihr Vor- oder Nachname?*, klärte ich die Sache: »Jackson Peters Reilly. Das ist der Mädchenname meiner Mutter. Jackson. Und der Mädchenname ihrer Mutter war Peters.«

Sie schien einen Augenblick darüber nachzudenken, ihr Blick fokussierte und verschwamm. Sie tätschelte aus keinem ersichtlichen Grund den Hintern des Babys. »Ich wünschte, mir wäre das eingefallen«, sagte sie. »Das ist Ashley, und mein Sohn heißt Ethan. Sag Hallo, Ethan. Ethan?« Und dann lachte sie ein herzliches, hoffnungsvolles Lachen, das Zurückweisung, Verlassenwordensein oder die Nacht auf dem Gehsteig mit zwei müden Kindern an ungefähr Platz vierhundert der Lotterieschlange Lügen strafte. »Mein Mädchenname ist allerdings Silinski, und der würde nicht sehr feminin klingen für die kleine Ashley, nicht wahr?«

Sie flirtete mit mir, und das war okay, das war in Ordnung, denn war ich nicht in erster Linie deswegen hergekommen – um mein Sozialleben aufzumöbeln? Ich hatte New York satt. Ich hatte L. A. satt. Ich hatte die Anonymität satt, das Gedränge, das Gequetsche und Geschiebe und die Feindseligkeit, die direkt unter der Oberfläche jeder noch so kurzen und unwichtigen Begegnung lauerte. »Ich weiß nicht«, sagte ich, »klingt irgendwie schick. An der Tür klingelt's, und die Nachbarskinder rufen: ›Darf Silinski mit uns spielen?‹ Oder die Modelagentur ruft an. ›Was ist mit Silinski? Ist sie verfügbar?‹«

Es lief gut, ich grinste und raspelte Süßholz und segelte nur so dahin, obwohl mein Rückgrat verrenkt schien und es in meiner rechten Hüfte pochte, wo sich der Gehsteig hineingebohrt hatte während einer überwiegend schlaflosen Nacht unter dem bernsteinfarbenen Glühen der neu installierten Contash-Straßenlampen. Ich trank einen Schluck aus der Evian-Flasche, zog das Plastikschild meiner Kappe herunter, um zu verhindern, dass die Sonne die Falten um meine Augen hervorhob. Ich hatte noch einen Silinski-Spruch auf der Zunge, der sie endgültig in die Knie zwingen würde vor Bewunderung für meinen Esprit und meinen Charme, aber ich kam nie dazu, ihn auszusprechen, denn in diesem Moment verkündete die grollende Detonation einer Bürgerkriegskanone die offizielle Eröffnung der Verlosung, und alle in der Schlange drängten sich enger zusammen, als zehntausend Luftballons, im Staubblau und Sonnenorange der Contash Corp, wie ein wahnsinniger Vogelschwarm in den Himmel stoben.

»Willkommen, Freunde und Nachbarn«, dröhnte eine verstärkte Stimme, und alle Blicke richteten sich auf den

Kopf der Schlange. Dort, auf dem vierstöckigen Turm des Verkaufscenters, hatte eine winzige Gestalt in den Contash-Farben segnend die Arme erhoben. »Und auch ihr Kleinen – und denkt dran, Gulpy Gator und Chowchy lieben euch alle, ebenso der Gründer, Charles Contash, dessen Vision von Gemeinschaft, Gesundheit und Lebenskraft, von guten Schulen und guter Nachbarschaft nie heller geleuchtet hat als heute in Jubilation! Ihr braucht nicht zu drängeln oder euch zu ärgern. Wir verlosen heute zweitausend große und kleine Landhäuser, kleine Adobes und Mercado-Street-Miniluxus-Apartments und demnächst dreitausend mehr. Also willkommen, Leute, tretet näher und zieht eure Glücksnummer aus der Lostrommel.«

Der Druck verstärkte sich in all seiner menschlichen Unvermeidbarkeit, und ich musste mich stählen, um die junge Frau vor mir nicht zu zertrampeln. Die vierköpfige Familie stieß ihre Ecken und Kanten in mein Fleisch, und ich machte aus meinen Armen ein Nest für sie, für Vicki, die ihrerseits gegen die Händchen haltenden Männer gepresst wurde. Ich konnte sie riechen, ihren Atem, süß von den Pfefferminzbonbons, die sie den ganzen Morgen gelutscht hatte, und den Geruch nach Schweiß und Parfum, der aus der Enge ihres Tops aufstieg. »O Gott«, flüsterte sie, »o Gott, ich kann nur beten –«

Ihr Haar steckte in meinem Mund, verfing sich in den Borsten meines Schnurrbarts. Es war, als würden wir alle die Macarena oder eine Polonaise tanzen. »Beten wofür?«

Sie hielt den Atem an und stieß ihn aus in einem respiratorischen Tumult, der nahezu ein Schluchzer war: »Dass ein Mercado-Street-Miniluxus-Apartment für uns übrig ist, nur eins, mehr will ich nicht.« Dann hielt sie inne, der glänzende Neumond ihres Gesichts ging über ihrer Schulter auf, um mich anzusehen. »Und Sie«, hauchte sie, »ich bete, dass auch Sie bekommen, was Sie sich wünschen.«

Was ich mir wünschte, war ein frei stehendes Haus im

Stadtteil Nördliches Dorf, nahe am künstlichen See, eine dreißig mal zehn Meter große Parzelle für coole vierhundertfünfzigtausend Dollar und eine umlaufende Veranda, die anzüglich zu den umlaufenden Veranden meiner keine drei Meter entfernten Nachbarn schielte – ein Casual Contempo oder von mir aus auch ein kleines Adobe –, und ich wollte es so sehr, dass ich sogar Charles Contash höchstpersönlich als Geisel genommen hätte, um es zu bekommen. »Ein Casual Contempo«, sagte ich, und die vierköpfige Familie drängte sich an mich.

Vicki kämpfte um ihren Platz. Das kleine Kind klebte wie ein Schiffshalterfisch am langen, sich verjüngenden Muskel ihres Beins. Das Baby begann zu wimmern. Sie war gereizt, erschöpft und nicht in Bestform, dennoch hob sie die Augenbrauen und stieß einen leisen Pfiff aus. »Wow«, sagte sie, »Sie müssen reich sein.«

Ich war nicht reich, gemessen an den Standards, die ich mir selbst gesetzt hatte, aber ich hatte meine Firma an eine größere Firma verkauft und meine Exfrau ausgezahlt, und was übrig blieb, war mehr als genug, um mir ein neues Leben in einem neuen Haus zu ermöglichen – und nein, ich zog mich nicht nach Florida zurück, um Golf zu spielen, bis ich aus Langeweile tot umfiel, sondern um das zu suchen, was in meinem Leben fehlte, die Werte, mit denen ich in der Vorstadt aufgewachsen war, wo es keine Zäune gab, keine Mauern, keine bewachten Siedlungen und privaten Sicherheitsdienste, sondern wo jeder jeden kannte und Demokratie kein zerknittertes Spruchband war, das Politiker alle vier Jahre zu ihrem eigenen Vorteil entrollten. Und das versprach die Jubilation Company. Das und felsenfeste Vermögenswerte, gestützt von Charles Contash und der geballten Finanzmacht seines Unternehmens und Merchandisingreichs. Der einzige Haken war, dass man sein Eigenheim mindestens neun Monate im Jahr bewohnen musste und es erst nach zwei Jahren wieder verkaufen durfte, um Spekulanten abzuschrecken, aber meiner Ansicht nach war das keineswegs ein Haken, wenn man an das Projekt glaubte. Und wenn nicht, sollte man hier gar nicht erst Schlange stehen. »Nicht wirklich«, sagte ich und genoss den Ausdruck in ihrem Gesicht, das unbewusste Aufreißen der Augen, das erwartungsvolle Öffnen der Lippen. »Ich würde es sorgenfrei nennen.«

Durch die Schlange ging ein Ruck, und wir alle suchten neuen Halt. »Mercado Street!«, rief jemand. »Penny Lane!«, konterte jemand anders, und kurz flackerte nervöses Lachen auf.

Von meinem Platz aus konnte ich das Gedränge kaum überblicken. Ein Mädchen in einem kurzen blauen Rock und orangefarbenen hochhackigen Schuhen stand auf einer Plattform am Kopf der Schlange, drehte eine schimmernde Lostrommel aus Edelstahl mit dem Contash-Logo vorne drauf, und eine LED-Anzeigetafel stand bereit, um die Ziffern auf den digitalisierten Karten anzuzeigen, die aus den Tiefen der Trommel gezogen wurden. Eine Welle der Aufregung erfasste uns, als der Mann am Kopf der Schlange, ein Turnlehrer aus Las Vegas, New Mexico, die Stufen der Plattform hinaufstieg. Gerüchten zufolge hatte er einen Monat lang auf dem unbarmherzigen Beton kampiert, Mahlzeiten aus der Mikrowelle gegessen und Gymnastik gemacht, um in Form zu bleiben. Ich sah einen Trainingsanzug (blau mit orangefarbenen Streifen, was sonst?), gekrönt von einen Meter breiten Schultern und einem Kopf wie eine Abbruchbirne. Der Mann neigte sich vor zur Lostrommel, richtete sich wieder auf und reichte dem Mädchen eine weiße Plastikkarte. Sie hielt sie unter einen Scanner. Auf der Anzeigetafel flackerte die Zahl: 3347. »O Gott«, murmelte Vicki. Mein Herz raste. Ich konnte nicht mehr schlucken. Die Sonne hing über uns wie eine überreife Orange an einem Ast knapp außer Reichweite, als die Menge lange, langsam, vernichtend ausatmete. Was hatte es genutzt, dass der Turnlehrer einen Monat lang hier kampiert hatte? Er war ein Verlierer, und er musste bis zum Beginn der Bauarbeiten der Phase II warten, bevor er auch nur wieder hoffen konnte, Teil des Projekts zu werden.

Keiner der nächsten fünf Personen gelang es, eine Zahl unter 1000 zu ziehen, aber zumindest hatten sie es hinter sich, zumindest das. »Sie sehen aus, als ob sie Häuser wollten, nicht wahr?«, sagte Vicki, ein nervöses Zittern hatte sich in ihre Stimme geschlichen. »Ich meine nicht ein Casual Contempo«, sagte sie. »Die will ich Ihnen nicht mit einem Fluch belegen, aber vielleicht kleine Adobes oder die Courteous Coastals. Aber keine Wohnungen. Auf keinen Fall.«

Dann zog ein Paar, das aussah, als gehörte es auf eine Reklametafel von Contash Corp, die Nummer 5, und die Menge stieß ein kollektives Stöhnen aus, bevor sich die Leute erholten und vereinzelter Applaus laut wurde. Ich schloss die Augen. Seit dem gestrigen Nachmittag im Flugzeug hatte ich nichts mehr gegessen, und plötzlich war mir schwindlig. *Hab einfach Glück,* sagte ich mir. *Ein bisschen Glück, mehr brauchst du nicht.*

Ein leichter Wind erhob sich. Die Schlange bewegte sich Schritt für Schritt, Nummer für Nummer vorwärts. Sobald eine Nummer angezeigt wurde, durchlief Aufregung die Menge, sie waren zwar alle Nachbarn oder potenzielle Nachbarn, aber das hieß nicht, dass sie nicht gegeneinander antraten. Es dauerte fast eine Stunde, bis die Männer vor Vicki – Mark und sein Partner Leonard, die nettesten Menschen der Welt – die Stufen zur Plattform hinaufstiegen und die Nummer 222 zogen. Ich sah schweigend zu, als sie sich in die Arme fielen und einen kleinen vierfüßigen Freudentanz auf der Bühne aufführten, und dann stand Vicki oben, die Sonne warf Glanzlichter auf ihr Haar und zog die Farbe aus ihren Augen, als wären sie aus Tinte gewesen. Der Junge zappelte. Das Baby plärrte. Sie neigte sich vor, um eine Karte zu ziehen, und als die Tafel 17 anzeigte, flog sie die Stufen hinunter und brach vor Freude in den Armen des einzigen Mannes zusammen, den sie in der ganzen erstaunten Menge kannte – mich –, und alle müssen angenommen haben, ich sei der Vater der cremefarben blassen Kinder, bis ich selbst die Stufen hinaufging und meinen Arm in die Lostrommel steckte.

Auf der Bühne schien es plötzlich still zu werden, der Tumult der Stimmen schrumpfte zu einem Flüstern, Zungen standen still, Lippen erstarrten mitten im Satz. Ich würde bekommen, was ich wollte. Davon war ich überzeugt. Meine Finger schlossen sich um eine Karte, eine von Tausenden, und ich fischte sie heraus und reichte sie dem Mädchen; einen Augenblick später leuchtete die Nummer auf der Tafel auf – 4971 –, und Vicki, die glasig lächelnd am Fuß der Stufen stand, blickte durch mich hindurch.

Es gibt Menschen auf dieser Welt, die zufrieden sind mit ihrem Los, die zufrieden den Kopf senken und akzeptieren, was ihnen zugestanden wird, die zufrieden warten, sich opfern und auf die Zukunft hoffen. Ich gehöre nicht dazu. Eine Stunde nachdem ich mein Los gezogen hatte, tauschte ich Nummer 4971 und zehntausend Dollar in bar gegen Marks und Leonards Nummer 222, und einen Monat später lag ich auf einer neuen weißen Rattanliege auf der umlaufenden Veranda meines Casual Contempo und besprach die Einrichtung mit einer entschiedenen – und attraktiven – jungen Frau von Coastal Design. Die junge Frau hieß Felicia, das Haar hatte sie zu einem französischen Zopf geflochten, der ihren langen kühlen Nacken entblößte. Sie blickte mir in die Augen und erklärte mir gerade in leisen, gehauchten, neuen Tönen, was ich im Rahmen der eklektischen neotraditionellen Ästhetik von Jubilation brauchte – »Wirklich, Mr Reilly, Sie können kombinieren und zusammenstellen, wie es Ihr Herz begehrt, ein Stickley-Sofa zu den Craftsman-Fenstern gleich neben einem chinesischen Beistelltisch aus lackiertem Rosenholz mit goldenen Intarsien« –, als ich sie unterbrach. Ich horchte einen Augenblick auf das Klimpern der Eiswürfel in meinem Glas, dann fragte ich sie, ob es ihr nicht lieber wäre, meine Bedürfnisse bei einem netten Etoufee auf der Terrasse der Cajun Kitchen zu besprechen, die auf den wunderbaren Lake Allagash hinausging. »Oh, das würde ich sehr gern, Mr Reilly«, sagte sie, »lieber als praktisch alles andere, aber Jeffrey – seit einem halben Jahr mein süßer kleiner Mann – hätte vielleicht etwas dagegen.« Sie schlug die Beine über, ließ einen Absatz strategisch baumeln. »Nein, ich glaube, wir beschränken uns auf das, wofür wir hier sind, nicht wahr?«

Ich stellte ihr einen Scheck aus, und innerhalb von achtundvierzig Stunden bewohnte ich eine Farbpalette wie aus einer Jubilation-Broschüre, reichlich versehen mit kleinen Teppichen, Schränken, Sideboards, einem Satz Küchenstühle, die ein schwedischer Sadist entworfen hatte, und einem Paar antiker Wasserkrüge aus Messing – oder waren es Spucknäpfe? –, gefüllt mit Concours d'Elegance, einer Mischung getrockneter Küstenblumen. Es war nicht billig gewesen, aber ich beklagte mich nicht. Das war es, was ich gewollt hatte, seit meiner Ehe die Luft ausgegangen war und ich das nomadische Leben in Motels, Hotelhochhäusern und der Pension um die Ecke begonnen hatte. Ich war zu Hause. Zum ersten Mal seit Urzeiten konnte ich mich orientieren und fühlte mich sicher.

Ich legte Vorräte an, fuhr auf meinem Exercycle, begann ein paar Bücher *(Schuld und Sühne, Die Nürnberger Prozesse, Die Nackten und die Toten)* zu lesen, die ich schon immer hatte lesen wollen, lud eine geschiedene Frau namens Cecily in den Chowchy Grill zum Abendessen ein und danach zu einem Film im Art-déco-Palast, den Cesar Pelli als den Mittelpunkt der Mercado-Street-Fußgängerzone entworfen hatte, genoss das relativ insektenfreie Frühlingswetter in einem gemieteten Kajak auf dem Lake Allagash. Am

Ende des zweiten Monats hatte ich acht Pfund abgenommen, meine Arme waren muskulöser, und mein Gesicht war so braun wie das eines Tennisprofis. Ich wünschte, meine Frau würde mich jetzt sehen, aber noch während ich es wünschte, sah ich ihr Bild vor mir – die dicken, schmollenden Lippen und die zornigen Linien in ihren Mundwinkeln, der lodernde Blick und das streitlustig vorgereckte Kinn –, und es erfüllte mich mit Kummer. Raymond, so hieß der Mann, der ihr Freund war – Raymond, der ein Restaurant besaß und ein Boot im Sund von Long Island.

Jedenfalls stand ich eines Nachmittags vor der Gemüseauslage im Jubilation Market und sah, wie die glänzende Schale einer übergroßen Zucchini das Gesicht meiner Exfrau annahm, als eine vertraute Stimme meinen Namen rief. Es war Vicki. Sie trug eine durchsichtige Bluse über einem Bikinioberteil, und ihr Haar war zu einem Bausch gefärbter Ringellocken aufgetürmt. In der Hand hielt sie einen Einkaufskorb aus Plastik. Ihre Kinder waren nicht in Sicht. »Ich habe gehört, dass Sie Ihr Casual Contempo bekommen haben«, sagte sie. »Wie gefällt es Ihnen?«

»Traumhaft. Und Sie?«

Ihr Lächeln wurde breiter. »Ich habe einen Job. Bei der Firma. Ich bin Organisationsassistentin für Gruppentouren.«

»Gruppentouren? Sie meinen hier? Oder in Contash World?«

»Sind Ihnen die vielen Menschen in den Straßen nicht aufgefallen?«, fragte sie, noch immer lächelnd. »Die mit den Fotoapparaten und den Strohhüten, die kommen, um herauszufinden, wie wir leben und wie eine Modellstadt aussieht und funktioniert? Schauen Sie dort draußen, auf dem Gehsteig vor dem Chowchy Grill. Sehen Sie die Männer in Hawaiihemden? Und die Frauen mit den Beinen, die aussehen, als hätten sie sie eben erst aus der Gefriertruhe geholt?«

Ich folgte ihrem Blick, und da waren sie, Touristen, trieben sich herum wie in einer Bühnenkulisse. Wie hatte ich sie übersehen können? Gerade in diesem Augenblick wich einer mit einer Videokamera in der Hand vor dem Lebensmittelladen zurück. »Touristen?«, murmelte ich.

Sie nickte.

Vielleicht war ich an diesem Vormittag etwas mürrisch, vielleicht brauchte ich Liebe und Zuneigung, ganz zu schweigen von Sex, vielleicht war ich einsam und frustriert und spürte die erste leise Enttäuschung über mein neues Leben, aber bevor ich darüber nachdenken konnte, sagte ich: »Sie sind schlimmer als Ameisen. Übrigens, haben Sie Ameisen – in Ihrer Wohnung, meine ich? Diese winzigen Ameisen, die Autobahnen auf dem Boden, den Abstellflächen in der Küche, den Wänden anlegen?«

Ihr Lächeln erlosch, dann kehrte es zurück, weil sie entschlossen war, vergnügt und positiv zu sein. »Ich würde sagen, dass sie schlimmer als Ameisen sind – zumindest räumen die Ameisen hinter sich auf.«

»Und Kakerlaken. Oder Palmetto-Schaben – so nennen sie sie doch hier, oder? Neulich habe ich eine gesehen, die war so groß wie ein Frosch, direkt auf der Penny Lane.«

Sie hatte nichts dazu zu sagen, deswegen wechselte ich das Thema und erkundigte mich nach ihren Kindern.

»Oh, gut. Hervorragend. Sie gedeihen prächtig.« Pause. »Meine Mutter ist aus Philadelphia gekommen – als Babysitter, bis ich jemand gefunden habe. Für die Zeit, wenn ich arbeite.«

»Wirklich«, sagte ich und schob die anstößige Zucchini ganz nach unten in der Auslage. »Haben Sie jetzt Zeit? Für einen Drink vielleicht? Oder müssen Sie nach Hause und kochen oder so.«

Sie blickte zweifelnd drein.

»Ich meine, wollen Sie ein neoretro Casual Contempo nicht einmal von innen sehen, wenn es voll eingerichtet ist?«

Der erste wirkliche Rückschlag erfolgte eine oder zwei Wochen später. Ich war vom Übergangsteam meiner früheren Firma gerufen worden, um sie zu beraten, und als ich zurückkam, fand ich im Briefkasten eine Nachricht der Tochtergesellschaft von Contash Corp, The Jubilation Company oder TJC, wie wir sie kurz – und etwas redundant – nannten. Es wurde davon abgeraten, zu viel Zeit auf unseren umlaufenden Veranden zu verbringen, vor allem während des Sonnenaufgangs und -untergangs, und alle Vorsichtsmaßnahmen zu ergreifen, wenn wir um den Lake Allagash joggten oder auch nur einen Schaufensterbummel in der Mercado Street machten. Das Problem waren die Moskitos. Dicke, übergroße Moskitos aus Zentralflorida, die Gehirnhautentzündung und Denguefieber übertrugen. TJC tat alles, um die Überträger unter Kontrolle zu bringen, der Vertrag entband sie allerdings von jeglicher Verantwortung – man lese nur die Erklärung der notariell vereinbarten vertraglichen Beschränkungen –, aber im Interesse der öffentlichen Sicherheit empfahlen sie allen, im Haus zu bleiben. Trotz der Hitze. Und der Tatsache, dass das Im-Haus-Bleiben der Idee des Casual Contempo, der umlaufenden Veranda und des ungezwungenen nachbarschaftlichen Umgangs, der das Herzstück eines intakten authentischen Stadtlebens ist, zuwiderlief.

Ich brütete in der Küche, kratzte müßig an der Konstellation von zornroten Stichen an meinem rechten Handgelenk und wartete darauf, dass die Meningen in meiner Hirnschale anschwollen, als ich eine Bewegung auf der Veranda wahrnahm. Dort standen zwei verhüllte Gestalten, eine groß, die andere klein, dazu ein verhüllter Kinderwagen. Einen Augenblick lang wurde ich nicht schlau daraus, aber der Kinderwagen war ein todsicherer Hinweis: Es war Vicki, gekleidet wie eine Imkerin, mit dem kleinen Ethan in seinem eigenen Miniatur-Imkeranzug und dem Baby Ashley, die hinter einem Vorhang aus Gaze in den Tiefen des Kinderwagens lag. »Himmel«, sagte ich und bat sie herein, »müssen wir uns von jetzt an so anziehen?«

Sie zog den Schleier zurück und enthüllte ihr hoffnungsvolles Lächeln und das kleine glänzende Wunder ihres Haars. »Nein, das glaube ich nicht«, sagte sie und beugte sich hinunter, um ihren Sohn von seiner hinderlichen Verkleidung zu befreien (»Ich will nicht«, sagte er immer wieder, »ich will nicht«). »Schon gut«, sagte sie zu dem kleinen blassen Oval seines Gesichts, »schon gut, alles in Ordnung. Und du kannst eine Limonade haben, wenn Jackson eine im Kühlschrank hat.«

»Ja, klar«, sagte ich und beugte mich ebenfalls hinunter. »Fanta? Oder Sprite?«

Wir setzten uns in die Küche, tranken Weißwein und aßen eine Schachtel schaler Triscuits, während das Baby schlief und Ethan vor der Glotze im Wohnzimmer an einer Dose Kräuterlimonade nuckelte. Hinter dem Haus befand sich der niedrige Zaun zum Naturreservat mit seiner vogelfreundlichen Marsch, allerdings diente der Sumpf zufälligerweise auch als Entbindungsstation für Moskitos, und jenseits davon war der Lake Allagash. »Im Büro sagen sie, dass die Moskitos jahreszeitlich bedingt sind«, sagte Vicki, fuhr sich mit der Hand in die gefärbten Ringellocken und schüttelte sie, »und außerdem sprühen sie jetzt fast rund um die Uhr, deshalb glaube ich – also, ich meine, sie mussten in Contash World ein paar Karussells schließen, und das heißt Geldverlust, großer Geldverlust.«

Ich war kein Zyniker oder versuchte zumindest, keiner zu sein, weil sich ein Pionier keinen Zynismus leisten kann. Man muss auch die positive Seite sehen, diese Maxime hielt ich aufrecht – es gab keine Alternative. »Okay, gut, aber hast du mein Handgelenk gesehen? Sollte ich mir Sorgen machen? Sollte ich zum Arzt gehen, was meinst du?«

Sie griff mit einer kühlen Hand nach meinem Handgelenk und fuhr mit dem Zeigefinger über die Schwellungen. Sie lachte kurz auf. »Das sind bloß Stiche von Sandflöhen. Kein Grund zur Sorge. Und die Moskitos werden in ein, zwei Wochen auch nur noch eine schlechte Erinnerung sein, das garantiere ich dir.«

Es folgte ein Moment des Schweigens, währenddessen wir beide durch das Fenster auf die Marsch blickten – oder den Sumpf, wie ich fälschlicherweise gesagt hatte, bevor Vicki mich korrigierte. Wir sahen zu, wie ein Silberreiher aus dem Nirgendwo aufstieg und zwischen den Bäumen davonschwebte. Am Horizont türmten sich Wolken in reinem purem Weiß auf; die Palmettos fingen eine leise Spur von Wind ein und ließen sie wieder frei. Nebenan war die umlaufende Veranda meiner Nachbarn – des schwarzen Paars, Sam und Ernesta Fills – leer und verlassen. Dito die Veranda auf der anderen Seite, wohin Mark und Leonard vor Kurzem gezogen waren, nachdem sie zweitausendfünfhundert Dollar des Geldes, das ich ihnen gegeben hatte, gegen Nummer 632 und ein erstklassiges Casual Contempo eingetauscht hatten.

»Nein«, sagte sie schließlich, trank ihr Weinglas aus und hielt es mir in der zierlichen Hand hin, sodass ich es erneut füllen konnte, »wenn ich du wäre, würde ich mir wegen meiner Nachbarn auf der anderen Straßenseite Sorgen machen – die Weeks.«

Ich schaute sie blöd an.

»Du kennst sie doch – July und Fili Weeks und ihre drei Söhne?«

»Ja«, sagte ich, »natürlich.« Hier kannte jeder jeden. Es war eine Regel.

Aus dem Fernseher im anderen Zimmer drang das Geräusch einer Lachkonserve, gefolgt von Ethans unterentwickeltem Lachen, einem hohen stotternden Wiehern. »Was ist mit den roten Vorhängen?«, sagte sie. »Und dem Wagen? Was immer es für einer ist, dieser Rennwagen, der in den drei hässlichsten Magentatönen gespritzt ist und den sie auf der Straße abstellen, wo alle Welt ihn sehen kann? Sie verletzen die Vorschriften jetzt schon in ungefähr acht Punkten, und sie sind noch nicht einmal einen Monat hier.«

Ich spürte ein Prickeln der Beunruhigung. Wir steckten alle gemeinsam in der Sache, und wenn einer nicht mitmachte – wenn sich nicht alle an die vertraglich vereinbarten Beschränkungen hielten –, was würde dann mit unseren Vermögenswerten passieren? »Rote Vorhänge?«, sagte ich.

Ihre Augen waren aus Stahl. »Wie in einem Puff. Und du kennst die Regeln – nur Weiß, Eierschale, Beige und ein helles Graubraun.«

»Hat schon jemand mit ihnen gesprochen? Kann nicht irgendjemand was tun?«

Sie stellte ihr Glas ab, wandte den Blick vom Fenster und schaute mir in die Augen. »Du meinst das Bürgerkomitee?«

Ich zuckte die Achseln. »Ja. Klar. Vermutlich.«

Sie neigte sich zu mir. Ich konnte die Spülung riechen, die sie für ihr Haar benutzte, sie war leicht berauschend. Ich liebte ihre Augen, liebte ihre Figur, liebte es, wie sie das H hauchte wie eine Lehrerin für Sprechtechnik.

»Mach dir keine Sorgen«, flüsterte sie. »Wir kümmern uns bereits darum.«

Kaum hatte Vicki die Weeks und ihre Regelverstöße erwähnt, musste ich ständig daran denken. July Weeks war eine Art Vertreter, für Flugzeugteile, glaube ich – er arbeitete für Cessna –, und er schien trotz der Moskitowarnung die meiste Zeit auf seiner weißen Rattanliege auf der umlaufenden Veranda seines Courteous Coastal mir gegenüber auf der anderen Straßenseite zu verbringen. Er kam aus dem Süden, und das war in Ordnung, weil wir schließlich im Süden waren, aber er sprach mit einem Akzent, der klirrte und quietschte, bis man kaum mehr ein Wort verstand. Nicht dass ich Vorurteile hege – er war mein Nachbar, und wenn er klingen wollte wie ein Komparse in *Beim Sterben ist jeder*

der Erste, bitte sehr. Aber ich schaute aus dem Fenster und sah den Rennwagen – *Keine auffälligen oder unansehnlichen Fahrzeuge, darunter Wohnmobile, Wohnwagen, Umzugswagen oder Anhänger, dürfen länger als achtundvierzig Stunden in Folge auf öffentlichen Straßen abgestellt werden.* Absatz III, Paragraph 12, Erklärung der notariell vereinbarten vertraglichen Beschränkungen –, und sein Anblick reizte mich zunehmend. Dies wurde verschlimmert durch die Tatsache, dass der älteste Sohn, August, eines Nachmittags in einem Pick-up vorfuhr, der ungefähr eineinhalb Meter über den Bayou-Crawler-Reifen aufsaß, und einen Bootsanhänger neben dem Bordstein abstellte. Das Boot war braunrot lackiert mit limonengrünen Zierstreifen, und es hatte ein Loch im Rumpf. Plus die Vorhänge.

Eine Woche verging. Zwei Wochen. Ich bekam Updates von Vicki – wir sahen uns jetzt praktisch jeden Tag –, und natürlich drohte das Bürgerkomitee im Namen der TJC mit einem Prozess, und die Weeks hatten sich einen Anwalt genommen und drohten ebenfalls, aber nichts geschah. Ich konnte meine umlaufende Veranda oder den Blick aus meinen Craftsman-Fenstern mit Mittelpfosten nicht mehr genießen. Jedes Mal, wenn ich aufblickte, sah ich das Boot, den Wagen und dahinter die Vorhänge. Die Situation begann mich zu belasten, und eines Abends nach dem Essen schlenderte ich die drei breiten einladenden Stufen meiner umlaufenden Veranda hinunter, winkte den Fills zu meiner Rechten und Mark und Leonard zu meiner Linken zu, überquerte die Straße, um die ebenfalls einladenden Stufen der umlaufenden Veranda der Weeks hinaufzugehen mit der Absicht, mit Mr Weeks ein paar Dinge zu klären. Oder nein, das klingt zu harsch. Ich wollte ein paar Themen skizzieren und sehen, ob wir sie nicht auf eine für alle Betroffenen freundschaftliche Weise lösen könnten.

Er lag auf seiner Liege, seine Frau saß im Rattansessel neben ihm. Eine Kappe der Atlanta Braves, die aussah, als käme sie direkt aus einem Regal in Gulpys Sports Emporium, bedeckte seine Stirn und seinen Kopf, und er trug eine dieser eckigen schwarzen Sonnenbrillen für Menschen mit grauem Star, sodass sein Ausdruck auf den spitzen Zinken seiner Nase und den reglosen Mund reduziert war. Die Frau war eine untersetzte Koreanerin, deren Namen ich mir nie merken konnte. Sie entfernte die Hülse einer dunklen stinkenden Schote oder Knolle. Es war ein heimeliger Anblick, und die Situation hätte nicht nachbarschaftlicher sein können.

»Hallo«, sagte ich (oder vielleicht veranlasste mich das Ambiente sogar, »Na, wie geht's?« zu sagen).

Keiner von ihnen erwiderte ein Wort.

»Hören Sie«, begann ich, nachdem ich einen Augenblick verlegen dagestanden hatte (und was hatte ich erwartet – einen Minzjulep?). »Hören Sie, wegen der Vorhänge und dem Wagen und dem ganzen Zeug – dem Boot –, ich wollte nur sagen, also, ich meine, es mag wie eine kleine Sache wirken, es ist lächerlich, wirklich, aber –«

Er unterbrach mich. Ich weiß nicht, was er sagte, aber es klang wie »Rabiate rabiate Fanatsch.«

Die Frau – plötzlich fiel mir ihr Name ein: Fili – übersetzte. Sie legte die Schote oder Knolle, oder was immer es war, vorsichtig beiseite, bedachte mich mit einem blühenden Lächeln, das die weißesten und ebenmäßigsten Zähne entblößte, die ich je gesehen hatte. »Er sagen, dass Sie können sich in Arsch schieben.«

»Nein, nein«, sagte ich hastig. »Sie haben mich falsch verstanden. Ich bin nicht gekommen, um mich zu beschweren oder Sie auch nur von irgendetwas zu überzeugen. Es ist nur, also, ich bin Ihr Nachbar und ich dachte, wenn wir –«

Wieder sprach er, ein leises Grollen miteinander verknüpfter Laute, die auf Sprach- oder Verdauungsstörungen hinweisen mochten, aber seine Frau – Fili –, die meine verständnislose Miene sah, übersetzte pflichtbewusst: »Er sagen, sein Gewehr – Sie kennen Gewehr? –, er sagen, ist immer geladen.«

Die Welt ist nicht vollkommen. Das habe ich auch nie behauptet. Und wenn man eine freie und offene Stadt haben will und keine dieser bewachten neorassistischen Siedlungen, dann muss man willens sein, das zu akzeptieren. Die TJC verklagte die Weeks, und die Weeks verklagten die TJC, und noch immer loderten die Vorhänge hinter den Fenstern, und der protzige Rennwagen und das nicht seetüchtige Boot standen auf der anderen Straßenseite. Damit ich mich besser fühlte, kaufte ich mir einen Hund. Einen Scottie. Lauren hatte mich nie einen Hund haben lassen – sie behauptete, allergisch zu sein, aber tatsächlich hatte sie eine pathologische Aversion gegen jede Störung der rigiden Ordnung, die sie unserem Haus auferlegte –, und wir hatten auch keine Kinder, was mich weder glücklich noch unglücklich machte, obwohl ich sagen muss, dass ich einer der wenigen alleinstehenden Männer in Jubilation war, der Vickis Kinder nicht als Bürde betrachtete. Ich mochte sie – oder zumindest Ethan; das Baby war nur ein Baby, praktisch inaktiv, wenn es nicht plärrte, als wäre es gerade bei lebendigem Leib gehäutet worden. Aber mit Ethan war es anders. Ich mochte das Gefühl seiner kleinen, schwitzigen Faust in der Hand, wenn wir abends zur Benny-Tarpon-Old-Tyme-Eisdiele schlenderten oder einen Spaziergang um den Lake Allagash machten. Er zerrte mich immer hierhin oder dorthin, plapperte und deutete wie ein Reiseleiter. »Schau«, sagte er. »Schau!«

Ich taufte den Hund Bruce nach meinem Großvater mütterlicherseits. Er war ein Jahr alt und stubenrein, und ich liebte es, wie das Fell über seine Pfoten fiel, sodass er über das Gras der Dorfwiese zu gleiten schien, als würde er sich einzig aus Willenskraft und Zauberei bewegen.

Das war um die Zeit, als wir die Auswirkungen der dreijährigen Trockenheit zu spüren begannen, die in den ganztägigen Seminaren oder in den farbigen Broschüren zu erwähnen niemand aus der TJC-Verkaufsabteilung für nötig befunden hatte. Der Wind kam aus Süden und trug jede Menge Rauch (offenbar brannten die Everglades) und feinen braunen Staub heran, der sich auf unsere Rasenflächen und Blumenbeete legte und die Dorfwiese in eine Wüste verwandelte. Es wurde immer heißer, als hätten die Brände den Thermostaten nach oben getrieben, aber am schlimmsten war der Geruch. Wohin man ging, ob man in der Bank Schlange stand oder im Kino in einem Massage-Loungesessel saß oder am Morgen den Kopf vom Kissen hob, der schale Geruch nach altem Rauch stieg einem sofort in die Nase.

Ich ging eines Nachmittags mit Bruce auf dem Golfpark Drive spazieren, wo unsere exklusiven Eine-Million-Dollar-und-mehr-Häuser den Golfplatz säumen – es gehört auch zur Contash-Vision, dass Millionäre in Tuchfühlung mit alleinerziehenden Müttern und all den anderen leben, die darum kämpfen, ihre Kredite zu zahlen, die um fünfunddreißig Prozent höher sind als in der Gegend üblich, ganz zu schweigen von Unterhaltskosten und Sonderabgaben –, als mich ein Mann mit einer Kamera um den Hals anhielt und fragte, ob er mich fotografieren dürfe. Der Himmel war mit Rauch marmoriert. Staub trieb über den Gehsteig. Vögel kreischten in den Bäumen. »Mich?«, sagte ich. »Warum mich?«

»Ich weiß nicht«, sagte er und machte das Foto. »Ich mag Ihren Hund.«

»Wirklich?« Ich war zugegebenermaßen geschmeichelt, aber ich war auch auf der Hut. Journalisten aus aller Welt waren en masse über die Stadt hereingefallen, vor allem, um geringschätzige Artikel über eine Heerschar Stepford-Frauen und roboterhafte Männer zu schreiben, die in Contash-Kulissen lebten und täglich Gulpy Gator huldigten. Keiner von ihnen machte sich die Mühe, unsere Gelassenheit, unsere Aufgeschlossenheit, unsere gemeinsamen Ideale zu erwähnen. Warum auch? Harte Arbeit und Opfer waren noch nie für eine hohe Auflage gut.

»Ja, wirklich«, sagte er. »Und würde es Ihnen etwas ausmachen, sich dort drüben hinzustellen, neben das Tor zu dieser geschmacklosen Villa? Das ist gut. Sehr schön.« Er machte eine Reihe Aufnahmen, die Kamera surrte. Er hatte einen Bürstenschnitt, einen nahezu durchscheinenden Zweitagebart und trug dreifarbige Nikes. »Sie leben doch hier, oder?«, fragte er schließlich. »Ich meine, Sie sind doch wirklich ortsansässig und kein Tourist?«

Ich spürte Stolz in mir aufwallen. »So ist es«, sagte ich. »Ich war von Anfang an dabei.«

Er sah mich sonderbar an, als wollte er einen Hochstapler entlarven. »Stimmt es, dass sie Sie dafür bezahlen, sechsmal am Tag mit dem Hund über die Dorfwiese zu spazieren?«

»Mich *bezahlen*? Wer?«

»Sie wissen schon, die Stadt, die Firma. Eine Stadt ohne Bewohner sieht nicht gut aus, stimmt's?« Er blickte hinunter zu Bruce, der aufmerksam an einem staubigen Blatt schnüffelte. »Oder ohne Hunde.« Wieder klickte die Kamera, mehrmals hintereinander. »Wie ich gehört habe, bezahlen sie auch die alte Dame auf dem Moped – und den Mann, der jeden Morgen seine Staffelei vor dem Gulpy-Denkmal aufstellt.«

»Machen Sie sich nicht lächerlich. Sie sind verrückt.«

»Und ich sage Ihnen noch etwas – glauben Sie bloß nicht, dass Sie gegen all die Scheiße gefeit sind, die in der wirklichen Welt passiert, nur weil Sie sich in die Contash-Welt eingekauft haben. Sie sind es nämlich nicht. Ich würde auf den Hund aufpassen, wenn ich Sie wäre ...«

Irgendwo brannten Feuer. Eine Rauchfahne schlug mir

ins Gesicht, und ich musste husten. »Sie sind einer dieser Medientypen, nicht wahr?«, sagte ich und schlug mir gegen das Brustbein. »Leute wie Sie widern mich an. Sie tun nicht einmal so, als würden Sie unvoreingenommen berichten – Sie wollen uns nur lächerlich machen und durch den Dreck ziehen, stimmt's?« Ich war auf hundertachtzig. Wer waren diese Leute, die hierherkamen und versuchten, alles, wofür wir arbeiteten, zu unterminieren? Ich warf ihm einen ungehaltenen Blick zu. »Sie sind nicht neidisch, oder? Zufälligerweise?«

Er zuckte die Achseln, schob die Kamera zur Seite und holte eine Zigarette aus der Brusttasche. Ich sah zu, wie er sie mit der Hand gegen den Wind abschirmte und anzündete. Er warf das Streichholz ins Gebüsch, gewiss ein symbolischer Akt. »Als ich ein Kind war, hatten wir auch einen Scottie«, sagte er und atmete Rauch aus. »Ich meine nur – Sie wären überrascht, wenn Sie wüssten, was ich über diese Stadt weiß, was hinter verschlossenen Türen vor sich geht, die Betrügereien, die Schmiergeldzahlungen, die Verstöße gegen die Umweltvorschriften, der ganze Dreck, den Sie nicht erfahren sollen, wenn es nach der TJC und Charles Contash geht. Betrachten Sie mich als Informationsquelle, als Ihren gewissenhaften Vertreter des vierten Standes. Halten Sie Ihren Hund vom See fern, das ist alles.«

Ich blieb stur. Ich hörte nicht zu. »Er kann schwimmen.«

Der Mann stieß ein kurzes, unangenehmes Lachen aus. »Ich spreche von Alligatoren, mein Freund, und nicht etwa von den süßen kleinen Comic-Alligatoren. Vielleicht wissen Sie es, vielleicht auch nicht, weil es bestimmt nicht in den TJC-Broschüren steht, aber als sie in den Sechzigerjahren die Contash World bauten, haben sie die Alligatoren vertrieben, ganz zu schweigen von den Korallenschlangen und Waldklapperschlangen und Schnappschildkröten – und wohin, glauben Sie, haben sie sie gebracht?«

Na gut. Ich war gewarnt. Und was passierte, hätte nie passieren dürfen, ich weiß, aber in jeder Gemeinde gibt es Risiken, ob es nun South Central L. A. ist oder Scarsdale oder Kuala Lumpur. Ich ging mit Bruce um den Lake Allagash – zweimal – und anschließend nach Hause und grillte Hähnchenflügel und Spareribs für Vicki und die Kinder, und ich dachte nicht mehr daran. Alligatoren. Sie waren da, gewiss waren sie da, aber ebenso die Moskitos und die giftigen Kröten, die wie geplatzte Fußbälle aussahen und den Hunden das Trockenfutter wegfraßen. Wir waren in Florida. Es war schwül. Es war heiß. Wir hatten unseren Anteil an Sandflöhen und weiß Gott was. Aber zumindest mussten wir uns keine Sorgen machen wegen Bronchitis oder Winterreifen.

Mitte September setzte der Regen ein, eine Reihe von Gewittern, die über den Golf von Mexiko hereinzogen und die Brände löschten. Wir hatten eine Weile Probleme mit Schnecken und Nacktschnecken, Gürteltieren, die halb ertrunken über den Rasen krochen, Schlangen in der Garage, wandelnden Welsen, solchen Sachen – ich fand eines Morgens sogar ein Opossum zusammengerollt im Wäschetrockner zwischen meinen Socken und Boxershorts. Aber das Bürgerkomitee wurde aktiv, sammelte verirrte Tiere ein, päppelte sie auf und brachte sie in ihr Ökosystem zurück, es war also nicht so schlimm, wie man meinen könnte. Danach kam die Sonne heraus, und die Erde schien zu dampfen, bis die letzten Spuren Schimmel und Schlamm ausgemerzt waren und die Blumen vor Pracht schier verrückt spielten. Der Rauch war verschwunden, die Schnecken waren in ihre Löcher oder Höhlen oder wo immer sie leben, wenn sie die Fenster nicht mit Schleim verschmieren, zurückgekrochen, und die Luft duftete so köstlich, als hätte Contash Corp eine Flotte Sprühflugzeuge angeheuert, um Raumspray über der Stadt zu versprengen. Sogar das Thermometer spielte mit, die Temperatur blieb drei Tage in Folge auf angemessenen und angenehmen fünfundzwanzig Grad. Man reiße eine Seite aus der Broschüre: Das war es, weswegen es uns hierher verschlagen hatte.

Ich saß auf meiner umlaufenden Veranda und versuchte, das kaputte Boot und den magentafarbenen Wagen auf der anderen Straßenseite zu ignorieren, *Schuld und Sühne* lag aufgeschlagen in meinem Schoß (Raskolnikow stieg gerade die Treppe zur Wohnung der alten Frau hinauf, und ich wartete, dass das Beil fiel), als Vicki anrief und ein Picknick vorschlug. Sie hatte Sandwiches gemacht aus dem braunen Nussbrot, das ich so mag, und Asagiokäse, süßen Zwiebeln und gebratenen roten Paprika, dazu hatte sie eine nette Flasche chilenischen Weißwein im Contash Liquor Mart geholt. Ob ich bereit sei für ein bisschen Sonne? Und anschließend vielleicht für ein bisschen Rückenkraulen bei ihr zu Hause?

Ethan wollte aufs Wasser, aber als wir den Jubilation-Anlegeplatz erreichten, machte ihm der Lärm der aufheulenden Motoren Angst, und wir einigten uns auf ein Aluminiumruderboot, und das war sogar besser – oder wäre besser gewesen –, weil wir uns beim Denken zuhören konnten und uns wegen der Abgase keine Sorgen machen mussten, und das lag Vicki wirklich am Herzen. Wir mochten in Häusern aufgewachsen sein, in denen unsere Eltern zwei Schachteln pro Tag rauchten und in der Küche Raid auf die Abstellfläche sprühten, wann immer eine Ameise auftauchte oder ein Kakerlak sein Gesicht zeigte – oder seinen Kopf oder seine Fühler oder was immer –, aber keine toxischen Stoffe würden in das System ihrer Kinder gelangen, wenn sie es verhindern konnte. Ich mietete also das Ruderboot. »Kein Problem«, sagte ich zu Vicki, die blendend aussah mit ihrem Sonnenhut, dem Bikinioberteil und knappen Shorts, die ihre glatten festen Beine und das Gulpy-Tattoo am Knöchel vorteilhaft zur Geltung brachten. Seit Beginn der Regenfälle war ich nicht mehr gerudert, und ich freute mich auf die körperliche Betätigung.

Ich brauchte ein paar Schläge, um mich mit den Rudern und den Riemendollen vertraut zu machen, und wir schlingerten von der Anlegestelle, als hätte uns ein Torpedo getroffen, aber bald hatte ich meinen Rhythmus gefunden, und wir glitten mühelos über die spiegelglatte Oberfläche des Sees. Vicki wollte nicht, dass ich mich weiter als acht oder zehn Meter vom Ufer entfernte, und auch das war mir recht, nur dass ich übel riechende Klumpen Laichkraut auffischte, die einen mächtigen olfaktorischen Zauber auf Bruce ausübten. Er schnappte nach dem Laichkraut, als ich zuerst ein Ruder, dann das andere hob, um sie abzuschütteln, und ein-, zweimal musste ich die Ruder ablegen, um ihn zurechtzuweisen, weil er sich so weit über den Bug neigte, dass ich dachte, wir würden ihn verlieren. Aber wohin wir auch blickten, sahen wir Vögel, Graureiher, Silberreiher, Kormorane und Schlangenhalsvögel, und Ethan hatte eine Riesenfreude an einer Ansammlung von Zierschildkröten, die wie Teller aufeinandergestapelt auf einem halb untergetauchten Baumstamm standen.

Wir waren einen knappen Kilometer gerudert, auf die andere Seite des Sees, wo das Kielwasser der Motorboote das Senfen der Sandwiches und das Eingießen des Weins in langstielige Kristallgläser nicht allzu sehr erschwerte. Das Baby, eingewickelt wie eine Wurst in seine Schwimmweste – Schwimmkrippe wäre treffender –, schlief, ein wonniges Babylächeln auf den Lippen. Bruce lag zusammengerollt zu meinen Füßen in der braunen Brühe auf dem Boden, und Vicki nippte am Wein und bedachte mich mit einem Blick von so tiefer und reiner Zufriedenheit, dass ich anfing zu glauben, es würde mir nichts ausmachen, sie für den Rest meines Lebens beim Frühstück zu sehen. Es war friedlich. Libellen flogen vorbei, Fische schnappten nach Luft, kein Moskito weit und breit. Sogar der kleine Ethan, normalerweise ein so anhängliches Kind, machte sich einen Spaß daraus, den Finger ins Wasser zu halten, während das

Boot in einem sanften, luftigen Tanz schaukelte und dahintrieb.

Das Wasser. Die TJC versicherte uns, dass es nicht verunreinigt war von menschlichen Ausscheidungen und nicht vergiftet von landwirtschaftlichen Abflüssen und dass die rostige Farbe – es war nahezu trüb, und beständig blühten darin die mikroskopischen Geschöpfe, die in einem gesunden und gedeihlichen Wasserökosystem das untere Ende der Nahrungskette bilden – vollkommen natürlich war. Der See war ungefähr vierzig Jahre zuvor aus dem Sumpfland gebaggert worden, das Wasser hatte schon immer so ausgesehen, und die Geschöpfe, die darin lebten und gediehen, waren dankbar dafür – wie wir alle in Jubilation waren auch sie Charles Contash zu Dank verpflichtet.

Nun. Wir trieben dahin, der Hund und das Baby dösten, Vicki plauderte fröhlich über alle möglichen Themen, die alle einen Subtext sexueller Andeutungen zu haben schienen, und ich war einfach nicht vorbereitet auf das, was als Nächstes geschah, und ich fühle mich deswegen schuldig, wirklich. Vielleicht war es der Wein oder die Einwirkung der Sonne und des lauen, erfrischenden Lüftchens, aber ich war mir der Gefahren, die die Situation barg, nicht bewusst – ich bin Amerikaner, aufgewachsen in einer Zeit des Wohlstands und des Friedens, und mir waren der innere Aufruhr und das Entsetzen erspart geblieben, die so viele vom Glück weniger Begünstigte in dieser Welt heimsuchen. New York und L. A. mochten schreckliche Orte gewesen sein, und Lauren war sicherlich eine ganz eigene Plage gewesen, aber niemand hatte je mein Dorf bombardiert oder meine Familie auf der Straße niedergeschossen, und als meine Eltern starben, starben sie ruhig, in ihren eigenen Betten.

Ich war dabei, die Weinflasche aus ihrem Eisbett im Kühler zu nehmen, als das Boot plötzlich schlingerte, und ich blickte gerade noch rechtzeitig auf, um einen breiten, flachen, grinsenden Reptilienkopf aus dem Wasser auftauchen zu sehen, der Ethan vom Dollbord schnappte und mit ihm im trüben Wasser verschwand. Es war wie ein Trick in einer Zaubershow, jetzt ist er da, jetzt ist er nicht mehr da, und ich war nicht in der Lage zu reagieren, bis mein Gehirn die Szene erneut abgespielt hatte und ich den plötzlichen Horror des Messers im Herzen spürte. »Hast du –?«, setzte ich an, aber Vicki schrie schon.

Von diesem Augenblick an hat sich die Abfolge der Ereignisse für mich ein wenig verwirrt, aber im Rückblick bin ich ziemlich sicher, dass die Trauerfeier stattfand, bevor Hurrikan Albert über uns hereinbrach – ich erinnere mich genau an die vielen Freiwilligen der Gemeinde, die dabei halfen, den See abzusuchen, was nach dem Hurrikan unmöglich gewesen wäre. Bedauerlicherweise fand sich keine Spur des kleinen Ethan. Unnötig zu erwähnen, wie erschüttert ich war – ich litt und war ausgewrungen wie nie zuvor in meinem Leben, und ich werde nie damit aufhören, mich im Nachhinein zu kritisieren –, aber mehr noch, ich war wütend. Wütend, weil Contash Corp uns nicht über die Gefahren aufgeklärt hatte, die um uns herum lauerten, und wütend auf die Art und Weise, wie die Medien sich auf die Geschichte stürzten, als ob das Leben eines Kindes nicht mehr wert wäre als einen kruden Witz oder den Keil, den sie zwischen die Bürger unserer Gemeinde und den Rest der sogenannten zivilisierten Welt treiben konnten. *Alligator Mom.* So wurde Vicki in zehn Zentimeter hohen Schlagzeilen genannt, und wer würde es ihr verübeln, dass sie ihre Sachen packte und zu ihrer Mutter nach Philadelphia zurückkehrte? Ich nahm ihren Platz im Bürgerkomitee ein, obwohl ich mich bislang im Leben nicht für Gemeindebelange engagiert hatte, und ich war es, der die Initiative durchdrückte, *alle* gefährlichen Tiere aus dem See zu entfernen, gleichgültig, wie groß sie waren oder welcher Spezies sie angehörten (und auch das war ein Kampf, die Umweltschützer machten mit ihrer ganzen puritanischen Inbrunst dagegen mobil, und ein Mann – dessen Namen ich nicht nennen werde – schlug als Kompromisslösung vor, die Zähne der Alligatoren überkronen zu lassen).

Aber es war nicht alles schrecklich. Die Trauerfeier in der nicht konfessionellen Kirche von Jubilation war trotz des ernsten Anlasses eine große Inspiration für uns alle, eine öffentliche Demonstration von Solidarität und Entschlossenheit. Charles Contash flog von einem Treffen mit dem russischen Präsidenten zurück und hielt die Trauerrede, alle, jeder Mann, jede Frau, jedes Kind, bezeugten ihren Respekt, und aus dem ganzen Land trafen Karten und Blumen ein. Sogar July Weeks war da, trotz der Reibereien mit der TJC, und uns einte die Verachtung für die Reporter, die massenhaft auf der Treppe vor der Kirche standen. Stolz baute er sich auf, versperrte die Tür für jeden, dessen Gesicht er nicht kannte, und ich verzieh ihm die Vorhänge, zumindest für diesen Nachmittag.

Der Hurrikan brachte uns vielleicht noch enger zusammen als die Tragödie des kleinen Ethan. Ich erinnere mich an den Himmel, der sich lilaschwarz wie ein blauer Fleck verfärbte, an die Vorhut des Regens, der in einer Salve windgepeitschter Körner herunterhagelte, und den Wind, der einem den Atem raubte. Sam und Ernesta Fills halfen mir dabei, die Fenster meines Casual Contempo mit Brettern zu vernageln, und gemeinsam halfen wir Mark und Leonard und den Weeks mit ihren Häusern, und dann machten wir uns nützlich, wo immer wir konnten. Und als der Sturm mit aller Macht zuschlug, befanden sich so gut wie alle sicher und unversehrt in der Bastion des Kinos, wo es mittels eines Notfallgenerators der TJC möglich gemacht wurde, die Last auf unseren Seelen mit einer Marathonvorführung der beliebtesten Familienfilme der Contash Corp zu erleichtern. Natürlich traten wir dann hinaus in die Verwüstungen, die der – laut nationalem Wetterdienst – zerstörerischste Sturm des letzten Jahrhunderts angerichtet hatte, und ein großer Teil von Jubilation war nur noch Schutt oder davongeschwemmt. Ich hatte mehr Glück als die meisten. Ich verlor die Außenmauer der Küche, die ihrerseits knietief mit schlammigem braunem Wasser und bis zur Decke mit vom Wind angewehtem Unrat gefüllt war, und meine umlaufende Veranda hing jetzt um das Haus der Weeks, positiv war zu vermerken, dass der anstößige Rennwagen und das Boot in den Himmel geflogen und vermutlich irgendwo über dem Atlantik heruntergefallen waren, und die Vorhänge der Weeks sind nun wirklich kein Thema mehr.

Was mich betrifft, so habe ich mein Haus mit einem zinsgünstigen Kredit der Contash Corp wieder aufgebaut und vorsichtig angefangen, mit Felicia auszugehen, deren Mann zu den sechs Todesopfern gehört, die wir verzeichnen mussten, nachdem der Sturm weitergezogen war. Abgesehen davon beschäftigt mich die Arbeit im Komitee, ich halte Kontakt mit Vicki per Telefon und E-Mail, und jedes Mal, wenn ich Bruce eine Palmetto-Schabe die neue Mauer hinaufjagen sehe, möchte ich lächeln. Und ich tue es. Ich lächle. Natürlich, die Lage könnte besser sein, aber sie könnte auch schlechter sein. Ich lebe in Jubilation. Wie schlecht kann sie sein?

Claudia Brendler

Bärenjagd am Baikalsee

Die Weinprobe fand im Wohnzimmer der Gastgeber statt, einem weitläufigen Raum mit Kulturflair: hohe Bücherregale unter Stuckdecken, ein Cello auf einem Ständer, Temperierschränke, in denen der Rotwein aus den Abruzzen ruhte, ohne durch Rütteln aus der Fassung gebracht zu werden. Der Inhalt der ersten Flasche funkelte schon in der Dekantierkaraffe auf dem Kirschholztisch, wir Eingeladenen ließen uns auf zwanglos im Raum verteilten Art-déco-Stühlen nieder oder schlenderten über schimmerndes Parkett, zu dezenten Barockklängen aus High-End-Boxen.

Zu trinken gab es noch nichts, der Wein musste erst atmen. Also nahm man das eine oder andere Buch aus dem Regal, erwähnte einen aktuellen, nicht allzu anspruchslosen Film oder spielte auf einen Artikel im Feuilleton der ›Zeit‹ an. Außer mir fragte sich anscheinend niemand, ob der Wein nicht langsam anfangen würde zu hyperventilieren, wenn man ihn noch länger atmen ließe, man lächelte, plauderte, schlenderte, und allmählich schweiften meine Gedanken ab.

Zu Wolodja, dem Bärenjäger.

Bevor ich losgefahren war, hatte ich in einer Radiosendung von ihm gehört. Wolodja lebte am Baikalsee. Und verstand eine Menge von Bären.

Der Bär, hatte Wolodja gesagt, ist dem Menschen am nächsten. Er hatte es sehr schön gesagt, in seinem weichen, gluckernden Russisch, und der Moderator hatte es übersetzt. Mit achtzehn Jahren hatte Wolodja seinen ersten Bären erlegt. Mit dem Messer. Sonst hätte der Bär ihn getötet.

Der erste Bär, hatte Wolodja gesagt, ist der schwierigste.

Endlich schenkte der Gastgeber den ersten Wein aus. Nur

der Boden der Gläser war bedeckt, wir sollten schließlich mehrere Jahrgänge verkosten. Zuerst musste man das Aroma des Weins erschnuppern, um ihn darauf zungenabwärts gleiten zu lassen, sehr langsam, damit jeder einzelne Geschmacksnerv mit ihm in Berührung kommen konnte. Hinten auf der Zunge, erläuterte der Gastgeber, schmecke ein Wein ganz anders als vorne. Die Gastgeberin nickte wissend. Also ließen wir den Wein in den nahezu leeren Gläsern kreisen und ihn geruhsam über jedes Geschmackswärzchen rollen. Es dauerte lange. Niemand sprach.

Wolodja trank, wenn er auf Jagd war, direkt aus dem Bach, aus dem der Bär zuvor getrunken hatte. Der Bär und Wolodja waren durchaus keine Feinde, aber wenn sie sich begegneten, musste eben einer von ihnen sterben. Bisher war derjenige immer der Bär gewesen. Wolodja liebte Bärenfleisch. Bärenfleisch, so Wolodja, schmecke einzigartig, unverwechselbar. Beim Reden lief ihm das Wasser im Mund zusammen. Man konnte es förmlich hören.

Schließlich hatte auch der letzte Tropfen unser aller Zungennerven passiert, es durfte wieder gesprochen werden. Äußerst wichtig sei es, erläuterte gerade der Gastgeber, welchen Nachhall ein Wein am Gaumen hinterlasse. Es war schwierig, diesen Nachhall in Worte zu kleiden; gerade vorhin hatten wir über Sprache geredet, wie sensibel man sie behandeln müsse, wie nachlässig im Alltag mit ihr umgesprungen werde, es sei erschreckend, gedankenlos, ein Zeichen für die um sich greifende Dummheit in der Bevölkerung, wie der Gastgeber herausfordernd in die Runde geworfen hatte. Wir ließen den Nachhall schweigend wirken, bis der Gastgeber das Wort ergriff: Noch jung sei dieser erste Wein, sagte er, und die Gastgeberin nickte wissend, flüchtig sei er, geradezu scheu im Aroma, eigentlich müsse er noch einige Jahre liegen. Wir alle stimmten zu, ja, jung sei dieser Wein, mit schamhaften, beinahe verhuschten Aromen, aber er habe bereits eine besondere Note, wagte sich ein Gast vor, irgendwie so fruchtig. Der Gastgeber runzelte die Stirn und wechselte einen Blick mit der Gastgeberin, die dem gedankenlos dahingeworfenen *fruchtig* hinterherwitterte, als könnte sie das Wort riechen.

Alle waren froh, als es Zeit war für den nächsten Wein, der ein florales, dabei feinsinniges Bouquet entwickelte, und nach diesem Wein tänzelte der nächste über unsere Geschmackswärzchen und glitt wie flüssiger Samt die Kehle hinunter. Ihm folgte ein weiterer, noch vollkommenerer Wein, wir wurden fröhlicher, fast ein wenig gierig; es wurde weniger geschmeckt und mehr geschluckt, und mancher Wein konnte kaum so schnell atmen, wie er getrunken wurde. Nur der Gastgeber kaute ihn noch hinten am Gaumen, es sah beinahe aus, als gurgele er damit.

Mich überkam eine drängende Sehnsucht nach der sibirischen Tundra.

Vor dem Bären darfst du keine Angst haben, hatte Wolodja gesagt. Wenn du Angst hast, nimm einen anderen Weg. Aber wenn du entschlossen bist, folge der Bärenspur. Wenn du auf den Bären zugehst, gibt es kein Zurück.

An dieser Stelle war eine Zwischenmusik eingeblendet worden.

Nach dem siebten Wein verspürte ich einen brüllenden Hunger. Auch die anderen schauten sich unauffällig nach Essbarem um. Es gab Mozzarella und schwarze Oliven. Wir reichten die Platte herum, pickten Käsescheibchen und boten einander winzige Stückchen Weißbrot an. Niemand hortete, raffte, schmatzte oder schlang. Ich fragte mich, was Wolodja wohl dazu sagen würde, wenn er jetzt unter uns säße. Wenn Wolodja auf Jagd war, aß er tagelang nichts und hatte nachher den Appetit eines Bären. Er würde den Teller auf den Schoß nehmen und mit beiden Händen weiße Scheibchen und schwarze Bällchen in sich hineinschaufeln, samt Kernen, Basilikumblättern und Holzspießen.

Danach würde er rülpsen und Wodka für alle einschenken.

Gläser, gefüllt bis zum Rand.

Am Tisch plauderte man nun locker über Philosophie. Fast jeder kannte sich aus. Alle sagten etwas. Nur ich trank und schwieg und dachte an den Bären.

An schlafenden Bären musst du vorbei gehen, hatte Wolodja gesagt. Wenn du den Bären weckst, greift er dich an. Der Bär braucht nur eine Sekunde. Und der Bär geht nur vorwärts.

»Und wer ist dein Lieblingsphilosoph?«, fragte mich jemand neben mir.

Lieblingsphilosoph. Es hörte sich so vertraut an.

»Wolodja«, sagte ich, lauter als ich wollte. »Wolodja ist mein Lieblingsphilosoph. Weil er nie aus leeren Gläsern trinkt.«

Plötzlich war es recht still im Raum. Also redete ich einfach weiter. »Und weil er den Bären kennt.«

Ich leckte den letzten Tropfen aus meinem Glas.

»Wodka«, sagte ich, »schmeckt überall auf der Zunge.«

Niemand sprach. Ich nahm die Weinflasche und schenkte mir ein. Ein klein wenig schwappte über den Rand des Glases. Der Gastgeber machte den Mund auf und klappte ihn wieder zu.

»Du kennst den Bären nicht«, sagte ich zu ihm. »Aber der Bär kennt dich.«

Irgendjemand kicherte.

Ich hob mein Glas.

»Wisst ihr, was Wolodja sagt?«, fragte ich in die Runde. »Er sagt, wenn der Bär dich erwischt, beißt er dir immer zuerst den Kopf ab. Niemals die Arme oder Beine.«

Ich trank.

»Der Bär ist aber nicht sehr höflich«, sagte ein Gast.

Wenn der Bär Hunger hat, ist er nicht nett, hatte Wolodja gesagt. Es ist wie beim Menschen. Ich versuchte, wie Wolodja zu klingen, tief und weich, als ich die Grundgedanken seiner Philosophie erläuterte, und einige Gäste nickten.

Dann holte jemand eine neue Flasche, ohne den Gastgeber zu fragen.

»Der Bär«, sagte ich, »ist dem Menschen am nächsten.«

Wir alle, außer den Gastgebern, hoben die Gläser und tranken.

Plötzlich war ich sehr traurig. Wolodja hatte am Schluss gesagt, dass er sein Alter spüre. Er hatte viele Bären erlegt, aber nun war er müde. Es wird ein Tag kommen, hatte Wolodja gesagt, an dem der Bär mich finden wird. Dann wird er mich töten. Und das ist gut so.

Leider hatte der Gastgeber keinen Wodka, also warfen wir unsere Weingläser an die Wand, nachdem wir auf Wolodja getrunken hatten, in einem Zug und ohne abzusetzen.

Die Stimmung wurde noch richtig gut, nachdem die Gastgeber sich zurückgezogen hatten.

Ich glaube nicht, dass ich noch einmal zu einer Weinprobe eingeladen werde, aber das macht nichts.

Wodka ist mir sowieso lieber.

Axel Hacke

Urlaubsreisen

Es gibt ja Familien mit drei Kindern, die zu ihren Urlaubsreisen abends aufbrechen. Die Kleinen würden dann, höre ich, die ganze Nacht schlafen, die Straßen seien frei, eine herrlich ruhige Autofahrt, Ankunft bei Sonnenaufgang im Ferienort.

Ich kann das nicht. Ich muss nachts nämlich selbst schlafen und kann dabei nicht Auto fahren. Überhaupt: morgens ankommen! Todmüde! Vollkommen fertig! Wie gerädert! Das geht doch nicht. Also stehen wir morgens auf und frühstücken und fahren los. Kurz vor der Autobahn, noch in München also, fragt Max zum ersten Mal: »Wann sind wir endlich da?«

Meistens fahren wir nach Sardinien, man braucht ungefähr 24 Stunden.

»Ach, Max, ein bisschen dauert es noch.«

Bei Holzkirchen möchte Anne wissen: »Wann sind wir endlich da?«

»Ehrlich gesagt, Kinder: Wir kommen erst morgen früh an. Mit dem Schiff müssen wir auch noch fahren. Es dauert ganz lange.«

»Wann sind wir endlich da?«, fragt Max bei Kufstein.

»Wann sind wir endlich da?«, fragt Anne bei Innsbruck.

Antje ist immer ruhig. Sie hat eine Tüte mit Spielen und Überraschungen, auch Süßigkeiten für den Katastrophenfall. Sie singt Lieder mit den Kindern. Wir hören die Kassette mit dem Märchen vom Wolf und den sieben Geißlein. Am Brenner kenne ich dieses Märchen auswendig. »Wann sind wir endlich da?«, denke ich. Max fragt: »Wann sind wir endlich da?« Anne fragt: »Wann sind wir endlich da?« Marie kann noch nicht sprechen. Was sie wohl sagen würde?

Am Gardasee die zweite Schlägerei auf der Rückbank. Alle Spiele sind gespielt. Antje sagt das Märchen von der Geiß und den sieben Wölfchen rückwärts auf. Max öffnet das Seitenfenster und versucht hinauszuklettern. Anne gießt gelbe Limonade über meinen Kopf. Warum können wir nicht am Gardasee Urlaub machen? Ein Stau bei Modena. »Wann sind wir endlich da?«, fragt eine gequälte Stimme aus einem VW-Bus neben uns. Man müsste aussteigen und Pause machen, aber das Innere des Wagens ist inzwischen mit Bonbonmasse ausgegossen wie mit Acryl, und wir kommen nicht heraus.

Vor uns fährt ein Reisebus. Die Kinder auf der letzten Bank halten ein Transparent, auf dem steht: »Wann sind wir endlich da?« Ich schalte das Radio ein. »Quando arriviamo finalmente?«, singt Adriano Celentano. »Wahnsinnwirendlichda?«, fragt der Chor der Gummibärchen im Handschuhfach. Und Antje hat so gute Nerven. Und ich bin ein Versager, ich schreie und brülle, und das Auto wird so leicht, wir heben ab und fliegen über das Mittelmeer, und der Tower Cagliari sagt: »Merken Sie denn nicht, dass Sie da sind? Springen Sie über der kleinen Bucht unten links ab!« Es ist morgens, und wir kommen an. Todmüde. Vollkommen fertig. Wie gerädert.

Um ehrlich zu sein: Ich schicke diesen Text aus Sardinien. Ich bin ein Schafhirte mit drei Kindern und einer geduldigen Frau. Wir leben von Pecorino und entführen ab und zu einen Millionär, um etwas dazuzuverdienen. Es ist schön hier. Wir sind endlich da. Wir kämen auch gern wieder zurück. Aber wir haben Angst vor der langen Fahrt.

Alice Munro

Manche Frauen

Es verwundert mich manchmal, wie alt ich bin. Ich kann mich noch erinnern, dass die Straßen der Stadt, in der ich lebte, im Sommer mit Wasser gesprengt wurden, damit der Staub sich legte, dass Mädchen breite Wespentaillengürtel trugen und Petticoats, die von allein standen, und dass bei Dingen wie Polio und Leukämie nicht viel zu machen war. Manche, die an Polio erkrankten, erholten sich, verkrüppelt oder nicht, aber die mit Leukämie legten sich ins Bett, und nach wochen- oder monatelangem Siechtum in tragischer Atmosphäre starben sie.

Durch solch einen Fall fand ich in den Sommerferien, als ich dreizehn war, meine erste Anstellung. Der junge Mr Crozier (Bruce) war heil aus dem Krieg heimgekommen, in dem er als Kampfpilot diente, hatte das College besucht, Geschichte studiert und sein Examen gemacht, hatte geheiratet, und jetzt hatte er Leukämie. Er war mit seiner Frau zurückgekommen, um bei seiner Stiefmutter zu wohnen, der alten Mrs Crozier. Die junge Mrs Crozier (Sylvia) war an zwei Nachmittagen in der Woche nicht da, weil sie vierzig Meilen weit entfernt am selben College, an dem sie ihren Mann kennengelernt hatte, Sommerkurse gab. Ich wurde angestellt, um nach dem jungen Mr Crozier zu schauen, solange sie fort war. Er lag im vorderen Eckschlafzimmer im ersten Stock, und er konnte immer noch allein ins Badezimmer gehen. Ich hatte nichts weiter zu tun, als ihm frisches Wasser zu bringen, die Rouleaus herauf- oder herunterzuziehen und nachzusehen, was er wollte, wenn er mit dem Glöckchen auf seinem Nachttisch läutete.

Meistens wollte er, dass der Ventilator umgestellt wurde.

Er mochte zwar den Luftzug, den er schuf, aber sein Geräusch störte ihn. Also wollte er den Ventilator eine Weile lang in seinem Zimmer haben und dann wieder draußen auf dem Flur, aber nahe der offenen Tür.

Als meine Mutter davon hörte, wollte sie wissen, warum er nicht im Erdgeschoss lag, wo die Zimmer bestimmt höher waren und er es kühler hatte.

Ich erklärte ihr, unten gebe es keine Schlafzimmer.

»Ach du meine Güte, können die da nicht eines herrichten? Für die Zeit?«

Das zeigte, wie wenig Ahnung sie vom Crozier-Haushalt hatte oder vom Regiment der alten Mrs Crozier. Die alte Mrs Crozier ging am Stock. Sie unternahm an den Nachmittagen, an denen ich da war, einen unheilvoll klingenden Gang die Treppe hinauf, um ihren Stiefsohn zu besuchen, und vermutlich nicht mehr als diesen einen Gang an den Nachmittagen, an denen ich nicht da war. Dann notwendigerweise noch einen, wenn sie zu Bett ging. Die Vorstellung von einem Schlafzimmer im Erdgeschoss hätte sie ebenso empört wie die Vorstellung von einer Toilette im Salon. Zum Glück gab es im Erdgeschoss bereits eine Toilette, hinter der Küche, aber ich war überzeugt, wenn es nur oben eine gegeben hätte, sie hätte den mühsamen Aufstieg so oft wie nötig unternommen, ehe sie einer so radikalen und verstörenden Veränderung zugestimmt hätte.

Meine Mutter trug sich mit Plänen, in den Antiquitätenhandel einzusteigen, also interessierte sie sich sehr für das Innere dieses Hauses. Einmal gelangte sie hinein, an meinem allerersten Nachmittag. Ich war in der Küche und stand wie versteinert, als ich ihr »Juhu« und meinen eigenen fröhlich gerufenen Namen hörte. Dann ihr flüchtiges Anklopfen, ihre Schritte auf den Stufen zur Küche. Und die alte Mrs Crozier, die aus dem Wintergarten tappte.

Meine Mutter sagte, sie sei nur vorbeigekommen, um zu sehen, wie ihre Tochter sich mache.

»Ordentlich«, sagte die alte Mrs Crozier, die in der Tür zum Flur stand und ihr die Sicht auf die Antiquitäten nahm.

Meine Mutter machte noch einige weitere peinliche Bemerkungen, bevor sie den Rückzug antrat. Am Abend sagte sie dann, dass die alte Mrs Crozier keine Manieren hatte, weil sie nur die zweite Frau war, aufgelesen während einer Geschäftsreise nach Detroit, weshalb sie rauchte, sich die Haare schwarz wie Teer färbte und sich Lippenstift dick wie Marmelade auf den Mund schmierte. Sie war nicht mal die Mutter des Kranken im ersten Stock. Für solch einen Sohn hatte sie gar nicht den Grips.

(Anschließend stritten wir uns wieder einmal, diesmal über ihren Besuch, aber das ist Nebensache.)

Der alten Mrs Crozier muss ich ebenso aufdringlich wie meine Mutter vorgekommen sein, ebenso voll fröhlichem Dünkel. An meinem ersten Nachmittag war ich in den hinteren Salon gegangen, hatte den Bücherschrank aufgemacht und die säuberlich aufgereihten Harvard-Klassiker inspiziert. Die meisten entmutigten mich, aber ich nahm einen Band heraus, der mir nach einem Roman aussah, trotz des fremdsprachigen Titels, *I promessi sposi.* Es schien wirklich ein Roman zu sein, und er war auf Englisch.

Ich muss damals die Vorstellung gehabt haben, dass Bücher allen zur Verfügung standen, ganz egal, wo man sie vorfand. Wie Wasser aus einem öffentlichen Brunnen.

Als die alte Mrs Crozier mich mit dem Buch sah, fragte sie, woher ich es hatte und was ich damit wollte. Aus dem Bücherschrank, sagte ich, und ich hatte es mit nach oben genommen, um es zu lesen. Am meisten schien sie daran zu irritieren, dass ich etwas unten herausgenommen und dann nach oben gebracht hatte. Das mit dem Lesen überging sie, als sei solch eine Tätigkeit ihr zu fremdartig, um sich damit zu befassen. Schließlich sagte sie, wenn ich ein Buch wollte, sollte ich mir eins von zu Hause mitbringen.

Die *Promessi sposi* waren ohnehin schwer verdaulich. Ich

hatte nichts dagegen, sie in den Bücherschrank zurückzustellen.

Natürlich gab es im Krankenzimmer Bücher. Lesen schien dort statthaft zu sein. Aber sie lagen fast alle aufgeschlagen mit dem Rücken nach oben, als habe Mr Crozier ein wenig darin gelesen und sie gerade beiseitegelegt. Und ihre Titel brachten mich nicht in Versuchung. *Unsere Zivilisation auf dem Prüfstand. Die große Verschwörung gegen Russland.*

Und meine Großmutter hatte mich gewarnt, dass ich, wenn es irgend ging, nichts anfassen sollte, was der Patient angefasst hatte, wegen der Bazillen, und dass ich immer einen Lappen zwischen meine Finger und sein Wasserglas legen sollte.

Meine Mutter sagte, Leukämie komme nicht von Bazillen.

»Woher kommt sie dann?«, fragte meine Großmutter.

»Die Mediziner wissen es nicht.«

»Ha!«

Die junge Mrs Crozier fuhr mich nach Hause, obwohl ich nur vom einen Ende der Kleinstadt bis zum anderen musste. Sie war eine große, dünne blonde Frau mit wechselnder Gesichtsfarbe. Manchmal hatte sie rote Flecken auf den Wangen, als habe sie sich gekratzt. Man munkelte, sie sei älter als ihr Mann und er sei im College ihr Student gewesen. Meine Mutter sagte, dass sich offenbar niemand das so recht überlegt hatte, denn da er ein Kriegsveteran war, konnte er ohne Weiteres ihr Student gewesen sein, ohne dass sie älter war. Die Leute mäkelten nur an ihr herum, weil sie Bildung besaß.

Außerdem sagte man, sie könne doch jetzt zu Hause bleiben und ihn pflegen, wie sie es bei der Trauung versprochen hatte, statt auswärts zu unterrichten. Wieder verteidigte meine Mutter sie und wandte ein, es sei doch nur an zwei Nachmittagen in der Woche, und sie müsse in ihrem Beruf bleiben, schließlich werde sie bald genug alleine dastehen. Und musste sie der alten Dame nicht wenigstens hin und wieder aus dem Weg gehen, um nicht verrückt zu werden? Meine Mutter verteidigte immer Frauen, die von sich aus arbeiteten, und meine Großmutter hackte deswegen immer auf ihr herum.

Eines Tages versuchte ich, mit der jungen Mrs Crozier, oder Sylvia, ein Gespräch zu führen. Sie war der einzige Mensch, den ich kannte, der ein College absolviert hatte, ganz zu schweigen davon, dass sie an einem unterrichtete. Bis auf ihren Mann natürlich, aber der zählte nicht mehr.

»Hat Toynbee Geschichtsbücher geschrieben?«

»Wie bitte? Ach so. Ja.«

Niemand von uns bedeutete ihr etwas, weder ich noch ihre Kritiker oder Verteidiger. Nicht mehr als Insekten auf einem Lampenschirm.

Was der alten Mrs Crozier wirklich am Herzen lag, das war ihr Blumengarten. Sie hatte jemanden, der kam und ihr half, ein Mann etwa in ihrem Alter, aber gelenkiger als sie. Er wohnte in unserer Straße, und durch ihn hatte sie von mir als möglicher Angestellten gehört. Zu Hause schwatzte er nur und ließ das Unkraut wachsen, aber hier jätete und mulchte und harkte er, wobei sie ihm, auf ihren Stock gestützt und mit einem großen Strohhut auf dem Kopf, nicht von der Seite wich. Manchmal saß sie auf ihrer Bank, erteilte immer noch Ratschläge und Anweisungen und rauchte eine Zigarette. Anfangs wagte ich es, zwischen den perfekten Hecken hindurchzugehen und zu fragen, ob sie oder ihr Helfer ein Glas Wasser wollten, und sie rief: »Nicht auf meine Beete treten«, bevor sie Nein sagte.

Blumen wurden nicht ins Haus gebracht. Ein wenig

Mohn war entkommen und blühte wild hinter der Hecke, fast auf der Straße, also fragte ich, ob ich davon einen Strauß pflücken durfte, um das Krankenzimmer aufzuhellen.

»Der stirbt doch nur«, sagte sie, wobei ihr nicht klar zu sein schien, wie doppeldeutig ihre Bemerkung unter diesen Umständen war.

Manche Vorschläge oder Ideen bewirkten, dass die Muskeln in ihrem hageren, fleckigen Gesicht zuckten, ihre Augen scharf und dunkel wurden und ihr Mund arbeitete, als habe sie einen widerwärtigen Geschmack auf der Zunge. Sie konnte einen damit festbannen, wie ein wild gewordener Dornbusch.

Die beiden Tage, an denen ich arbeitete, hingen nicht zusammen. Sagen wir, es war dienstags und donnerstags. Am ersten Tag war ich allein mit dem Kranken und der alten Mrs Crozier. Am zweiten Tag kam jemand, von dem man mir nichts gesagt hatte. Ich hörte ein Auto in der Auffahrt, dann rasche Schritte auf der Hintertreppe und eine Person, die die Küche betrat, ohne anzuklopfen. Sie rief: »Dorothy«, so hieß also offenbar die alte Mrs Crozier. Die Stimme war die einer jungen Frau oder eines Mädchens, und sie war frech und neckisch, sodass man sich fast davon gekitzelt fühlte.

Ich lief die Hintertreppe hinunter und sagte: »Ich glaube, sie ist im Wintergarten.«

»Heiliger Strohsack. Wer bist du denn?«

Ich sagte ihr, wer ich war und was ich da machte, und die junge Frau sagte, ihr Name sei Roxanne.

»Ich bin die Masseurin.«

Ich wurde nicht gern von Wörtern erwischt, die ich nicht kannte. Ich sagte nichts, aber sie merkte, was los war.

»Hab dich auf dem falschen Fuß erwischt, wie? Ich gebe Massagen. Je davon gehört?«

Jetzt packte sie die Tasche aus, die sie mitgebracht hatte. Verschiedene Polster, Tücher und flache, mit Velours bezogene Bürsten kamen zum Vorschein.

»Ich brauche etwas heißes Wasser, um die hier aufzuwärmen«, sagte sie. »Du kannst mir welches im Kessel heiß machen.«

Dieses Haus war zwar groß und prächtig, aber aus den Hähnen floss auch nur kaltes Wasser wie bei mir zu Hause.

Sie schätzte mich offenbar als jemanden ein, der bereitwillig Befehle entgegennahm – besonders vielleicht Befehle, die mit solch einschmeichelnder Stimme erteilt wurden. Und sie hatte recht, obwohl ihr wahrscheinlich nicht klar war, dass meine Bereitschaft mehr mit meiner Neugier als mit ihrem Charme zu tun hatte.

Sie war schon so früh im Sommer braungebrannt, und ihre zum Pagenkopf geschnittenen Haare hatten einen kupfernen Glanz – den man heute ohne Weiteres aus der Flasche bekommt, der aber damals ungewöhnlich und beneidenswert war. Braune Augen, ein Grübchen in einer Wange, ein ständiges Lächeln und Necken, sodass man sie nie gründlich genug betrachten konnte, um zu sagen, ob sie wirklich hübsch war oder wie alt sie war.

Ihr Rumpf wölbte sich ansehnlich nach hinten, statt seitwärts auseinanderzuquellen.

Ich erfuhr bald, dass sie neu in der Stadt war, mit einem Autoschlosser bei der Esso-Tankstelle verheiratet und zwei kleine Jungen hatte, der eine vier, der andere drei Jahre alt. »Ich hab eine Weile gebraucht, um zu begreifen, wodurch sie entstanden sind«, sagte sie mit verschwörerischem Zwinkern.

Sie hatte in Hamilton, wo sie früher wohnte, eine Ausbildung zur Masseurin gemacht und bald gemerkt, dass sie dafür ein echtes Talent besaß.

»Dorothy!«

»Sie ist im Wintergarten«, sagte ich ihr wieder.

»Ich weiß, ich zieh sie doch bloß auf. Vielleicht weißt du ja nicht, wie das bei einer Massage ist, aber wenn man eine bekommt, muss man sich ganz und gar ausziehen. Kein großes Problem, wenn man jung ist, aber wenn man älter ist, kann einem das sehr peinlich sein.«

Mit einem hatte sie unrecht, zumindest soweit es mich anging. Nämlich, dass es kein Problem ist, sich ganz und gar auszuziehen, wenn man jung ist.

»Also solltest du vielleicht verduften.«

Diesmal benutzte ich die vordere Treppe, während sie mit dem heißen Wasser beschäftigt war. So erhaschte ich einen Blick durch die offene Tür des Wintergartens – der weder im Winter noch im Sommer viel Sonnenlicht bot, da die dicken Blätter von Trompetenbäumen drei seiner Fenster bedeckten.

Dort sah ich die alte Mrs Crozier auf einer Bettcouch liegen, auf dem Bauch, den Kopf von mir abgewandt, vollkommen nackt. Ein hagerer Streifen bleiches Fleisch. Es sah nicht so alt aus wie die Körperteile von ihr, die täglich freilagen – ihre braun gesprenkelten, von dunklen Adern überzogenen Hände und Unterarme, ihre braun fleckigen Wangen. Das sonst bekleidete Stück ihres Körpers war gelbweiß, wie Holz, das gerade entrindet worden ist.

Ich setzte mich auf die oberste Stufe und lauschte den Geräuschen der Massage. Dumpfes Klatschen und Stöhnen. Roxannes Stimme jetzt befehlend, fröhlich, aber voller Ermahnungen.

»Da sitzt ein harter Knoten. Meine Herrn. Ich muss Ihnen jetzt eine reinhauen. Ich mach bloß Spaß. Kommen Sie schon, immer schön locker, mir zuliebe. Da unten haben Sie hübsche Haut. Wie heißt das Ende vom Rücken? Es ist wie ein Babypopo. Jetzt muss ich ein bisschen reindrücken, das werden Sie spüren. Die Spannung rausnehmen. Gut so.«

Die alte Mrs Crozier juchzte immer wieder auf. Laute der Klage und Dankbarkeit. Das ging noch eine ganze Weile so und wurde mir langweilig. Ich machte mich wieder über alte Ausgaben vom *Canadian Home Journal* her, die ich in einem Wandschrank im Treppenhaus gefunden hatte. Ich las mir Rezepte durch und sah mir veraltete Moden an, bis ich Roxanne sagen hörte: »Jetzt werde ich das hier wegräumen, und dann gehen wir nach oben, wie Sie's gesagt haben.«

Nach oben. Ich stopfte die Zeitschriften wieder in den Schrank, den meine Mutter sich sehnlichst gewünscht hätte, und ging ins Zimmer von Mr Crozier. Er schlief oder lag zumindest mit geschlossenen Augen da. Ich verrückte den Ventilator ein Stückchen, zog seine Decke glatt, trat ans Fenster und machte mich am Rouleau zu schaffen.

Da kam auch schon das Geräusch auf der Hintertreppe, die alte Mrs Crozier mit ihren langsamen und bedrohlich tappenden Schritten und Roxanne, die vorauslief und rief »Pass auf, pass auf, wo du auch bist. Wir kommen dich holen, wo du auch bist.«

Mr Croziers Augen waren jetzt offen. Außer der üblichen Verdrossenheit zeigte sein Gesicht ein wenig Beunruhigung. Aber bevor er wieder so tun konnte, als schlafe er, platzte Roxanne ins Zimmer.

»Also hier verstecken Sie sich. Ich hab gerade zu Ihrer Stiefmama gesagt, ich finde, es wird Zeit, dass ich Ihnen vorgestellt werde.«

Mr Crozier sagte: »Guten Tag, Roxanne.«

»Woher wissen Sie meinen Namen?«

»Hat sich herumgesprochen.«

»Frechen Burschen haben Sie da«, sagte Roxanne zur alten Mrs Crozier, die jetzt ins Zimmer gestapft kam.

»Hör auf, am Rouleau herumzufummeln«, sagte die alte Mrs Crozier zu mir. »Geh und hol mir ein Glas kühles Wasser, wenn du was zu tun haben willst. Nicht kaltes – kühles.«

»Sie sehen ja schrecklich aus«, sagte Roxanne zu Mr Crozier. »Wer hat Ihnen diese Rasur verpasst und wann?«

»Gestern«, sagte er. »Ich mache das selbst, so gut ich kann.«

»Das hab ich mir gedacht«, sagte Roxanne. Und zu mir: »Wenn du ihr das Wasser holst, willst du mir dann welches heiß machen, damit ich ihn anständig rasieren kann?«

So übernahm Roxanne diese weitere Aufgabe, einmal in der Woche, nach der Massage. An jenem ersten Tag beruhigte sie Mr Crozier.

»Ich werde nicht auf Ihnen herumtrommeln, wie Sie's von unten gehört haben müssen, als Dorothy so schön gejodelt hat. Vor meiner Massageausbildung war ich Krankenschwester. Na ja, Schwesternhelferin. Eine von denen, die die ganze Arbeit tun, und dann kommen die Schwestern vorbei und kommandieren herum. Jedenfalls habe ich gelernt, es den Leuten gemütlich zu machen.«

Dorothy und jodeln? Mr Crozier grinste. Aber das Seltsame war, die alte Mrs Crozier grinste auch.

Roxanne rasierte ihn geschickt. Sie wusch ihm Gesicht, Hals, Oberkörper, Arme und Hände. Sie richtete sein Bettzeug her, ohne ihn groß zu stören, und sie klopfte seine Kissen auf. Redete dabei ständig, Neckereien und Quatsch.

»Dorothy, Sie sind eine Lügnerin. Sie haben gesagt, Sie haben hier oben einen kranken Mann, und ich komme hier rein und frage mich: Wo ist der kranke Mann? Ich sehe hier keinen kranken Mann. Oder?«

Mr Crozier fragte: »Was würden Sie denn dann zu mir sagen?«

»Rekonvaleszent. Das würde ich sagen. Ich sage ja nicht, Sie sollen aufstehen und rumrennen. Ich weiß, Sie brauchen Ihre Bettruhe. Aber ich sage, rekonvaleszent. Keiner so krank, wie Sie's angeblich sind, hat je so gut ausgesehen wie Sie.«

Ich fand dieses neckische Geplapper beleidigend. Mr Crozier sah entsetzlich aus. Ein großer Mann, dessen Rippen hervorstanden, als habe er gerade eine Hungersnot hinter sich, dessen Kopf kahl war und dessen Haut aussah wie die von einem gerupften Huhn, sein Hals so sehnig wie der eines alten Mannes. Immer, wenn ich ihm etwas bringen musste, vermied ich es, ihn anzuschauen. Und das eigentlich nicht, weil er krank und hässlich war. Sondern weil er starb. Ich hätte annähernd dieselben Hemmungen gehabt, wenn er engelhaft schön ausgesehen hätte. Ich spürte den Hauch des Todes in diesem Haus, der immer stärker wurde, wenn man sich seinem Zimmer näherte, und er bildete den Mittelpunkt davon, wie die Hostie, die von den Katholiken im sogenannten Tabernakel aufbewahrt wird. Er war der vom Schicksal Getroffene, der Gebrandmarkte, und nun brach diese Roxanne in sein Heiligtum ein mit ihren Witzen, ihren Übertreibungen und ihren Vorstellungen von Unterhaltsamkeit.

So erkundigte sie sich zum Beispiel, ob es im Haus ein Halmaspiel gab.

Das war vielleicht bei ihrem zweiten Besuch, als sie ihn fragte, was er den ganzen Tag lang tat.

»Manchmal lesen. Schlafen.«

Und wie schlief er nachts?

»Wenn ich nicht schlafen kann, liege ich wach. Denke nach. Manchmal lese ich.«

»Stört das nicht Ihre Frau?«

»Die schläft im hinteren Schlafzimmer.«

»M-hm. Sie brauchen ein bisschen Unterhaltung.«

»Werden Sie für mich singen und tanzen?«

Ich sah die alte Mrs Crozier mit ihrem seltsamen unfreiwilligen Grinsen zur Seite schauen.

»Werden Sie ja nicht frech«, sagte Roxanne. »Haben Sie Lust auf Kartenspiele?«

»Ich hasse Kartenspiele.«

»Haben Sie ein Halmaspiel im Haus?«

Diese Frage richtete Roxanne an die alte Mrs Crozier, die

als Erstes sagte, sie habe keine Ahnung, aber dann überlegte, ob vielleicht in der Schublade vom Esszimmerbüfett ein Brett war.

Also wurde ich hinuntergeschickt, um nachzusehen, und kam mit dem Brett und den Spielsteinen zurück.

Roxanne legte das Brett über die Beine von Mr Crozier, dann spielten er, Roxanne und ich, während die alte Mrs Crozier sagte, sie habe das Spiel nie verstanden und kriege das mit den Steinen einfach nicht auf die Reihe. (Zu meiner Überraschung schien sie das scherzhaft zu meinen.) Roxanne mochte bei einem ihrer Züge juchzen oder auch aufstöhnen, wenn jemand über einen ihrer Steine sprang, aber sie achtete immer darauf, den Patienten zu schonen. Ihr Körper blieb reglos, und sie setzte ihre Steine hin wie Federn. Ich versuchte es ihr gleichzutun, denn wenn ich es nicht tat, weiteten sich ihre Augen, und sie warf mir einen warnenden Blick zu. Alles, ohne ihr Grübchen zu verlieren.

Ich erinnerte mich daran, dass die junge Mrs Crozier, Sylvia, im Auto zu mir gesagt hatte, ihr Mann möge Unterhaltungen nicht. Sie ermüdeten ihn, und wenn er müde sei, könne er ungemütlich werden. Also dachte ich: Wenn er je Anlass hatte, ungemütlich zu werden, dann jetzt. Gezwungen, auf seinem Sterbebett ein albernes Spiel zu spielen, wo man doch sein Fieber durch die Bettwäsche fühlen konnte.

Aber Sylvia musste sich geirrt haben. Er hatte mehr Geduld und Höflichkeit entwickelt, als ihr vielleicht bewusst war. Untergeordneten Personen gegenüber – und Roxanne war gewiss eine untergeordnete Person – gab er sich inzwischen tolerant und sanft. Während er doch bestimmt nur hier liegen wollte, um über seine Lebenswege nachzudenken und sich für seine Zukunft zu rüsten.

Roxanne tupfte ihm den Schweiß von der Stirn: »Regen Sie sich nicht auf, Sie haben noch nicht gewonnen.«

»Roxanne«, sagte er. »Roxanne. Wissen Sie, wessen Name das war, Roxanne?«

»Hmm?«, fragte sie, und ich mischte mich ein. Ich konnte nicht anders.

»Die Frau von Alexander dem Großen hieß so.«

Mein Kopf war ein Elsternnest, vollgestopft mit solchen glänzenden Wissensschnipseln.

»Ach, ja?«, sagte Roxanne. »Und wer soll das sein? Der große Alexander?«

Mir wurde etwas klar, als ich Mr Crozier in dem Augenblick ansah. Etwas Verstörendes, Trauriges.

Es gefiel ihm, dass sie keine Ahnung hatte. Das merkte ich. Es gefiel ihm. Ihr Unwissen bereitete ihm einen Genuss, der ihm auf der Zunge zerging wie ein Sahnebonbon.

Am ersten Tag hatte sie Shorts getragen, so wie ich, aber beim nächsten Mal und stets danach trug Roxanne ein Kleid aus steifem und glänzendem hellgrünem Stoff. Man hörte es rascheln, wenn sie die Treppe hinauflief. Sie brachte ein weiches Polster für Mr Crozier an, damit er sich nicht wundlag. Sie war jedes Mal unzufrieden damit, wie sein Bett gemacht war, und musste es neu ordnen. Aber wie sehr sie auch schimpfte, ihre Verrichtungen störten ihn nie, und er musste zugeben, dass er sich danach wohler fühlte.

Sie war nie um etwas verlegen. Manchmal kam sie ausgerüstet mit Rätseln. Oder Witzen. Einige der Witze waren das, was meine Mutter Zoten nannte und in unserem Haus nicht zuließ, außer wenn sie von bestimmten Verwandten meines Vaters kamen, die praktisch keinen anderen Gesprächsstoff kannten.

Diese Witze begannen gewöhnlich mit ernsthaft klingenden, aber absurden Fragen.

Habt ihr schon mal von der Nonne gehört, die einen Fleischwolf kaufen ging?

Habt ihr schon mal gehört, was die Braut und der Bräutigam sich vor ihrer Hochzeitsnacht zum Nachtisch bestellten?

Die Antworten waren immer zweideutig, sodass der Erzähler so tun konnte, als sei er entsetzt, und die Lacher der schmutzigen Phantasie seiner Zuhörer zuschreiben konnte.

Und nachdem Roxanne uns alle an diese Witze gewöhnt hatte, ging sie dazu über, Witze einer Kategorie zu erzählen, von deren Existenz meine Mutter wahrscheinlich noch nicht einmal wusste, denn oft ging es darin um Sex mit Schafen oder Hühnern oder Melkmaschinen.

»Ist das nicht schrecklich?«, sagte sie immer zum Schluss. Sie sagte, sie würde dieses Zeug gar nicht kennen, wenn ihr Mann es nicht aus der Werkstatt nach Hause brächte.

Die Tatsache, dass die alte Mrs Crozier kicherte, schockierte mich ebenso wie die Witze selbst. Ich dachte, dass sie vielleicht die Pointe nicht mitbekam, sondern es einfach genoss, allem zuzuhören, was Roxanne so erzählte. Sie saß mit einem verschmitzten und dabei geistesabwesenden Lächeln da, als habe sie ein Geschenk bekommen, von dem sie wusste, dass es ihr gefallen würde, noch bevor sie es ausgepackt hatte.

Mr Crozier lachte nicht, aber der lachte eigentlich nie. Er zog nur tadelnd die Augenbrauen hoch, als finde er Roxanne empörend, aber trotz allem liebenswert. Das konnte an seinen guten Manieren liegen oder auch an Dankbarkeit für ihre Bemühungen, sie mochten sein, wie sie wollten.

Ich selber achtete darauf, jedes Mal zu lachen, damit Roxanne mich nicht als prüdes Küken abtat, das keine Ahnung hatte.

Ihr anderer Beitrag zur Unterhaltung waren Geschichten aus ihrem Leben. Sie war aus einem trostlosen Nest im Norden von Ontario nach Toronto gekommen, um ihre ältere Schwester zu besuchen, und hatte einen Job im Kaufhaus Eaton gefunden, anfangs machte sie in der Cafeteria sauber, dann fiel sie einem der Manager auf, weil sie schnell arbeitete und immer fröhlich war, und plötzlich fand sie sich als Verkäuferin in der Handschuh-Abteilung wieder. (Ich fand, es hörte sich bei ihr an wie ihre Entdeckung durch die Warner Brothers.) Und wer anders als Barbara Ann Scott, die Eiskunstläuferin, kam eines Tages herein und kaufte weiße Glacéhandschuhe, die bis zum Ellbogen reichten?

Übrigens hatte Roxannes Schwester so viele Verehrer, dass sie eine Münze warf, um zu entscheiden, mit wem sie ausgehen würde, was sie fast jeden Abend tat, und sie beauftragte Roxanne damit, die Verschmähten mit bedauernden Worten an der Vordertür der Pension zu empfangen, während sie selbst sich mit ihrem Auserwählten zur Hintertür hinausschlich. Roxanne sagte, vielleicht sei sie so zu ihrem flotten Mundwerk gekommen. Und sehr bald kamen einige der Jungs, die sie dadurch kennengelernt hatte, um sie auszuführen, nicht ihre Schwester. Sie wussten nicht, dass sie eigentlich noch zu jung war.

»Ich hab mich prima amüsiert«, sagte sie.

Ich begann zu verstehen, dass es bestimmte redselige Menschen gab – bestimmte Mädchen –, denen die Leute gerne zuhörten, nicht wegen der Dinge, die sie, die Mädchen, zu sagen hatten, sondern wegen der Freude, die sie daran hatten, sie zu sagen. Eine Freude an sich selbst, ein Leuchten auf ihren Gesichtern, eine Überzeugung, dass alles, was sie erzählten, bemerkenswert war und dass sie gar nicht anders konnten, als unterhaltsam zu sein. Es mochte andere Leute geben – Leute wie mich –, die diese Einschätzung nicht teilten, aber das war deren Problem. Und Leute wie ich gehörten ohnehin nicht zu dem Publikum, auf das diese Mädchen aus waren.

Mr Crozier saß von Kissen gestützt und sah ganz so aus, als sei er glücklich. Glücklich, einfach die Augen zu schließen und sie reden zu lassen, dann die Augen zu öffnen und sie vorzufinden, wie ein Schokoladenhäschen am Ostermorgen. Und dann mit offenen Augen jedem Zucken ihrer glänzenden Lippen und jedem Wippen ihres prächtigen Hinterteils zu folgen.

Die alte Mrs Crozier schaukelte leicht vor und zurück in ihrem sonderbaren Zustand der Zufriedenheit.

Roxanne verbrachte oben ebenso viel Zeit wie unten mit der Massage. Ich fragte mich, ob sie dafür bezahlt wurde. Wenn nicht, wie konnte sie es sich leisten, sich so viel Zeit zu nehmen? Und wer anders als die alte Mrs Crozier konnte sie bezahlen?

Warum?

Damit ihr Stiefsohn es bequem hatte und glücklich war? Das bezweifelte ich.

Damit sie selbst auf sonderbare Art unterhalten wurde?

Eines Nachmittags, als Roxanne sein Zimmer verlassen hatte, sagte Mr Crozier, er habe mehr Durst als sonst. Ich ging hinunter, um ihm ein Glas Wasser aus dem Krug zu holen, der immer im Kühlschrank stand. Roxanne packte gerade, um nach Hause zu fahren.

»Ich hatte gar nicht vor, so lange zu bleiben«, sagte sie. »Ich will auf keinen Fall dieser Lehrerin begegnen.«

Einen Augenblick lang verstand ich nicht.

»Du weißt schon. Syl-vi-a. Die ist auch nicht gerade verrückt nach mir, oder? Hat sie mich je erwähnt, wenn sie dich nach Hause fährt?«

Ich sagte, Sylvia habe mir gegenüber nie Roxannes Namen erwähnt, auf keiner unserer Fahrten. Warum sollte sie auch?

»Dorothy sagt, sie weiß nicht mit ihm umzugehen. Sie sagt, ich mache ihn sehr viel glücklicher als sie. Dorothy sagt das. Würde mich nicht wundern, wenn sie's ihr sogar ins Gesicht gesagt hat.«

Ich dachte daran, wie Sylvia jeden Nachmittag, wenn sie nach Hause kam, in das Zimmer ihres Mannes hinaufeilte, noch bevor sie mit mir oder ihrer Schwiegermutter gesprochen hatte, ihr Gesicht von Eifer und Verzweiflung gerötet. Ich wollte etwas darüber sagen – ich wollte sie irgendwie verteidigen, aber ich wusste nicht, wie. Und selbstbewusste Menschen wie Roxanne schienen mir immer überlegen zu sein, wenn auch nur dadurch, dass sie mir nicht zuhörten.

»Hat sie ganz bestimmt nie was über mich gesagt?«

Ich wiederholte: Nein, nie. »Sie ist müde, wenn sie nach Hause kommt.«

»Ach, ja? Jeder ist müde. Aber manche lernen es, sich so zu verhalten, als wären sie's nicht.«

Da sagte ich doch etwas, um ihr eins vor den Bug zu geben. »Ich mag sie gern.«

»Du magst sie gerne?«, spottete Roxanne.

Wie zum Spaß zog sie heftig an einer Strähne von dem Pony, den ich mir vor Kurzem selbst geschnitten hatte.

»Du solltest was Vernünftiges mit deinen Haaren anfangen.«

Dorothy sagt.

Wenn Roxanne Bewunderung wollte, wie es in ihrer Natur lag, was wollte dann Dorothy? Ich hatte das Gefühl, dass sich Böses regte, aber ich konnte es nicht dingfest machen. Vielleicht war es nur ein Verlangen, Roxanne im Haus zu haben, ihre Lebhaftigkeit, ihr Tempo.

Der Hochsommer neigte sich. In den Brunnen sank der Wasserstand. Der Sprengwagen kam nicht mehr, und manche Läden hatten Planen aus etwas, das wie gelbes Zellophan aussah, in ihre Schaufenster gehängt, damit ihre Ware nicht ausblich. Das Laub war fleckig, das Gras dürr.

Die alte Mrs Crozier ließ ihren Gärtner weiter hacken, Tag um Tag. So macht man das bei trockenem Wetter, man hackt und hackt, um jedes bisschen Feuchtigkeit hochzuholen, das man im Boden darunter finden kann.

Die Sommerkurse am College endeten nach der zweiten Augustwoche, und dann würde Sylvia Crozier jeden Tag zu Hause sein.

Mr Crozier freute sich immer noch, Roxanne zu sehen, aber er schlief oft ein. Er konnte einschlafen, ohne den Kopf nach hinten sinken zu lassen, mitten in einem ihrer Witze oder einer ihrer Anekdoten. Dann, einen Augenblick später, wurde er wach und fragte, wo er sei.

»Na, hier, Sie Döskopp. Eigentlich sollen Sie mir zuhören. Ich sollte Ihnen was hinter die Löffel geben. Oder wie wär's, wenn ich Sie stattdessen kitzle?«

Jeder konnte sehen, wie er verfiel. Seine Wangen waren eingefallen wie die eines alten Mannes, und das Licht schien durch seine Ohrmuscheln, als seien sie nicht aus Fleisch, sondern aus Plastik. (Obwohl wir damals nicht »Plastik« sagten; wir sagten »Zelluloid«.)

Mein letzter Arbeitstag dort, Sylvias letzter Unterrichtstag, war ein Massagetag. Sylvia musste wegen einer Feierstunde früh zum College fahren, also ging ich zu Fuß durch die Stadt und kam an, als Roxanne schon da war. Die alte Mrs Crozier war auch in der Küche, und beide sahen mich an, als hätten sie vergessen, dass ich kam, als hätte ich sie unterbrochen.

»Ich hab sie extra bestellt«, sagte die alte Mrs Crozier.

Sie musste die Makronen meinen, die in einer Konditorschachtel auf dem Tisch standen.

»Aber ich hab's Ihnen doch erklärt«, sagte Roxanne. »Ich kann das Zeug nicht essen. Auf gar keinen Fall.«

»Ich hab Hervey zum Bäcker geschickt, um sie zu holen.«

Hervey, so hieß unser Nachbar, ihr Gärtner.

»Dann soll Hervey sie auch essen. Das ist mein Ernst. Ich kriege davon fürchterlichen Ausschlag.«

»Ich dachte, wir gönnen uns was Besonderes«, sagte die alte Mrs Crozier. »Schließlich ist es unser letzter Tag, bevor …«

»Der letzte Tag, bevor ihr Hintern hier dauerhaft festklebt, ja, ich weiß. Trotzdem krieg ich davon so viel Flecken wie eine Hyäne.«

Wessen Hintern klebte dann dauerhaft hier fest?

Sylvias natürlich.

Die alte Mrs Crozier trug einen schönen schwarzen Seidenmorgenrock mit Seerosen und Gänsen darauf. Sie sagte: »Keine Aussicht mehr auf irgendwas Besonderes, wenn die da ist. Sie werden sehen.«

»Dann woll'n wir mal loslegen und uns heute eine schöne Zeit machen. Vergessen Sie das Zeug, ist ja nicht Ihre Schuld. Ich weiß, Sie haben's gut gemeint.«

»Ich weiß, Sie haben's gut gemeint«, ahmte die alte Mrs Crozier sie mit gehässiger, affektierter Stimme nach, dann sahen beide mich an, und Roxanne sagte: »Krug ist da, wo er immer ist.«

Ich nahm Mr Croziers Wasserkrug aus dem Kühlschrank. Mir kam der Gedanke, dass sie mir eine von den goldbraunen Makronen aus der Schachtel anbieten könnten, aber den beiden kam der Gedanke offenbar nicht.

Ich erwartete, dass Mr Crozier mit geschlossenen Augen in den Kissen ruhte, aber er war hellwach.

»Ich habe gewartet«, sagte er und musste Luft holen. »Dass du kommst«, sagte er. »Ich möchte dich bitten … etwas für mich zu tun. Willst du?«

Klar, sagte ich.

»Du hältst es geheim?«

Ich hatte befürchtet, er könnte mich bitten, ihm auf den Nachtstuhl zu helfen, der seit Kurzem in seinem Zimmer stand, aber das musste doch nicht geheim bleiben.

Ja.

Er bat mich, zu dem Schreibtisch gegenüber seinem Bett zu gehen, die linke kleine Schublade zu öffnen und nachzuschauen, ob ich darin einen Schlüssel finden konnte.

Ich tat es. Ich fand einen großen, schweren, altmodischen Schlüssel.

Er wollte, dass ich aus seinem Zimmer hinausging, die Tür zumachte und abschloss. Dann den Schlüssel an einem sicheren Platz versteckte, vielleicht in der Tasche meiner Shorts.

Ich sollte niemandem sagen, was ich getan hatte.

Ich sollte niemandem sagen, dass ich den Schlüssel hatte, bis seine Frau nach Hause kam, und dann sollte ich ihn ihr geben. Hatte ich das verstanden?

Sicher.

Er dankte mir.

Schon gut.

Während er mit mir redete, lag ein Schweißfilm auf seinem Gesicht, und seine Augen glänzten, als habe er Fieber.

»Niemand darf herein.«

»Niemand darf herein«, wiederholte ich.

»Weder meine Stiefmutter noch … Roxanne. Nur meine Frau.«

Ich schloss die Tür von außen ab und steckte den Schlüssel in die Tasche meiner Shorts. Aber dann befürchtete ich, er könnte durch den dünnen Baumwollstoff zu sehen sein, also ging ich hinunter in den hinteren Salon und versteckte ihn zwischen den Seiten von *I promessi sposi.* Ich wusste, dass Roxanne und die alte Mrs Crozier mich nicht hören würden, weil die Massage im Gange war und Roxanne ihre Berufsstimme benutzte.

»Heute habe ich alle Hände voll damit zu tun, Sie von diesen Knoten zu befreien.«

Und ich hörte die Stimme der alten Mrs Crozier, voll ihres neuen Missvergnügens.

»... schlagen aber heute härter zu als sonst.«

»Na, muss ich doch.«

Als ich die Treppe wieder hinaufging, kam mir ein weiterer Gedanke.

Wenn er und nicht ich die Tür abgeschlossen hatte – was die anderen offenbar denken sollten – und ich dabei wie üblich auf der obersten Stufe saß, hätte ich ihn bestimmt gehört und etwas gerufen und damit die anderen im Haus aufgestört. Also ging ich wieder hinunter und setzte mich auf die unterste Stufe der Vordertreppe, denn von diesem Platz aus hätte ich es nicht unbedingt hören müssen.

Die Massage schien heute kräftig und ohne die üblichen Mätzchen auszufallen; jedenfalls stichelten und witzelten sie nicht wie sonst. Bald hörte ich Roxanne die Hintertreppe hinauflaufen.

Sie blieb stehen. Sie sagte: »He, Bruce.«

Bruce.

Sie rüttelte am Türknauf.

»Bruce.«

Dann musste sie den Mund ans Schlüsselloch gelegt haben, damit nur er und niemand anders sie hörte. Ich konnte nicht genau verstehen, was sie sagte, aber ich bekam mit, dass sie ihn anflehte. Erst neckte, dann anflehte. Nach einer Weile hörte sie sich an, als bete sie.

Dann gab sie das auf und fing an, mit den Fäusten an die Tür zu hämmern, nicht allzu laut, aber dringlich.

Nach einer Weile hörte sie auch damit auf.

»Komm schon«, sagte sie mit fester Stimme. »Wenn du bis zur Tür gekommen bist, um sie abzuschließen, kannst du auch herkommen und sie wieder aufschließen.«

Nichts passierte. Sie trat ans Geländer, schaute hinunter und sah mich.

»Hast du Mr Crozier sein Wasser gebracht?«

Ich sagte Ja.

»Da war die Tür also noch nicht abgeschlossen?«

Nein.

»Hat er irgendwas zu dir gesagt?«

»Er hat nur danke gesagt.«

»Jetzt hat er seine Tür abgeschlossen und will mir nicht antworten.«

Ich hörte den Stock der alten Mrs Crozier die Hintertreppe hinaufstapfen.

»Was ist denn hier los?«

»Er hat sich eingeschlossen und will mir nicht antworten.«

»Was heißt, er hat sich eingeschlossen? Wahrscheinlich klemmt die Tür. Der Wind hat sie zugeschlagen, und jetzt klemmt sie.«

An dem Tag wehte kein Wind.

»Probieren Sie's doch selbst«, sagte Roxanne. »Sie ist abgeschlossen.«

»Ich wusste gar nicht, dass es einen Schlüssel für diese Tür gibt«, sagte die alte Mrs Crozier, als könnte ihr Unwissen die Tatsache aus der Welt schaffen. Dann drehte sie mechanisch am Türknauf und sagte: »Scheint abgeschlossen zu sein.«

Das hat er einkalkuliert, dachte ich. Dass sie mich nicht verdächtigen würden, sondern denken würden, er stecke dahinter. Was er ja auch tat.

»Wir müssen da rein«, sagte Roxanne. Sie stieß mit dem Fuß gegen die Tür.

»Hören Sie auf«, sagte die alte Mrs Crozier. »Wollen Sie die Tür ruinieren? Da kommen Sie sowieso nicht durch, die ist aus massiver Eiche. Alle Türen in diesem Haus sind aus massiver Eiche.«

»Dann müssen wir die Polizei holen.«

Schweigen.

»Die können zum Fenster raufklettern«, sagte Roxanne.

Die alte Mrs Crozier holte Luft und sprach mit Entschiedenheit.

»Sie wissen ja nicht, was Sie da sagen. Ich will nicht die Polizei im Haus haben. Ich will nicht, dass die am Haus hochkrabbeln wie Raupen.«

»Wir wissen nicht, was er da drin womöglich anstellt.«

»Ist doch seine Sache, oder nicht?«

Wieder Schweigen.

Dann Schritte – Roxannes – zur Hintertreppe.

»Ja, machen Sie nur«, sagte Mrs Crozier. »Besser, Sie machen, dass Sie wegkommen, bevor Sie vergessen, wessen Haus das ist.«

Roxanne ging die Treppe hinunter. Ein paar Stampfer des Stocks folgten ihr, kamen aber nicht herunter.

»Und kommen Sie ja nicht auf die Idee, hinter meinem Rücken zum Wachtmeister zu gehen. Der lässt sich von Ihnen nichts befehlen. Wer hat hier überhaupt zu befehlen? Ganz bestimmt nicht Sie. Haben Sie gehört?«

Sehr bald hörte ich die Küchentür zuknallen. Und dann Roxannes Auto wegfahren.

Ich machte mir ebenso wenig Gedanken wegen der Polizei wie die alte Mrs Crozier. Die Polizei in unserem Städtchen, das war Wachtmeister McClarty, der in die Schule kam und uns im Winter ermahnte, nicht auf den Straßen zu rodeln, und im Sommer, nicht im Mühlbach zu baden, was wir beides weiterhin taten. Es war lächerlich, sich vorzustellen, dass er auf eine Leiter kletterte oder Mr Crozier durch eine abgeschlossene Tür ins Gewissen redete.

Er würde Roxanne sagen, sie solle sich um ihre eigenen Angelegenheiten kümmern und ihre Nase nicht in die der Croziers stecken.

Es war jedoch nicht lächerlich, sich vorzustellen, dass die alte Mrs Crozier Befehle gab, und ich dachte, jetzt, wo Roxanne – die sie offenbar nicht mehr leiden konnte – fort war, könnte sie das tun. Sie könnte auf mich losgehen und wissen wollen, ob ich etwas damit zu tun hatte.

Aber sie rüttelte nicht einmal am Türknauf. Sie stand nur vor der abgeschlossenen Tür und sagte etwas.

»Kräftiger, als ich dachte«, murmelte sie.

Dann begab sie sich hinunter. Die üblichen Geräusche ihres Stocks, das harte, regelmäßige Stapfen.

Ich wartete eine Weile und ging dann in die Küche. Die alte Mrs Crozier war nicht da. Sie war auch nicht in den beiden Salons oder im Esszimmer oder im Wintergarten. Ich nahm all meinen Mut zusammen und klopfte an die Toilettentür, dann machte ich sie auf, aber da drin war sie auch nicht. Schließlich schaute ich aus dem Küchenfenster über dem Spülbecken und sah über der Lebensbaumhecke ihren Strohhut sich langsam voranbewegen. Sie war in der Hitze draußen im Garten, stapfte umher zwischen ihren Blumenbeeten.

Der Gedanke, der Roxanne beunruhigt hatte, machte mir nicht zu schaffen. Ich beschäftigte mich nicht weiter damit, denn ich fand es völlig absurd, dass jemand, der nur noch kurze Zeit zu leben hatte, Selbstmord begehen sollte. Das konnte nicht passieren.

Trotzdem war ich nervös. Ich aß zwei von den Makronen, die immer noch auf dem Küchentisch standen. Ich aß sie, weil ich hoffte, dass der Genuss die Normalität zurückbringen werde, aber ich schmeckte sie kaum. Dann stellte ich die Schachtel in den Kühlschrank, damit ich nicht noch mehr aß, um die gewünschte Wirkung zu erzielen.

Die alte Mrs Crozier war immer noch draußen, als Sylvia zurückkehrte. Und sie kam auch dann nicht herein.

Ich holte den Schlüssel aus dem Buch heraus, sobald ich das Auto hörte, und gab ihn Sylvia, sobald sie im Haus war. Ich erzählte ihr rasch, was passiert war, unter Weglassung des Brimboriums, denn sie hätte sich ohnehin nicht die Zeit genommen, um sich das anzuhören. Sie lief die Treppe hinauf.

Ich stand am Fuß der Treppe, um zu erlauschen, was es zu hören gab.

Nichts. Gar nichts.

Dann Sylvias Stimme, überrascht und aufgeregt, aber überhaupt nicht verzweifelt und zu leise, als dass ich sie verstehen konnte. Innerhalb von fünf Minuten war sie wieder unten und sagte, es sei Zeit, mich nach Hause zu bringen. Sie war rot, als hätten sich die Flecken auf ihren Wangen über ihr ganzes Gesicht ausgebreitet, und sie sah verstört aus, konnte aber keinen Hehl aus ihrem Glück machen.

Dann: »Ach, wo ist denn Mutter Crozier?«

»Im Blumengarten, glaube ich.«

»Ich sollte vielleicht kurz mit ihr reden.«

Nachdem sie das getan hatte, sah sie nicht mehr ganz so glücklich aus.

»Ich nehme an, du weißt es«, sagte sie, als sie vom Hof fuhr, »ich nehme an, du kannst dir vorstellen, dass die alte Mrs Crozier verstört ist. Nicht, dass ich dir Vorwürfe mache. Es war sehr gut und loyal von dir, dass du getan hast, worum Mr Crozier dich bat. Hattest du keine Angst, dass etwas passiert? Mit Mr Crozier?«

Ich sagte Nein.

Dann sagte ich: »Ich glaube, Roxanne schon.«

»Mrs Hoy? Ja. Zu dumm.«

Als wir den Hügel hinunterfuhren, den alle Croziers' Hill nannten, sagte sie: »Ich glaube nicht, dass er ihnen wirklich Angst einjagen wollte. Weißt du, wenn man krank ist, lange Zeit krank, dann kann es sein, dass man die Gefühle anderer Menschen nicht mehr wahrnimmt. Man ist unter Umständen gegen andere Menschen eingenommen, sogar, wenn sie es gut meinen und alles tun, was sie können, um zu helfen. Mrs Crozier und Mrs Hoy haben bestimmt ihr Bestes versucht, aber Mr Crozier wollte sie einfach nicht mehr um sich haben. Er hatte einfach genug von ihnen. Verstehst du?«

Ihr schien nicht bewusst zu sein, dass sie lächelte, als sie das sagte.

Mrs Hoy.

Hatte ich den Namen je zuvor gehört?

Und so sanft und respektvoll ausgesprochen, allerdings mit majestätischer Herablassung.

Glaubte ich, was Sylvia sagte?

Ich glaubte, es war das, was er ihr gesagt hatte.

Ich sah Roxanne an jenem Tag noch einmal. Und zwar während Sylvia auf mich einredete und mir diesen neuen Namen zuwarf, Mrs Hoy.

Sie – Roxanne – saß in ihrem Auto und hatte an der ersten Kreuzung am Fuße von Croziers' Hill gehalten, um uns vorbeifahren zu sehen. Ich drehte mich nicht nach ihr um, denn es war alles zu verwirrend, bei dem, was Sylvia zu mir sagte.

Natürlich konnte Sylvia nicht wissen, wessen Auto das war. Sie konnte nicht wissen, dass Roxanne zurückgekommen sein musste, um eine Vorstellung davon zu kriegen, was passiert war. Oder vielleicht war sie die ganze Zeit über, seit sie das Haus der Croziers verlassen hatte, um den Block gefahren.

Roxanne erkannte wahrscheinlich Sylvias Auto. Sie muss mich gesehen haben. An der freundlichen, ernsten, von leisem Lächeln begleiteten Art, in der Sylvia mit mir redete, muss sie gemerkt haben, dass alles in Ordnung war.

Sie bog nicht um die Ecke und fuhr nicht wieder den Hügel hinauf zum Haus der Croziers. O nein. Sie fuhr über die Kreuzung – ich beobachtete sie im Rückspiegel – zum östlichen Teil der Stadt, wo während des Krieges die Behelfshäuser errichtet worden waren. Dort wohnte sie.

»Spür mal die Brise«, sagte Sylvia. »Vielleicht bringen uns diese Wolken bald Regen.«

Die Wolken waren hoch und leuchtend weiß; sie sahen überhaupt nicht nach Regen aus, und es ging eine Brise, weil wir in einem fahrenden Auto mit heruntergelassenen Fenstern saßen.

Ich verstand recht gut, welch ein Machtkampf zwischen Sylvia und Roxanne stattgefunden hatte, aber ich hatte Mühe, an den fast schon nicht mehr vorhandenen Preis zu denken, um den es dabei gegangen war, an Mr Crozier – und zu denken, dass er gegen Ende seines Lebens die Willenskraft aufgebracht hatte, eine Entscheidung zu treffen und damit auf etwas zu verzichten. Fleischeslust an der Schwelle des Todes – oder auch wahre Liebe –, das waren Dinge, vor denen mir schauderte.

Sylvia brachte Mr Crozier in ein gemietetes Ferienhaus am See, wo er starb, bevor die Bäume ihr Laub abwarfen.

Die Familie Hoy zog weiter, wie es die Familien von Autoschlossern oft taten.

Meine Mutter kämpfte mit einer Krankheit, die sie verkrüppelte und all ihren Träumen vom großen Geld ein Ende machte.

Dorothy Crozier erlitt einen Schlaganfall, erholte sich aber und kaufte Unmengen von Halloween-Süßigkeiten für die Kinder, deren älteren Brüdern und Schwestern sie die Tür gewiesen hatte.

Ich wurde erwachsen und alt.

Milena Moser

Adams Knochen

Einmal vor vielen, vielen Jahren stand ich mit einem kleinen Jungen, der seinen Namen hier nicht genannt haben möchte, in einem Supermarkt. Das Kind war vier oder fünf Jahre alt und trug Latzhosen. Das ist wichtig.

Ich stützte mich auf meinen Einkaufswagen. Wie viele Sorten Essig kann es eigentlich geben?, dachte ich. Unglaublich, woraus man Essig machen kann. Ich stand vor einem Regal, in dem sich die Flaschen endlos reihten. Während ich die Etiketten studierte, fiel ich in eine Art Hausfrauentrance, die mich beim Einkaufen immer wieder überkommt. Plötzlich schien es undenkbar zu wählen, aus den Tausenden und Abertausenden von Essigflaschen (Frühstücksflocken, Joghurtsorten), die sich wie in Alices Zauberspiegel ins Unendliche vervielfachten, die richtige herauszufinden. Ich weiß nicht, wie viele Stunden meines Lebens ich in dieser Zwischenwelt, in der Grauzone zwischen Supermarktregalen gestanden habe, außerstande, den Arm zu heben, etwas aus dem Regal zu nehmen, in den Einkaufswagen zu legen, diesen ein paar Schritte weiterzuschieben. Und damit bin ich keinesfalls allein. Man begegnet ihnen ständig, diesen im Neonlicht erstarrten Kunden. Für genau diesen Fall ist ja die Einkaufsliste erfunden worden, um den wandernden Geist der Einkaufenden Zeile für Zeile an die Realität zu binden. Ich schreibe solche Listen im vollen Bewusstsein ihrer Bedeutung und lasse sie dann doch regelmäßig zu Hause liegen.

Aber irgendetwas reißt mich dann doch immer wieder in die Wirklichkeit zurück, manchmal schießt ein fremder

Einkaufswagen ungebremst in meinen, manchmal, wie in diesem Fall, schreit irgendwo ein kleines Kind.

Kleine Kinder schreien alle gleich, aber dieses war meines. Mein Sohn stand mitten im Gang zwischen den Regalen und heulte. Er hatte die Hände unter den Latz seiner Hose geschoben. Sein Gesicht war rot und zu einer Maske der Verzweiflung erstarrt. Aus dem weit aufgerissenen Mund kamen abgehackte Laute. Ich ging in die Knie und zog ihn an mich, doch es dauerte eine Weile, bis er sich halbwegs verständlich ausdrücken konnte.

»Meine Knochen!«, schluchzte er. »Meine Knochen sind runtergefallen!«

Schon hatte sich eine Gruppe Neugieriger um uns gebildet.

Was macht sie nun? Die Umstehenden schienen untereinander Wetten abzuschließen. Kriegt sie die Sache in den Griff? Die Chancen standen schlecht. Ich hatte keine Ahnung, was mein Sohn meinte.

»Deine Knochen?« Ich hielt ihn ein Stück von mir weg, tastete ihn ab, er schien unverletzt. Alles noch da.

»Meine Rippen«, weinte er, »meine Rippen sind verrutscht!«

Hektisch fuhren seine Hände unter dem Hosenlatz auf und ab. Ich hielt meine Hände über seine, zählte nach. (Wie viele Rippen hat der Mensch? Egal.)

»Aber nicht doch, alle da«, sagte ich mit der ganzen mütterlichen Munterkeit, die ich in diesem Moment aufbringen konnte. Die Wirkung war fatal. Wie immer, wenn er sich unverstanden fühlte, schrie der Kleine noch lauter.

»Neiiiiiin, Mama, hier, fühl doch mal!«

Ich fühlte nach. Ach so.

»Das sind nicht deine Rippen, das sind deine Hüftknochen«, sagte ich, »und die sind genau da, wo sie sein sollen.« Beinahe hätte ich gelacht. Mein Sohn aber hatte noch nie von Hüftknochen gehört und glaubte mir nicht. Ich konnte ihn nicht beruhigen. Die Traube, die sich um uns gebildet hatte, löste sich langsam auf, mit kleinen Geldscheinen wurden die ausgehandelten Wetten beglichen, das Leben ging weiter. Und den richtigen Essig hatte ich auch noch nicht gefunden. Ich ließ den Einkaufswagen stehen und trug den Jungen über den Parkplatz zum Auto. Haltlos schluchzte er an meiner Schulter: ein kleiner Junge, untröstlich, weil ihm eine Rippe fehlte. Und nichts, was ich sagte, konnte dieses Unheil wiedergutmachen. Wenn es das ist, was Adam gefühlt hat, als er eines Tages mit einer Rippe weniger aufwachte, dachte ich, dann brauchen wir uns nicht zu wundern. Wirklich nicht.

Siegfried Lenz

Kummer mit jütländischen Kaffeetafeln

Einmal muß ich auch von meinem Kummer sprechen, von meinem Kummer mit Jütland, dessen Sommerbürger ich seit vielen Jahren bin. Lange hat Begeisterung ihn niedergehalten, zurückgedrängt, bei allem schwärmerischen Einverständnis wagte mein Kummer nicht, sich zu Wort zu melden, er wurde einfach matt gesetzt durch Erlebnisse und Erfahrungen, die mir Jütland als mein behäbiges Sehnsuchtsland erscheinen ließen. Was gilt dein Kummer, sagte ich mir zögernd, angesichts grandioser Nachbarschaftshilfe und nordischer Sonnenuntergänge? Was zählt er überhaupt vor dem erstaunlichen Gerechtigkeitssinn der Jütländer, vor ihrer stillen Tüchtigkeit, ihrer fabelhaften Sparsamkeit, ihrem Sinn für Gemütlichkeit und künstlerisch geschnittenen Hecken? Hat irgendein Kummer denn das Recht, veröffentlicht zu werden, wo alles zum Bleiben einlädt, wo langsam, aber gründlich gedacht wird, wo Idylle und kühne Architektur miteinander tuscheln? Und wo man, nach eigenem Willen, jeden Tag Sonntag feiern kann? Wäre schließlich, so sagte ich mir, die Bekanntgabe deines Kummers nicht eine Manifestation der Undankbarkeit gegenüber einem Land, das dich so bereitwillig angenommen hat? Es hilft nichts: zu stark pocht mein Kummer, er will raus, will sich nach über zwanzig Jahren Zurückhaltung Gehör verschaffen, mein redlicher, oft verschluckter, begründbarer Kummer mit Jütland. Da er einen Namen hat, möchte ich ihn auch gleich preisgeben: Es ist mein Kummer mit der großen jütländischen Kaffeetafel.

Schon seh ich Kopfschütteln, spüre Verwunderung und

Nachsicht: Kann, so wird man sich fragen, eine Kaffeetafel Anlaß zum Kummer geben? Kann, was so harmlos nach Belebung und schlichter Süße klingt, überhaupt eine Sache sein, von der man Aufhebens machen sollte? Wer so fragt, hatte noch nie das problematische Glück, zu einer original jütländischen Kaffeetafel eingeladen zu werden. Wir hingegen, meine Frau und ich, waren oft dazu eingeladen, wir haben die legendäre Tafel bisher überlebt, und in gelassener Erwartung von Spätschäden möchte ich jedem, der von einer entsprechenden Einladung ereilt wird, akkurat vorstellen, was ihn erwartet, worauf er sich gefaßt machen muß.

Wir, zugegeben, waren allenfalls auf Gesundheitskaffee und knochentrockene Plätzchen gefaßt, als wir zum ersten Mal von unseren Nachbarn zu einer ortsüblichen Kaffeetafel gebeten wurden, so gegen halb neun, nach dem Abendbrot. Solch eine Kaffeetafel, bedeutete man uns, widerspricht keineswegs der Gewohnheit, ausgiebig und genußreich zu Abend zu essen, im Gegenteil: Die jütländische Kaffeetafel heischt geradezu eine gediegene Unterlage. Nach Belieben gestärkt, fanden wir uns bei den Gastgebern zusammen, schwiegen uns, erschöpft von der Tagesarbeit, freundlich an; die Beredsamen riskierten ein »Jo«, die Geschwätzigen ein »Jo, jo«, ein Ächzen, ein Preßlaut, ein Kopfnicken reichten zu umfassender Unterhaltung. Häufiger Lidschlag zeugte nicht etwa von vorsorglicher Zustimmung, sondern von der Mühe, sich wach zu halten. Bauern und Fischer verzichteten darauf, einander zu necken, wie die Tradition es eigentlich will. Oft war nur das kleine Platzgeräusch der an Pfeifen saugenden Lippen zu hören.

Plötzlich zog die Hausfrau die Schiebetüren auf, trat bescheiden zur Seite und gab den Blick frei auf die Kaffeetafel, und alle im Raum standen auf.

Ein Ausziehtisch, von geschontem Damast bedeckt, trug die Kaffeetafel: Kerzen brannten, deren zuckender Schein über das ererbte perlmuttene Porzellan ebenso lief wie über die dicke Butterschicht der Brötchen, die, zu Mehrdeckern aufgestockt, auf übergroßen Tellern lagen. Wir tauschten einen Blick, meine Frau und ich, einverstanden mit der herzhaften Bescheidenheit des Angebots. Also Brötchen, Rundstücke, Boller, wie es immer beginnt, man würde die Hausfrau nicht enttäuschen müssen, es war erst neun. Schweigend nahmen wir unsere Plätze ein.

Die Gastgeberin ließ es sich nicht nehmen, den Kaffee selbst einzuschenken, kräftigen, stark gebrannten Kaffee, und wem es aus der Tasse dampfte, der durfte auch gleich probieren, und auf einmal war ein Seufzen am Tisch, ein Stöhnen, man seufzte und stöhnte mit geschlossenen Augen, freimütig, anhaltend, die unendliche Wohltat bezeugend, die man heiß im Schlund spürte – wir seufzten ungeübt mit und nickten zu dem vollständigen Bekenntnissatz, daß doch nichts über eine gute Tasse Kaffee gehe. Dann ein Wink, und die schönen Teller mit den gebutterten Brötchen begannen zu kreisen.

Sie kreisen immer, die Teller, niemand entgeht ihrer Forderung, zu nehmen und noch einmal zu nehmen. Wir trennten also die Mehrdecker, hoben die halben Rundstücke ab, die so aufeinanderlagen, daß auch die Unterseite kräftig Butter annahm, und es war ein zufriedenes Mahlen und Trinken, allerdings äugten wir, schon am Ende unserer Möglichkeiten, bestürzt auf die eigenen Teller, auf die stumme Zentrifugalkraft immer neue Brötchen brachte. Meinen hilfesuchenden Blick beantwortete die Hausfrau mit dem zweiten vollständigen Satz, sie sagte: Wir sollen es ganz gemütlich haben. Ich nickte dankbar, doch ich nickte zu früh; denn nachdem sich einige Gäste gestrafft, und das heißt: erwartungsvoll aufgesetzt hatten, trug die Hausfrau Platten mit blätterteigartigem Kranzkuchen auf, der gelblich schimmerte wie ein jütländisches Rapsfeld und gesprenkelt war von überschweren Rosinen.

Jeder wußte, was an der Reihe gewesen war, jeder langte sachlich zu; wen die rotierende Platte erreichte, der war verurteilt zu nehmen. Mit glänzenden, schorfähnlichen Krümeln an den Lippen, die das *wienerbrød* nun einmal gern hinterläßt, stellten Nachbarn kurze Fragen, gaben kurze Antworten, ich konnte ihnen keine Aufmerksamkeit schenken, da ich angestrengt damit beschäftigt war, die drohend heranrkreisende Platte abzuwehren. Vergebens: Bei jedem Passieren geriet ein Stück fettigen, leicht gewärmten Kuchens auf meinen Teller und erinnerte mich unerbittlich an die Gesetze der Gastfreundschaft. Daß unser Kaffeedurst unstillbar sei, wurde einfach vorausgesetzt, schon dampfte die zweite, die dritte Tasse vor jedem Gast, der Duft Brasiliens erfüllte die jütländische Bauernstube, eine beginnende Magenschwere wurde aufgewogen durch unerwartete Hellhörigkeit und Schärfe des Gewahrens. Verwirrt blickte ich zum Ende der Tafel hinunter, wo zusammenhängend geflüstert und gelacht wurde.

Mühsam ausatmend, signalisierte mir meine Frau ihre Erschöpfung, ich antwortete mit zur Decke gerichtetem, ergebenem Kälberblick, hoffend, daß mit dem *wienerbrød* das Ärgste überstanden sei.

Doch kaum hatte ich mich zurückgelehnt, als ein Hügel von kränklicher Weiße gebieterisch auf mich zuschwebte, ein Gletscher, bedeckt mit bräunlichem Moränenschutt, waghalsig verziert mit Kirschen, die dem erstarrten Schaum sanft eingedrückt waren: die erste Großtorte, die *lagkage*, der Stolz der Hausfrau, den abzulehnen einer Beleidigung gleichgekommen wäre. Das vorzeitlich anmutende Ungetüm des Genusses wurde in die Mitte der Tafel gestellt, ein ererbtes Tortenmesser brachte ihm die erste Wunde bei, und dann wurde jeder namentlich aufgefordert, seinen Teller heranzureichen zum Empfang kiloschwerer, präzis geschnittener Batzen.

Wie viele Schichten waren da verständig übereinandergelegt, der Boden erinnerte an Jütlands sandgraue Küsten, die Füllung an seine dunkle Torferde, etwas Versteiftes, Klumpiges gemahnte an einheimische Hünengräber, und beim Anblick der lastenden Sahneschichten mußte ich an jütländische Winter denken. Der Moränenschutt, fast unnötig zu sagen, entpuppte sich auf der Zunge als Nußsplitter. Eine ganze Geologie der Gaumenfreude präsentierte sich uns da, und ich wäre in Andacht versunken, wenn Atemnot mir nicht zugesetzt hätte. Als zum zweiten Batzen lächelnd Kaffee nachgereicht wurde, kam tatsächlich ein angeregtes Gespräch unter meinen Nachbarn auf, soweit ich ihm unter dem Druck der Fülle folgen konnte, ging es um die ungerechten, jedenfalls drakonischen Steuergesetze, die dem Jütländer selbst das nehmen, was er sich angewöhnt hat als sein eigen zu betrachten. Nur noch lethargisch löffelnd, verstand ich, daß ein Sohn den Hof seines Vaters keineswegs übernehmen kann, er muß ihn in gewisser Weise kaufen und auf den Kaufpreis Steuern zahlen. Die Gletschertorte ließ mir gerade noch die Kraft, diese Praxis ebenfalls als ungerecht zu empfinden.

Plötzlich neigte sich mir mein Nachbar zu, zwinkerte und riet mir, den Teller rasch leer zu essen, da gleich die Napoleonschnitten »dran« wären, ein mit Vanillepudding gefülltes Labsal, schön zittrig unter glasiertem Blätterteig. Und kaum hatte der kreisende Teller ihn erreicht, als er mir auch schon zwei Stücke zuschaufelte, jedes so dick wie Tolstois ›Krieg und Frieden‹. Von Herzen zugetan, wollte er mir nur die Wartezeit ersparen. Ich aß, ich schwieg und aß, während sich das Gespräch an der Tafel immer spürbarer belebte, die Napoleonschnitten stifteten sogar Leidenschaft, ein heftiges Für und Wider um die Europäische Gemeinschaft entbrannte. Aus der Ferne bekam ich mit, daß der Süden Jütlands die Mitgliedschaft in der EG überzeugter guthieß als der Norden. Die Hausfrau trug, nicht ohne kleinen Triumph, gleich zwei Kaffeekannen herein und lobte mehrmals hintereinander ihre neue Kaffeemaschine. Zum Protest zu matt, ließ ich mir die fünfte Tasse füllen. Gequält blickte ich zu meiner Frau hinüber, sie musterte feindselig ihre Napoleonschnitte, stocherte nicht einmal; wenn sie sich überhaupt bewegte, so nur, um eine übriggebliebene Kirsche von der Gletschertorte aufzuspießen.

Auf einmal schrak ich auf. Fischer und Bauern begannen gerade, einander – der Tradition entsprechend – zu necken, als ich feststellen mußte, daß ich nicht mehr gerade sitzen konnte. Die Kaffeetafel zog meine Stirn an. Ich stand auf, stahl mich unter einem Vorwand auf den Hofplatz hinaus, probierte ein paar bange Schritte und blickte verlangend zu unserem Häuschen hinüber. Wenn es einen Brunnen gegeben hätte, ich hätte gewiß nicht versucht, meine Silhouette neben dem Mond zu finden. Tragisch verkürzt: So kamen mir meine Beine vor, der Leib kämpfte mit einem geradezu unwirschen Übergewicht, die Geschmacksnerven jauchzten, und hinter den Schläfen summte und zirpte es, als ob alle Telephonleitungen Jütlands dort hindurchliefen. Was da rhythmisch einen Vorschlaghammer in meiner Brust schwang, war ohne Zweifel mein Herz. Was mir einredete, ich könnte in diesem Augenblick georgische Lyrik in einen südjütländischen Dialekt übersetzen, war der Kaffeerausch. Die frische Luft bekam mir nicht, ich mußte zurück.

Der Teller an meinem Platz konnte mein Teller nicht sein, denn ich hatte ihn leer hinterlassen, und jetzt lastete auf ihm, plätteisengroß, ein naturfarbenes Stück Nußtorte, mit Buttercreme ehrlich angereichert, eine Spezialität der Hausfrau. Ich beäugte das Stück, stach es, stupste es mit dem Gäbelchen, fragte es ab: Es wollte nichts weiter als bewältigt werden. Meine Nachbarn bedauerten mich, sie waren mir ein Stück im voraus und stachelten mich an, sie einzuholen, lakonisch allerdings, nur soweit ihnen die erhitzte Debatte über dänische Staatsverschuldung Zeit dafür ließ. Ich dachte an Jütlands Hecken, an Holunder, Flieder und Haselnußbüsche und nahm die Nußschnitten an, apathisch und entschlossen zugleich. Mir war es gleichgültig, daß die Hausfrau, wie sie erzählte, die Nüsse eigenhändig geerntet und gerieben hatte, ich brachte kein Interesse mehr für die Behauptung auf, daß die unangemessenen Forderungen des perfekten Sozialstaates zu der bedenklichen Verschuldung des Landes geführt hatten, wie ein todmatter Koalabär, der seine einzige, lebenserhaltende Aufgabe im Eukalyptusblatt sieht, brockte ich die Nußtorte in mich hinein, einverstanden mit oblomowschem Schlagfuß, den ich auf mich zukommen sah.

Mit, sagen wir, abschiednehmendem Blick schaute ich zu meiner Frau hinüber, sie hatte es aufgegeben, hatte offenbar mit letzter Kraft der Nußtorte die Kuchengabel eingerammt, an deren Stiel jetzt nur noch ein Fähnchen fehlte, das weiße Fähnchen der Kapitulation.

Welch ein Zustand: Äußerste Wachheit hielt niederzwingender Trägheit die Balance, flackernde Aufgekratztheit behauptete sich neben Mühlsteinschwere. Meine Nachbarn beteuerten einander, daß sie sich selten »so gut zupaß« gefühlt hätten, und zum Zeichen ihres Wohlbefindens tischten sie einander Anekdoten auf.

Ihre Fürsorglichkeit mobilisierte einen letzten Schub von Lebenswillen, ich hob den Arm, mich ritt der Teufel, Hohn und Verzweiflung gaben mir eine Frage ein, über die ich erst später erschrak, die Frage nämlich: Wann kommt denn das Kleingebäck? Ich habe gelesen, daß zu einer jütländischen Kaffeetafel unbedingt Kleingebäck gehört. Überrascht sah die Hausfrau mich an, dankbar und überrascht, mein Verlangen ehrte sie, und ehe ich noch begriff, welch eine Falle ich mir selbst gestellt hatte, kreisten Schälchen mit dem berühmten Kleingebäck, Kringel, Schäumchen, Plätzchen, Taler aus Mürbeteig, mit und ohne Schokolade *småkager* in verführerischen Variationen, selbstgebacken. Das war es doch, worauf du gewartet hast, fragte die Hausfrau, und ich darauf: Ja, sehnsuchtsvoll gewartet. Der Kaffee, den ich mir widerstandslos einschenken ließ, war offenbar noch stärker geworden, eine ölig schimmernde Schwärze. Glaub mir, sagte mein Nachbar, danach wirst du sehr gut schlafen, wir jedenfalls brauchen das Zeug, um gut zu schlafen.

Kurz vor Mitternacht brachen wir auf, wohl versehen mit übriggebliebenen Kuchen und Kleingebäck – für den Fall, daß wir in der Nacht Lust bekämen, etwas zu knabbern. Wortlos schwankten wir heimwärts, nach einem Dank, der reichlich polternd ausgefallen war. Der Hund sprang bellend neben uns her, offenbar hatte sich unser Gang so verändert, daß er uns nicht mehr erkannte. Anstieg: Ich wurde das Gefühl nicht los, auf beschwerlichem Anstieg zu sein, ein gezuckertes, glasiertes Hügelland hinauf, eine Alp aus Mürbeteig und gefrorener Schlagsahne hinauf. Wir setzten uns ins Bett, sitzend erwarteten wir den Morgen.

Beispielhaft ist die Nachbarschaftspraxis in Jütland, nichts als wohlgemeint sind die Einladungen zu einer jütländischen Kaffeetafel. Wir haben sie überstanden, haben sie bis heute überlebt – für das bereitwillig gebrachte Schlafopfer reich entschädigt durch Erlebnisse und Erfahrungen, die nur hier möglich sind. Dennoch: Schade ist es um jede Einladung, die außer Freude auch Befürchtungen weckt. Aus rechtschaffenem Kummer möchte ich fragen, ob man dem Gast in Jütland, der sich freudig vor einer Kaffeetafel findet, nicht zumindest einen Gang in der großen rituellen Kuchenschlacht ersparen könnte – sagen wir, um einen Anfang zu machen, das Kleingebäck. Denn merke: Die Besorgtheit um den Gast schließt auch seine Gehfähigkeit beim Nachhauseweg ein.

Alex Capus

Sommeridyll I

Es war der Tag nach meinem fünften Geburtstag. Zwischen den schweren Samtvorhängen drang ein Sonnenstrahl ins Zimmer und brachte die rot-weißen Fliesen zum Leuchten. Alle schliefen noch: Mein kleiner Bruder Manuel, der neben mir in einem riesigen französischen Doppelbett lag; meine Cousins Pascal und Stephane und Christian, die viel größer waren als ich und jeder ein Einzelbett hatten. Ich horchte hinüber ins Mädchenzimmer. Auch dort war alles still. Von den Erwachsenen war sowieso noch nichts zu hören. Es war Sommer, die Männer unserer Familie hatten Urlaub und die Frauen braungebrannte Beine. Mein Geburtstagsfest hatte bis spät in die Nacht gedauert. Irgendwann waren wir Kinder reihum auf den Schößen unserer Mütter eingeschlafen. Dann waren die Väter aufgestanden und hatten uns auf ihren starken Armen zu Bett gebracht.

In Hemd und Unterhose lief ich über die kalten Fliesen durch den Knabenschlafsaal, den Flur und die Treppe hinunter bis zur Haustür, die eine riesige schwarze Türklinke hatte und deren graues Eichenholz so entsetzlich schwer war. Die Tür stand offen. Die Sonne war eben erst über dem dampfenden Apfelhain aufgegangen, und das Licht drang flach und tief ins Haus hinein. Ich trat hinaus in den normannischen Morgen. Die Steinchen des gekiesten Vorplatzes drangen spitz in meine weichen Fußballen. Der Wind hatte gedreht; gestern noch hatte er den ganzen Tag den süßen Geruch der nahen Tierkadaververbrennungsanlage herangetragen, heute brachte er einen Hauch von frischer Meeresluft vom Ärmelkanal herüber.

Der lange Tisch unter der großen Eiche war übervoll mit

leeren und halbleeren Weingläsern, Flaschen, Kaffeetassen und Aschenbechern. Auf den Desserttellern hüpften aufgeregt ein paar Meisen umher und pickten die Krumen auf, die von Tante Louisettes Apfelkuchen übriggeblieben waren. Drei Stühle waren umgekippt, und im Gras lag Mamas Strickjäckchen, das immer so gut roch.

Der Tisch stank. Ich ließ ihn hinter mir und lief hinunter zum Bach, wo die Entenmutter ihre Jungen ausführte. Jenseits des Bachs weideten die Kühe des Bauern Antoine friedlich zwischen den Apfelbäumen, aber das war verbotenes Land für uns Kinder. Die Weiden des Bauern Antoine waren Sumpfland; immer wieder waren dort ungezogene Jungen steckengeblieben, hatten ungehört um Hilfe geschrien und waren kläglich erstickt, als der Schlamm über ihre Köpfe hinauswuchs. Jetzt lagen sie für immer und ewig dort drüben, und die Kühe weideten über ihren Köpfen.

»Aber Mama, warum sinken Antoines Kühe nicht ein?«

»Weil sie vier Beine und einen dicken Bauch haben. Wenn eine von Antoines Kühen in den Sumpf gerät, schwimmt sie mit ihrem dicken Bauch obenauf wie ein Schiff im Meer, und Antoine kann sie herausziehen. Du aber hast keinen dicken Bauch, und deshalb gehst du mir bis zum Bach und nicht weiter, hörst du!« Und Mama meinte das so ernst, und Ungehorsam war derart undenkbar, daß sie nicht einmal mit Strafe drohte.

Ich blickte zurück, ob mir niemand gefolgt war. Leuchtend weiß stand das große Haus zwischen Wiesengrün und Himmelblau, stolz wie unsere Familie und friedvoll wie Mamas Schoß. Ich wandte mich wieder dem Bach zu und ließ wohlig erschauernd die Beine ins Wasser gleiten. Ich watete gegen die Strömung hinauf zum moosbewachsenen Felsbrocken, der dort im Schatten mitten im Wasser stand. Für uns Kinder war er die einsame Insel, das Piratenschiff, das Ufo, der Mond. Massig und unverrückbar stand er in der Strömung, kleine Wirbel zogen an ihm vorbei, und unsere selbstgebastelten Boote drehten sich darin, wenn man sie nahe genug am Fels vorbeiziehen ließ. An einer geheimen, nur mir bekannten Stelle ging ich langsam in die Knie, tauchte erschauernd den Hintern ins Wasser und dann auch den Bauch. Schließlich saß ich am Grund des Bachs auf glitschigen Kieseln, Hemd und Hose klebten mir am Leib, und das Wasser stand mir bis zum Hals. Mit der rechten Hand tastete ich nach der geheimen Höhle unter dem Felsbrocken, die ich ganz alleine in den Kies gegraben hatte. Einen Moment erwog ich, daß über Nacht ein Flußkrebs oder ein Raubfisch eingezogen sein könnte, aber dann stieß ich mutig hinein, zog die Hand aus dem Wasser und hielt meinen Bergkristall ans Sonnenlicht. Er stammte aus Großvaters Sammlung; der alte Mann hatte ihn mir gestern zum Geburtstag geschenkt. Es war ein ziemlich kleiner Kristall, und so hatte ich mir vorgenommen, ihn ein Stück wachsen zu lassen. Das Wasser in diesem Bach war mindestens so klar wie ein Kristall, und kalt war es auch. Ich hatte mit niemandem darüber gesprochen, aber ich war mir ganz sicher, daß Kristalle nur in kaltem Wasser richtig wachsen können.

Der Kristall war an jenem Morgen halb so lang wie der Zeigefinger meiner rechten Hand und etwa gleich dick. Genau gleich wie gestern also. Vielleicht war eine Nacht nicht genug. Vielleicht würde ich ihn ein paar Tage in Ruhe lassen, damit er ungestört wachsen konnte.

Ich hatte den Kristall gerade wieder zuhinterst in der Höhle versteckt, als neben mir das Wasser aufspritzte. Ich wußte sofort, was das war: Jemand hatte einen Stein nach mir geworfen. Kampfbereit griff ich im Bachbett nach einem passenden Kiesel, stand auf und drehte mich um, den Wurfarm weit nach hinten ausgestreckt – aber dort unten stand mein Vater, groß und schlank wie ein Baum, frisch rasiert und lachend, nachlässig gekleidet in seinem verwaschenen Lieblingshemd und seiner zerknitterten Baumwollhose. Er winkte, und ich watete zu ihm hin.

»Guten Morgen, Frühaufsteher! Wie fühlt man sich so als Fünfjähriger?«

»Gut.«

»Gut? Ist das alles? Ab heute bist du ein richtiger großer Junge und kein Baby mehr – das ist doch was!«

»Ja, Papa.«

Vater sah mich prüfend an. Ich stand tropfnaß in Hemd und Unterhose vor ihm. »Daß du mir nicht ins Sumpfland gehst! Wenn du die Glocke hörst, kommst du frühstücken, klar? Und wenn du hier am Bach fertig bist, ziehst du dir was an.«

»Ja, Papa.«

Vater ging zurück zum Haus. Nach ein paar Schritten drehte er sich um und sah mich an. Er lächelte merkwürdig, und auf seiner rechten Wange zuckte der Kaumuskel. Ich fühlte mich unbehaglich.

»Hast du heute schon Tauben gesehen?«

»Tauben?«

»Ja, Tauben. Die wilden graubraunen Tauben, die manchmal auf dem Hausdach sitzen. Hast du sie heute schon gesehen?«

»Nein, Papa.«

»Wenn du eine siehst, ruf mich. Ich bin im Haus.«

Dann war er weg, und mir fiel ein, daß der Piratenhafen gestern schwer bombardiert worden war. Ich ging hin und reparierte die Quais und machte die Fahrrinne wieder frei und warf die Kanonenkugeln zurück ins Meer. Dann ließ ich die Schiffe zu Wasser, die aus Sicherheitsgründen an Land übernachtet hatten, und dann merkte ich, daß ich fror. Ich lief zurück zum Haus, um mich abzutrocknen und anzuziehen.

Auf dem Dach saß eine Taube. Ganz zuoberst auf dem Dachfirst.

Sie ruckelte mit dem Kopf und gurrte, tippelte ein wenig nach rechts und dann wieder ein paar Schritte nach links.

»Papa! Papaa!«

»Ja?«

»Eine Taube! Auf dem Dach sitzt eine Taube!«

Vater tauchte aus dem dunklen Hausflur auf und trat hinaus auf den Hof. In der Hand hielt er einen großen, silbern glänzenden Revolver. Mit zusammengekniffenen Augen schaute er hoch zum Dachfirst, zielte mit ausgestrecktem Arm und schoß. Es gab einen entsetzlichen Knall. Die Taube flatterte und verschwand hinter dem Hausdach; zwei Sekunden später kam sie flügelschlagend wieder hoch, flog über uns hinweg und setzte sich in die große Eiche direkt über dem langen Tisch mit den Weingläsern und den Kaffeetassen. Vater und ich liefen hin und spähten hoch in den Baum. Dort oben saß die Taube, tat keinen Wank und stellte sich schlafend. Diesmal zielte Vater lange und sorgfältig. Als der zweite Schuß die morgendliche Stille zerriß, fiel uns ein blutiges Bündel Federn vor die Füße, ganz nah neben Mamas weiße Strickjacke. Vater setzte sich auf einen Stuhl und hieß mich neben ihm Platz nehmen. Dann rupfte er die Taube. Die Federn fielen ins Gras, und die milde Meeresluft wirbelte sie auf und verstreute sie übers ganze Land. Als er damit fertig und die Taube ganz nackt war, nahm er sein Klappmesser aus der Hosentasche, stach ihr in den Bauch und zog die blauroten Gedärme und all die anderen Innereien heraus. Dann gingen wir in die Küche. Vater rieb den Vogel mit Senf ein und würzte ihn, steckte ihn in einen Topf und übergoß alles mit Rotwein. Und als die Taube gar war, mußte ich sie ganz alleine essen. Vater half mir mit den Knochen und sah zu, daß ich kein Fleisch übrigließ.

Um wieviel wächst eigentlich ein Bergkristall, wenn dreißig Jahre lang klares, kaltes Bachwasser über ihn hinwegfließt?

Pamela Cockerill

Die siebte Welle

Lucy starrte die Wellen an, die ihre Füße umspülten und nicht wagten, über die Sandalen und die weißen Söckchen zu schwappen.

»Siebte Welle, siebte Welle, mach, dass unser Hotel verschwindet«, murmelte Lucy und begann zu zählen. Aber als die siebte Welle dann endlich kam, war sie so sanft wie die übrigen. Lucy wiederholte ihren Wunsch, aber sie glaubte nicht so recht daran.

Mit zusammengekniffenen Augen schaute sie in die Sonne. Alles hier war langweilig im Vergleich zu Rhossili. Was mochte ihre beste Freundin jetzt wohl dort machen? Die Felsen nach Quallen absuchen? Durch das glitschige Gras zum Blue Pool hinabkriechen? Auf den schäumenden Wellen von Gower zum Strand gleiten?

Elinor. El-in-oah. Sie rollte den Namen im Kopf hin und her und hörte dabei die Stimmen der Familie Lloyd, die zu Hause genau neben ihnen wohnten.

»El-in-oah!« – »Ja, Marmah?«

Ihre Wörter wogten und schaukelten wie Seevögel am Himmel. Ihre Mutter musste immer lachen, wenn Lucy versuchte, die Lloyds nachzuahmen. »Man muss schon im walisischsprachigen Teil von Wales leben, um so einen wunderschönen Akzent zu bekommen.«

Mr und Mrs Lloyd sangen sonntags im Kirchenchor. Manchmal wurde Lucy morgens davon geweckt, wenn sie zweistimmig sangen. »Amazing grace how sweet the sound that saved a wretch like me …«

Elinor hatte den walisischen Text für sie übersetzt. Das Haus kam Lucy immer zu klein vor, um diesen Gesang aufnehmen zu können, und die Stimmen strömten aus allen Fenstern und jagten mit den Möwen davon.

»Lucinda! Mach dir die Füße nicht nass, es ist gleich Zeit zum Mittagessen!«

Die Stimme der Großmutter durchschnitt Lucys Gedanken. Sie hoffte, dass ihre Großmutter auf dem Weg über die Promenade vor dem ordentlichen Strand des Badeortes in Devon keinen Bekannten begegnen würde. Eine vergebliche Hoffnung, da sowohl die Großmutter wie auch alle anderen Feriengäste bereits seit vierzig Jahren hier ihren Urlaub verbrachten und sich kannten.

Und natürlich, da winkte ihr auch schon eine üppige Dame mit rotem Gesicht zu und wäre stehengeblieben, aber die Großmutter sagte nur: »Guten Tag, Ursula«, und lief weiter. Lucy bohrte die Zehen in den Sand.

Die Großmutter zerlegte die Tage penibel in einzelne Stückchen, genauso aß sie auch Butterbrote. Morgens gab es zuerst ein langes Bad, dann Frühstück, dann einen Spaziergang über die Promenade, dann eine Stunde am Strand, Lucy zuliebe.

Lucy spürte, dass die Großmutter wenig Lust hatte, mit ihr an den Strand zu gehen, genauso wenig wie Lucy darauf Lust hatte, mit der Großmutter am Strand zu sein. Aber die Großmutter war pflichtbewusst. Immer.

Und an allem war Klecks schuld.

In Rhossili dagegen spielte Zeit keine Rolle. Sie blieben am Strand, bis die Sonne unterging oder bis Ebbe und Flut wechselten oder bis sie zu großen Hunger hatten, um noch dort zu bleiben. Rhossili war Lucys allerliebster Ort auf der ganzen Welt, und Elinor war ihre beste Freundin.

Dort zischte und brodelte das Meer hinter den Sanddünen, und an nassen Tagen konnten sie sehen, wie die Regenwolken den Worm's Head auf der linken Seite des Strandes verdeckten und Burry Holm auf der rechten begruben.

Einmal hatte die Mutter ihr erzählt, dass der Worm's Head,

die Felsenspitze der Insel, sich in einer stürmischen Nacht vom Land losgerissen hatte und aufs Meer hinausgeschwommen war, um seinen verlorenen Leib zu suchen. In dieser Nacht hatte Lucy geträumt, sie sei allein auf einer Insel, die weit vom Festland wegtrieb. Sie weinte, als sie aufwachte, und ihre Mutter zwängte sich neben sie in ihr Bett, um sie in den Schlaf zu wiegen. Aber dafür würde jetzt kein Platz mehr sein, denn Klecks wuchs ja in Mutters Bauch heran.

Langsam lief Lucy der Großmutter entgegen. Die war auf der Promenade gerade einer Frau begegnet, die sie offenbar nett fand, und war stehengeblieben, um mit ihr zu reden. Lucy sah sich derweil ein Schaufenster an und hörte zu. Ihre Großmutter sagte gerade: »... ein bisschen eintönig, aber was soll man machen? Ihre Mutter braucht vollständige Ruhe und kann sich nicht um eine Sechsjährige kümmern, und mein Sohn ist auf Dienstreise. Ja, es ist ihr erstes Baby ...«

Da war es wieder. Erstes Baby. Als die Großmutter von dem erwarteten Baby erfahren hatte, hatte sie gesagt: »Aber du bist doch viel zu alt für ein erstes Baby!«

Ihre Mutter hatte die Arme um Lucy gelegt und gesagt: »Das hier ist mein erstes Baby.«

Und die Großmutter hatte verärgert erwidert: »Du weißt, was ich meine, und Lucinda weiß, dass sie adoptiert ist.«

Natürlich wusste sie das. Sie hatte immer gewusst, wie sehr ihre Eltern auf ein Kind gewartet und sich dann gerade für sie entschieden hatten. Aber jetzt gab es einen Bruder, Klecks, der zu Hause in Cardiff geborgen und zufrieden im Bauch der Mutter lag, und ihrer Mutter ging es nicht gut genug, um auf Sanddünen zu klettern und in die grünen Wellen von Gower zu springen, die den Sand mit wunderschönen Halsbändern aus Seetang verzierten.

»Was habt ihr euch dabei denn bloß gedacht?«, hatte die Großmutter gefragt, und die Mutter hatte gelacht und gesagt: »Nicht sehr viel, als wir dabei waren.«

Worauf die Großmutter zwei rosa Flecken auf den Wangen bekommen hatte und ihre Lippen da, wo der Lippenstift aufhörte, dünn und lila wirkten. »Zweiundvierzig. Das ist gefährlich.«

»Ich bin eine durch und durch gesunde Frau. Du warst fast genauso alt, als du Ian bekommen hast.«

»Es ist nicht nur für die Mutter ein Risiko.«

»Ich mache alle Tests.«

Einer dieser Tests zeigte das Bild eines Babys. Ein Zauberapparat namens Ultraschall machte ein Foto von dem Baby in Mamas Bauch, wie Lucy noch nie eines gesehen hatte. Ihr Vater hatte auf einen vagen Umriss gezeigt und gesagt: »Und der Klecks da zeigt, dass es ein Junge ist. Du bekommst ein Brüderchen.« Dann hatte er gelacht, die Haare der Mutter gestreichelt und gesagt: »Das hast du gut gemacht.«

»Du darfst seinen Namen aussuchen«, hatte die Mutter ihr versprochen, aber Lucy fiel kein Jungenname ein, den sie mochte. Die Jungen in der Schule hießen David oder Ben oder Henry, aber sie fand diese Namen für Klecks nicht richtig. Wenn es ein Mädchen gewesen wäre, hätte sie sie Elinor genannt und ihr das Lied *Calon lân* beigebracht und ihr erzählt, wie der Worm's Head ins Meer hinausgeschwommen war, und mit ihr gekuschelt, wenn sie böse Träume hatte ... aber ein Junge ...

»Na los, Lucinda, sonst kommen wir zu spät zum Mittagessen«, sagte ihre Großmutter zu ihr und zog sie ungeduldig weiter, als ob es Lucy gewesen wäre, die zum Reden stehengeblieben war.

Sie rochen das Feuer, noch ehe sie um die Ecke bogen. Dicke schwarze Rauchwolken quollen aus den Fenstern. Die Großmutter packte Lucys Hand fester und schrie auf: »Unser Hotel! Es brennt!«

Es hatte funktioniert, dachte sich Lucy. Schon wieder. Das erste Mal war in Rhossili gewesen, als Mr Lloyd ihnen fünfzig Pence für die schönste Sandburg versprochen hatte. Elinor hatte ihre dicht am Wasser gebaut und Muscheln und Federn gesucht und dazu eine Papprolle gefunden, die genau die richtige Form für einen Turm hatte. Lucy hatte zuerst Elinors Burg und dann ihre eigene angesehen, und plötzlich waren ihr die Worte in den Sinn gekommen: »Siebte Welle, siebte Welle, mach, dass Elinors Burg verschwindet.«

Dann hatte sie die Wellen gezählt, und die siebte hatte sich höher aufgebäumt als die anderen, hatte sich genau über Elinors wunderschöner Burg gebrochen und hatte sie weggespült.

Lucy und Elinor hatten die fünfzig Pence geteilt, aber das böse Gefühl in Lucys Bauch war lange nicht weggegangen.

Die Großmutter ließ Lucys Hand plötzlich los und rannte mit kleinen Trippelschritten Richtung Hotel: »Mein Schmuck! Meine Kleider!«

Ein Polizist hielt sie auf. »Tut mir leid, meine Dame, aber hinten brennt es lichterloh. Sie können nicht weitergehen.«

Noch am Nachmittag wurden alle Gäste des niedergebrannten Hauses in ein anderes Hotel umquartiert. Lucy gefiel das neue Hotel. Es war heruntergekommen und freundlich, und sie saßen in einem Wintergarten mit großen schmutzigen Fenstern. Einige der Gäste fuhren noch am gleichen Tag nach Hause, aber die anderen klammerten sich aneinander wie die Überlebenden einer Katastrophe.

Die große rote Dame, die Ursula hieß, saß beim Essen mit Lucy und der Großmutter zusammen. Ur-sju-lar. Warum klangen einige Namen schön und andere so scheußlich?

Die Großmutter wollte erst nach Hause fahren, wenn sie ihren Schmuck aus dem Hotelsafe geholt hätte. Sie würde für sie beide einige neue Sachen kaufen müssen, aber vorerst musste Lucy drei Tage lang dasselbe Kleid und dieselben Söckchen tragen, und die Großmutter sagte ihr nicht mehr, sie dürfe sich nicht schmutzig machen.

Die Großmutter schien in dem neuen Hotel zu schrumpfen. Sie war mit nichts zufrieden. Ihr Tee war kalt. Ihr Ei zu hart gekocht. Es zog durch einen Spalt im Fenster des Zimmers, das sie sich teilen mussten, ganz oben unterm Dach, wo der schäbige graue Teppich in einen noch schäbigeren braunen überging. Niemand merkte sich ihren Namen, und nie lag die *Times* aus, immer nur Zeitungen mit unanständigen Fotos.

Aber das Schlimmste von allem für die Großmutter war der alte Mann, der in der Ecke des Wintergartens vor einem Teller voller trockener Brotreste saß.

»Was für ein komischer Kauz«, sagte die Großmutter, als sie ihn zum ersten Mal sah.

»Das kommt von seinem kranken Auge«, sagte Ursula, ohne von ihrer unanständigen Zeitung aufzublicken. »Deshalb sieht er ein bisschen komisch aus.«

Der alte Mann erhob sich von seinem Platz am Fenster. Seine Hose war an den Knien ausgebeult, die Beine unten waren weit, aber um seinen dicken Bauch spannte der Stoff. An seinen riesigen Füßen trug er keine Socken, nur schmutzige graue Turnschuhe ohne Schnürsenkel. Seine Jacke war fusselig und formlos und von Essensflecken übersät. Sein kahler Kopf glänzte, die Haut war bedeckt von braunen Flecken, aber zugleich wuchsen schwarze Haare aus seinen Ohren und Nasenlöchern, und Haarbüschel bohrten sich auch durch die Öffnungen zwischen seinen Hemdknöpfen. Er warf ein Stück Brot nach dem anderen von seinem Teller durch das Fenster den draußen kreisenden Möwen zu, und immer, wenn ein Vogel ein Stück fing, drehte der Mann sich zum Zimmer um und schnaufte, als ob er auf Applaus wartete.

»Nicht starren, Lucinda«, sagte die Großmutter, aber Lucinda konnte ihre Blicke nicht von dem Mann losreißen. Sein rechtes Auge blickte sie an, während das andere sich in seiner Höhle drehte und nie länger als eine Sekunde still hielt. Lucy wusste, dass ihm ihr Starren nichts ausmachte. Dass er angesehen werden wollte. Manchmal hielt er das Brot fest, damit die Vögel es aus seiner Hand holten, aber das taten sie nicht.

Andere Gäste aßen weiter oder wandten sich verlegen ab, die Großmutter aber war wütend. Unablässig beobachtete und kommentierte sie das Benehmen des Mannes. »Dieser schreckliche alte Kerl. Warum schicken sie ihn nicht weg?«, zischte sie Ursula zu. Doch Ursula, die in ihre Zeitung vertieft war, ignorierte sowohl den Mann als auch die aufgeregte Großmutter.

Lucy konnte kaum essen, sie musste doch den Vögeln zusehen. Wild flogen, stürzten, kreisten sie und hoben und senkten ihre Flügel passend zum Wind. Die Vögel wussten genau, wie sie sich zu bewegen hatten, dachte sie, nicht wie der alte Mann, der dauernd gegen Möbel stieß und sich gefährlich weit aus dem Fenster lehnte.

Das Wetter war umgeschlagen und der Regen prasselte gegen die Fensterscheiben, aber der Mann fütterte immer weiter die Vögel. Und Lucy war fasziniert, verängstigt und aufgeregt zugleich, wenn sie sein unheimliches rollendes Auge und seine hektischen Versuche sah, die bösen Möwen zu zählen, die die Luft mit ihrem scharfen »kwar, kwar!« füllten, wenn sie sich um das Brot zankten. Manchmal schienen sie ihn anzugreifen, und Lucy stellte sich dann mit wohligem Schauer vor, wie die kühnste von ihnen das Auge des Mannes herauspicken und einfach hinunterschlucken würde.

Eines Morgens konnte die Großmutter es nicht mehr ertragen und rief den Kellner. »Könnten Sie den Herrn wohl bitten, das Fenster zu schließen?«

Der Kellner grinste und beugte sich über den Tisch. »Das ist der alte Chef, meine Dame.«

»Wie bitte?«

»Er ist der Vater des jetzigen Chefs. Er wohnt hier.«

»Ach so. Das erklärt einiges.« Die Großmutter wischte sich den Mund mit einer Papierserviette und sagte: »Ursula, pass bitte auf Lucinda auf. Ich muss meine Schwiegertochter anrufen.«

Ursula grunzte und las weiter in ihrer Zeitung. Der alte Mann zwinkerte Lucinda glücklich und verrückt zu. Sie lächelte zurück, dann nahm sie ihr hartgekochtes Ei, schlug damit gegen den Tellerrand und zupfte die Schalenstücke herunter. Ursula schaute nicht auf. Lucy schob das Ei in ein Brötchen, stand auf und ging zu dem alten Mann, der sich aus dem Fenster lehnte.

Sie sah den Vögeln zu, die sich vor dem dunkleren Grau des Himmels abzeichneten und mit dem Wind hoch über siebten und siebten und siebten Wellen schwebten.

»Das ist Lloyd«, sagte der Mann plötzlich mit rauer, krächzender Stimme, ohne sich umzudrehen, als eine mutigere Möwe immer dichter um seine ausgestreckte Hand kreiste. Da drehte er sich auf einmal um und sah Lucy aus seinem gesunden Auge an.

»Benannt nach Lloyd George. Aber du bist sicher zu jung, um zu wissen, wer das war. So ein Wüterich bei den Frauen …«

Lucy spielte in Gedanken mit diesen Worten. »Ein Wüterich bei den Frauen.« Ein Wüterich war nichts Gutes, das wusste sie, aber das war nicht alles. Es gab noch etwas, das den alten Mann tief in seiner Brust röcheln ließ. Lachen, das darum kämpfte, hinauszudürfen, wie der Gesang von Mr und Mrs Lloyd. Lloyd George. Lloyd konnte also auch ein Vorname sein.

Sie reichte ihm das Brötchen mit dem Ei, und er nahm es mit seinen dicken Fingern, lugte hinein und lachte laut auf.

»Kann ich dir nicht übelnehmen. Widerliches Ding, so ein gekochtes Ei.«

Als er sich in den Wind hinauslehnte, betete Lucy in Gedanken: »Siebte Welle, siebte Welle, mach, dass die Möwe, die Lloyd George heißt, das Brot schnappt.«

Der große Vogel war so dicht vor ihr, dass sie sehen konnte, wie der Wind die weicheren Federn unter den Flügeln bewegte, sie sah die kräftigen schwarzen Federn an den Spitzen der ausgebreiteten Flügel.

Plötzlich war sie auch ein Vogel. Der Wind drückte ihre Federn flach und hob sie auf, als sie hoch in die Lüfte stieg und gellende Verwünschungen ausstieß, wie die anderen. Und der alte Mann lachte und lachte.

Dann war der Vogel so nah, dass Lucy in sein starres gelbes Auge schaute, und sie hielt den Atem an, als der grausame Schnabel sich öffnete. Aber die Hand des alten Mannes blieb ganz ruhig, als die Möwe tiefer flog, zuschnappte, Brötchen und Ei an sich riss und davonschoss.

Lucy lachte und klatschte in die Hände, und der alte Mann drehte sich um, fing sie ein und schaute sie mit seinem guten Auge an.

Da wusste sie, dass auch er ein Vogel gewesen war.

»Lucinda!« Ihre Großmutter kam mit wütend roten Flecken am Hals auf sie zu. Aber sie sah nicht Lucy an. Einen langen Augenblick starrten der Mann und die Großmutter sich an.

Dann sagte er laut: »Ja, ein Wüterich bei den Frauen«, drehte sich um und schaute wieder den umherjagenden Möwen zu.

»Komm, Lucinda, wir müssen packen. Wir fahren nach Hause.«

Glücklich lief Lucy hinter der Großmutter her die Treppe hoch und sang in Gedanken vor sich hin:

»Siebte Welle, siebte Welle, mach, dass mein Bruder Lloyd ein Wüterich bei den Frauen wird.«

Elke Heidenreich

Das Geheimnis der chinesischen Wäscherei

Herr Berner war ein kleiner, redseliger Mann mit einer etwas zu dick geratenen Nase. Er lebte allein mit seinem Hund Bodo, und das war ein sehr hässlicher Hund, der aber einen guten Charakter hatte. Er war schon alt und konnte nur noch langsam an der Leine hinter Herrn Berner herlaufen, aber Herr Berner war auch nicht mehr der Jüngste und ließ sich mit den Spaziergängen und den Besorgungen Zeit, sodass Bodo ihn ohne Atemnot begleiten konnte. Während sie gingen, unterhielten sie sich. Herr Berner redete über das, was er von der Welt hielt, und Bodo hörte zu.

Herr Berner war seit einigen Jahren verwitwet. Frau Berner, mit der er sich früher so gern über die Welt unterhalten hatte, lag auf dem Zentralfriedhof, und am liebsten besuchte er sie bei strömendem Regen, denn da passte niemand auf, ob er Bodo mit ans Grab nahm. Hunde waren auf dem Zentralfriedhof nicht erlaubt. Am Grab hielt Herr Berner dann mit seiner toten Frau Zwiesprache, mal stumm, mal sprach er direkt zu ihr, je nachdem, wie viel oder wie wenig Menschen auf dem Friedhof waren.

Er kam einigermaßen mit seinem Leben allein zurecht, er konnte sich Bratkartoffeln machen, er wusste, wie man einen Salat zubereitet, und die Wohnung hielt er auch in Ordnung.

Nur mit der Wäsche hatte Herr Berner Schwierigkeiten. Es war kein Problem, die Waschmaschine einzuschalten, aber er wusste einfach nicht, was man zusammen waschen durfte und was nicht, was man schleudern musste und welche Hemden man nicht schleudern durfte, und das Bügeln war ihm gänzlich fremd. Herr Berner legte aber großen Wert auf ordentlich gewaschene und sorgfältig gebügelte Hemden, und es machte ihm zunehmend zu schaffen, dass er damit so gar nicht zurechtkam. An einem regnerischen Oktobertag, als er wieder einmal am Grab seiner Frau stand, sprach er von diesen Schwierigkeiten, bereute es, seiner Frau früher nicht besser bei dieser Art Arbeit zugesehen zu haben, und bat schließlich: »Elfriede, gib ein Zeichen. Was soll ich diesbezüglich tun?«

Doch alles blieb stumm, und schließlich machte sich Herr Berner mit Bodo auf den Heimweg. Bodo schielte, und seine Lefzen hingen ein wenig und ließen oft kleine Speichelfäden sehen, die manchmal bis zur Erde reichten. Schön war er wirklich nicht. Er war hässlich, aber für Herrn Berner war es der treue Bodo, und die Schönheit lag eindeutig im Charakter. »Ich bin ja auch nicht schön«, dachte Herr Berner und betrachtete auch nach sechsundsiebzig Jahren noch erstaunt seine dicke Nase im Spiegel. »Wie soll ich es da von einem Hund verlangen. Die Natur hat eben ihre eigenen Launen.«

Auf dem Heimweg nahm Herr Berner an jenem stürmischen Regentag nicht den gewohnten schönen Weg an den Schrebergärten entlang, sondern er ging den kürzeren Weg quer durch kleine, dunkle Altstadtgassen, den er sonst eher mied, weil Bodo auch nicht gern auf Kopfsteinpflaster ging. Und so kam er, als hätte ihm Frau Berner doch noch ein verspätetes Zeichen gegeben, an einer chinesischen Wäscherei vorbei. Über der Tür leuchteten sehr hübsche, aber für Herrn Berner unleserliche chinesische Schriftzeichen, und darunter stand in blauen Neonbuchstaben in deutscher Sprache: »Chinesische Wäscherei«. Die Fenster waren beschlagen. Innen sah man Männer in weißen Kitteln oder weißen Hosen und weißen T-Shirts, die Wäsche falteten, in weißes Papier verpackten, die an großen Bügelmaschinen Bettwäsche plätteten oder an einer gespenstischen Oberhemdenbügelmaschine wahre Kunstwerke aus vorher noch faltig auf einem Tisch liegenden Oberhemden zustande brachten. Im Fenster stapelten sich Wäschepakete zum Abholen. Herr Berner sah fasziniert zu. Das war die Lösung. Diese chinesische Wäscherei würde ihm helfen, sein Wäsche- und Bügelproblem in den Griff zu bekommen. Warum hatte er diesen fabelhaften Laden nicht schon früher entdeckt! Er war seiner verstorbenen Frau sehr dankbar, dass sie ihn sanft hierher geführt hatte, und beherzt betrat er die Wäscherei. Warme Luft schlug ihm entgegen, ein Geruch von Waschpulver, Wasserdampf und Sauberkeit, und Bodo musste niesen.

Ein freundlicher junger Chinese fragte Herrn Berner sofort nach seinen Wünschen, und Herr Berner erkundete Gepflogenheiten, Termine und Preise der chinesischen Wäscherei und war erstaunt darüber, wie einfach und wie preiswert das alles war: »Morgens gebracht, abends gemacht«, war der Slogan des Unternehmens, und die Preise schienen Herrn Berner lachhaft niedrig, gemessen an seiner eigenen Plackerei am Bügelbrett. Ganz abgesehen von den Hemden, die er sich mit seiner falschen Waschmitteldosierung oder dem regelmäßig und tückisch in der Waschmaschine versteckten schwarzen Socken schon verdorben hatte. Außerdem suchte Herr Berner stets nach kleinen Wegen und Zielen, um Spaziergänge mit Bodo machen und vielleicht ein bisschen schwatzen zu können, und diese Altstadtgasse mit einer so ordentlichen Wäscherei auf dem Weg noch dazu zum Zentralfriedhof, den er ohnehin oft aufzusuchen pflegte, erschien ihm als großer Glücksfall. Er versuchte, dem jungen Chinesen diese Überlegungen mitzuteilen, doch er bekam immer nur ein freundliches Nicken und Lächeln, nicht jedoch eine Antwort, sodass er es schließlich aufgab, von Socken, Oberhemden und seiner verstorbenen Frau zu erzählen, und sich weiter auf den Heimweg machte, nicht ohne zu versichern, gleich morgen mit einem Paket Wäsche vorbeizukommen, und dann werde man ja sehen, wie man miteinander zurechtkäme, guten Abend.

Schon am nächsten Morgen verstaute Herr Berner seine schmutzige Wäsche in einer großen Plastiktüte: eine Lage Bettwäsche, vier Handtücher, Unterwäsche, fünf Oberhemden. Er hatte tüchtig zu schleppen, aber in Zukunft, wenn er öfter in die chinesische Wäscherei ging, würden die Pakete kleiner werden und er könnte sich alles besser einteilen.

Wieder kam der freundliche junge Chinese ganz in Weiß – oder war es ein anderer? Sie sahen sich doch alle sehr ähnlich für Herrn Berners im Asiatischen eher ungeübten Blick. Vorsichtshalber kam er noch einmal ausführlich auf sein Witwerdasein und seine Schwierigkeiten mit dem Waschen und dem Bügeln zu sprechen und gab seiner Hoffnung Ausdruck, dass damit nun für alle Zeit Schluss sei dank dieser chinesischen Wäscherei. Man nahm sein Wäschepaket in Empfang. Herr Berner sagte: »Mein Name ist Berner, B-e-r-n-e-r. Otto Berner«, und er dachte sich, dass das schwierig werden könnte, denn der Chinese war, soviel er wusste, nicht in der Lage, ein r ordnungsgemäß auszusprechen, und vielleicht hätte er gleich, um es einfacher zu machen, sagen sollen: »Mein Name ist Belnel«? Aber es gab überhaupt keine Schwierigkeiten. Der junge Chinese, dem sich das Lächeln anscheinend unauslöschlich tief ins Gesicht gegraben hatte, schrieb mit kleinen flinken Schriftzeichen schnell Herrn Berners Namen auf Chinesisch auf ein Zettelchen und heftete es an das Wäschepaket.

Herr Berner ging vergnügt mit Bodo zum Friedhof und erzählte seiner Frau von der chinesischen Wäscherei und dass nun alles gut würde, sie könne unbesorgt ruhen.

Am nächsten Tag betrat Herr Berner die Wäscherei, um seine Sachen abzuholen. Er nahm sich vor, geduldig seinen Namen zu buchstabieren, notfalls auch zu sagen: »Mein Name ist Belnel«, um dem freundlichen jungen Chinesen die Arbeit zu erleichtern.

Aber wie staunte er, als, kaum hatte er mit Bodo den Laden betreten, auch schon aus einem großen Berg zur Abholung bereitliegender Wäschepakete das seine über die Theke geschoben wurde! Man kannte ihn schon, man wusste ganz offensichtlich bereits seinen Namen, obwohl er erst seit einem Tag Kunde war! Herr Berner war hoch erfreut über diesen Beweis fernöstlicher Aufmerksamkeit und verglich sie insgeheim mit der knurrigen Art der deutschen Kassiererin in seinem Supermarkt. Hier war der Kunde noch König, das merkte er, und hier war ganz offensichtlich er, Herr Berner, ein besonders geschätzter Kunde, denn er hatte sehr wohl den raschen Blick des freundlichen Chinesen auf Bodo gesehen. Man schätzte und erkannte sie beide sofort, das freute ihn, und allzu viel Freude gab es in Herrn Berners Leben nicht mehr.

Heimlich riss er auf dem Heimweg das weiße Papier auf, um zu schauen, ob es auch wirklich seine Wäsche war, die man ihm da ausgehändigt hatte, aber sofort schämte er sich für sein Misstrauen, denn selbstverständlich war alles in Ordnung und, wie er sich daheim überzeugen konnte, mehr als das: in tadelloser Ordnung. Die Hemden erstklassig gebügelt und gefaltet, die Bettwäsche blütenweiß, die Handtücher weich und Kante auf Kante. So musste es sein, und das zu diesem Preis – Herr Berner war so entzückt, dass er beinahe wieder zu rauchen angefangen hätte, aber er hatte Frau Berner noch auf dem Sterbebett versprochen, davon Abstand zu nehmen, weil es die Gardinen gelb machen würde, und dann müsste sie sich im Grabe umdrehen. Die chinesische Wäscherei, da war sich Herr Berner sicher, würde auch mit gelben Gardinen fertig werden, aber es wäre doch nicht recht und letztlich ja auch nicht gesund, also ließ er es und räumte vergnügt seine schöne, fast neue Wäsche in den Schrank.

Über viele Wochen ging nun Herr Berner einmal wöchentlich in die chinesische Wäscherei, brachte Verschmutztes hin und holte Sauberes ab, und immer bekam er unverzüglich, kaum dass er den Laden betreten hatte, aus der großen Anzahl der fertigen Pakete exakt das seine ausgehändigt, und nie irrte sich der Chinese, dabei war es jedes Mal ein anderer, so viel hatte Herr Berner jetzt doch schon herausgefunden. Es gab dicke und schlanke, ältere und jüngere, und sie wechselten sich ab an der Annahmetheke, an der Kasse, am Bügelautomaten, an den Bügelbrettern für Kragen und Manschetten, aber wer auch immer ihn bediente – jeder kannte ihn sofort, wusste ganz offensichtlich: Aha, unser Herr Berner! (oder: Aha, unsel Hell Belnel?) und händigte ihm sein Paket, ohne zu zögern, aus. Das gefiel Herrn Berner am meisten, und er fühlte sich geschätzt, geehrt, gut behandelt. Er fühlte sich wichtig. Und Bodo musste beim Betreten der chinesischen Wäscherei auch schon längst nicht mehr niesen.

Am Tag vor Weihnachten holte Herr Berner wieder sein Wäschepaket ab, und es drängte ihn, diesen freundlichen Chinesen zu danken und ihnen zu Weihnachten eine kleine Freude zu machen, obwohl der Chinese an sich ja vermutlich das christliche Weihnachtsfest nicht begehen würde. Aber sie waren freundlich mit ihm, also wollte er freundlich mit ihnen sein und hatte an eine Tüte deutschen Mandelspekulatius mit einer grünen Schleife einen Fünf-Euro-Schein als Trinkgeld, sozusagen für die Kaffee-, nein, doch wohl eher für die Teekasse gebunden. Das reichte er dem erstaunten Chinesen, der ihm sein Wäschepaket wieder schnell, und ohne eine Sekunde danach suchen zu müssen, aus dem Stapel herauszog. Der gute Mann wollte das bescheidene Geschenk zunächst gar nicht annehmen, doch Herr Berner bestand darauf: »Weihnachten«, sagte er, »es ist doch Weihnachten, bitte nehmen Sie das.« Und dann fügte er noch, wie um sich zu bedanken, hinzu: »Ich bin sehr zufrieden mit Ihrer Arbeit, und vor allem wundere ich mich darüber, dass Sie so rasch meinen Namen gelernt und behalten haben.

Alle Achtung.« Der Chinese sah ihn fragend an. »Berner«, sagte Herr Berner leicht irritiert, »ich bin doch Herr Berner, und Sie alle kennen mich und geben mir sofort das richtige Paket und vertun sich nie. Das gefällt mir.«

»Oh«, sagte der Chinese, aber es sah nicht so aus, als hätte er ihn wirklich verstanden. Er nahm das mit einer Stecknadel befestigte Namenszettelchen mit den feinen chinesischen Zeichen vom Paket. Herr Berner bat: »Darf ich das haben? Zur Erinnerung? Ich möchte mir zu Hause mal in Ruhe ansehen, wie mein Name auf Chinesisch geschrieben wird.«

Und er dachte an seinen alten Freund Martin, der im Altersheim lebte und in seinen jungen Jahren Sinologe gewesen war. Den wollte er zum Jahreswechsel wieder einmal besuchen und ihm stolz den Zettel mit seinem, Otto Berners Namen in chinesischen Schriftzeichen präsentieren.

Der freundliche Chinese lachte glucksend, gab ihm das Zettelchen, nahm den Spekulatius, und alle, die im Raum beschäftigt waren, nickten und verbeugten und bedankten sich so herzlich, dass es Herrn Berner schon peinlich war und er es bereute, nicht zehn Euro an die Tüte gebunden zu haben. Aber er konnte sich das ja für das nächste Weihnachtsfest merken.

Am Silvestermorgen fuhren er und Bodo mit dem Bus ans Ende der Stadt, um seinen Freund Martin zu besuchen. Martin saß im Rollstuhl, geistig noch sehr rege, aber körperlich nach einem Treppensturz zu schwach, um allein zu gehen oder sich zu versorgen. Herr Berner erzählte von allem, was draußen in der Welt los war. Martin hörte zu, nickte vielleicht auch bei den langwierigen Erzählungen über die Erhöhung der Abfallgebühren und die Unpünktlichkeit der städtischen Straßenbahnen ein wenig ein. Dann spielten sie eine kleine Partie Karten zusammen, sahen aus dem Fenster, Bodo durfte auf Martins Wolldecke liegen, und schließlich zog Herr Berner triumphierend sein Namensschildchen aus der chinesischen Wäscherei aus der Tasche, reichte es seinem Freund und sagte:

»Kannst du das noch entziffern? Du glaubst nicht, was hier steht.«

Martin putzte seine Brille, nahm das Zettelchen und sah es so lange an, dass Herr Berner schon unruhig wurde und befürchtete, Martin hätte nun mit fast achtzig Jahren doch verlernt, kleine chinesische Schriftzeichen zu entziffern. So lange brauchte er. Dann sah er hoch, sah Herrn Berner kummervoll an und sagte: »Woher hast du das?«

»Aus der chinesischen Wäscherei«, sagte Herr Berner. »Jetzt kann ich es dir ja verraten: Es ist mein Name auf Chinesisch, Otto Berner, und sie finden ihn unter allen Paketen immer sofort heraus.«

Er tippte mit Besitzerstolz auf den Zettel. »Herr Berner«, sagte er, »das steht da.«

»Nein«, sagte Martin und reichte ihm den Zettel zurück, »das steht da nicht. Da steht: Geschwätziger alter Mann mit dicker Nase und hässlichem Hund.«

Cees Nooteboom

Huhn

Ich bin ein Nomadenstamm, der aus zwei Personen besteht. Es ist wieder so weit, wie in jedem Jahr zieht die Herde durch Frankreich, über die Pyrenäen nach Aragón und dann weiter nach Barcelona und auf die Insel. Das Auto sieht aus wie das eines marokkanischen Gastarbeiters, bis obenhin voll mit allem, was man für den langen Sommer braucht, Bücher, Archiv, Kameras, Computer, *sambals* und *bumbus*, indonesische Gewürze, die man dort nicht bekommt. Unterwegs Rast bei Freunden in der Normandie, im Poitou, im Bordelais. Dann nach Jaca, jedes Jahr *ein*mal, denn dort steht die schönste romanische Kathedrale ganz Spaniens. Wein kaufen in der alten Bodega gegenüber der Kirche, dann der Tumult von Barcelona und der noch viel größere Tumult der Schnellfähre. Die langsame fährt nachts und braucht gut neun Stunden, die schnelle schafft es tagsüber in vier, aber dafür muß man leiden. Spanier sind süchtig nach Lärm oder zumindest lärmunempfindlich. Man sitzt in einem fahrenden Saal, in dem alle Plätze in derselben Richtung angeordnet sind, und sobald das Gefährt (es handelt sich um ein Tragflügelboot) sich aus dem Wasser erhebt, legen alle Fernseher gleichzeitig los, und zwar nicht einfach so, sondern mit voller Kraft. Meist sind es Sendungen für Kinder, weil diese sich frühzeitig das Lesen abgewöhnen sollen. Es wird geschrien, gekreischt, gebrüllt, ohne Scheu vor Gewalt werden Tiere zerfetzt, Menschen zerschmettert, Blut trieft über die Mattscheibe, ein vier Stunden dauerndes Pandämonium, aus dem die menschliche Zivilisation ausgeklammert ist. Wenn man um sich blickt, stellt man fest, daß kaum einer zuschaut. Die Leute haben sich mental die Ohren verstöpselt, starren auf das vorbeifliegende Meer, schlafen oder unterhalten sich in dem Versuch, den elektronischen Lärm zu übertönen. Fragen, ob es auch leiser gehe, fruchten nichts, Hinweise auf die Tatsache, daß fast niemand zuschaut, auch nicht. »Es gibt Leute, die es sogar noch lauter wollen.« Ausweichen kann man nicht, denn an Deck darf man nicht, und in der Bar dröhnen die tiefen Bässe und fetzenden Peitschenhiebe eines gnadenlosen Beats, auf daß die Passagiere sich zu Hause fühlen, endlich Urlaub.

Gegen neun die bekannte Form der Insel. Wir landen auf der »anderen« Seite und fahren durch die abendliche Landschaft zu der stillen Ecke, in der ich wohne. Geschwungene Hügel, die Landschaften und Dörfer, die ich seit ewigen Zeiten kenne. Wenn wir zu Hause ankommen, ist es dunkel, aber im Grunde wollen wir auch noch nichts sehen. Jedes Jahr der spannende Moment. War der Zimmermann da? Der Maler? Hat der Gärtner getan, was wir besprochen hatten? Funktioniert das Telefon? Diesmal lautet die Antwort viermal nein. Die Fensterläden sind nicht gestrichen. Die Tür ist nicht repariert. Der abgestorbene Baum ist nicht umgesägt. Und das Telefon funktioniert nicht. Im Haus der Nachbarn brennt kein Licht. Aber die Venus erscheint am Himmel und nach ihr Heerscharen von Sternen. Auch der altbekannte Nachtvogel ist da mit seinem melancholischen Ruf aus der Ferne. Triel, Eule, vollzählig zum Appell angetreten. Alles in Ordnung, zumindest hier. Es sind die Menschen, auf die kein Verlaß ist. Ich sehe meine treue Kassiopeia wie ein großes W über dem Schatten des Baumes, der uns vor neugierigen Blicken schützt, und spüre unter meinen Füßen seine Beeren, die ersten dieser Saison. Dann taucht Manuels Katze auf, Leonor, die das Geräusch meines Autos erkannt hat. Sie ist die Nachfolgerin von Fledermaus, gehört aber nicht uns. Im letzten Jahr hat sie sich bei uns eingefunden. Sobald Manuel mit seinem Sohn in sein Restaurant fährt, kommt Leonor zum Essen zu uns, zweimal am Tag. Weil wir wissen, daß sie bei sich zu Hause ebenfalls gefüttert wird, verstehen wir nicht, warum sie so mager ist. Sie ist weiß mit einem kleinen braunen Fleck hier und da, und sie hat einen Knick im Schwanz. Daran erkenne ich sie nun, denn ansonsten hat sie sich fast bis zur Unkenntlichkeit verändert, ist skelettartig abgemagert und auf einem Auge blind. Statt dieses Auges hat sie jetzt eine blaue Plastikmurmel ohne Pupille. Das andere Auge ist bernsteinfarben. Wie das Gedächtnis von Katzen funktioniert, weiß ich nicht, für sie jedenfalls ist es gestern, wir sind nie fort gewesen, wo bleibt das Essen. Ich hebe sie hoch, sie wiegt nichts mehr. Da weiß ich noch nicht, daß sie drei Kinder bekommen hat, die sie säugen muß. Ich weiß auch noch nicht, daß Tibet II inzwischen ebenfalls tot ist, wie Willy und Tibet I. Das alles erfahre ich am nächsten Tag. Erst einmal sehen, ob das Haus uns schlafen läßt. Stadtmensch auf dem Land. Andere Geräusche. Zunächst keine. Dann, irgendwann mitten in der Nacht, Manuels Auto, das ich, wie Leonor, auf Anhieb erkenne. Später sein Sohn, anderes Geräusch. Dann die große Stille, bespielt vom Wind in den Bäumen, dieses leise, raschelnde Säuseln, wie nur sehr gute Schlagzeuger es hinkriegen und das sich noch am ehesten anhört wie das Rühren einer komplizierten Soße. Um fünf Uhr die Hähne, weiter entfernt als sonst. Manuel hat also keinen Hahn mehr, weiß ich jetzt. Sechs Uhr, das Auto von Javier, er hat Frühdienst oder geht angeln. Um acht bringt Lisa Isabel in die Schule, da bin ich bereits vom BBC Worldservice in das Leid der ganzen Welt getaucht worden, Afghanistan, Irak, Darfur, Bush, Bangladesch, Israel, Fatah, Hamas, es wird Zeit, die Beeren rund ums Haus zusammenzufegen, danach ist der Garten dran.

Keats, in *Hyperion:* »But where the dead leaf fell, there did it rest.« Das also ist jetzt meine Aufgabe an diesem ersten und an jedem weiteren Morgen. »Il faut cultiver son jardin.« Voltaire wußte das bereits, und auch damals gab es Nachrichten aus aller Welt.

Ich bin kein japanischer Mönch, das heißt, ich verbeuge mich nicht vor meinen Bäumen, aber ich liebe sie trotzdem. Die ersten Stunden über bin ich mit diesem sonderbaren Gerät zugange, das man nicht als Rechen bezeichnen kann, einem weit gespreizten V-förmigen Gebilde aus dünnen, am Ende umgebogenen Eisenspaken, mit dem man das tote Laub zu sich heranzieht. Blätter, Zweige, abgestorbenes Unkraut, leere Schneckenhäuser, die geballten schwarzen Exkremente der Schildkröten, Pinienzapfen, Kiefernnadeln, Stückchen und Bröckchen von Sträuchern und Mauern, Vogelfedern, die orangefarbenen Kugeln der nicht eßbaren Datteln unter den Palmen, die kleinen, dünnen Blättchen der Oleaster, die länglichen, ausgetrockneten des Oleanders, das verhärtete Pergament des Ficus, die großen, halbverrotteten Boxhandschuhe des alten Kaktus, dessen reife Früchte in zwei Monaten plötzlich gelbe Blüten an den Spitzen tragen werden. Wir stellen unsere gegenseitige Vertrautheit wieder her. Unter dem Mandelbaum finde ich zwei Eier. Ihre tiefere Bedeutung wird mir erst ein paar Tage später aufgehen. Zuerst muß ich mit dem Rest der Welt ins reine kommen.

Das Telefon ist eine Lebenslinie, fangen wir also damit an. Kein Telefon, kein Internet, Arbeit, die verschickt werden muß, ich komme mir vor wie eine Spinne, deren Netz zerschlagen worden ist, demütigende Abhängigkeit. Mit einemmal zeigt sich, wie weit entfernt wir vom Dorf wohnen, aber auch in der noch entfernteren Stadt gibt es kein Büro der Telefongesellschaft mehr. *Outsourcing*, die Plage des Geldes. Man kann lediglich mit weiblichen Stimmen in der tiefsten Türkei oder in Marokko oder womöglich in Indien telefonieren, und die Stimmen dieser mächtigen Mütter am anderen Ende der Leitung sind nicht ermutigend. Nach zwei Tagen bin ich wütend, nach vier Tagen resigniert, nach sechs abgeklärt, erst der niederländische Vizekonsul auf der Insel kennt jemanden, der jemanden kennt, der früher bei der Telefonica gearbeitet hat und zu berichten weiß, daß alle unsere langen Telefongespräche nie registriert worden sind, aber dann ist die Sache ausgestanden, am neunten Tag erscheint Augustín, ein fröhlicher Peruaner mit schulterlangen Löckchen und unverwüstlich guter Laune. Er sieht sich um, bemerkt die vielen Bücher und fragt, was ich tue. Ich schreibe. *¿Periodista? Si, periodista.* Ein Volltreffer, denn sein ältester Sohn studiert *periodismo.* Wo? In Lima, an der Universität. Seine Familie lebt dort, und er arbeitet hier, um Geld für sie zu verdienen. Sechs Kinder, Sie verstehen. Ich verstehe. *Outsourcing*, Zuwanderung, Migrantenwelt. Consuelo, unsere Hilfe, die einmal die Woche kommt, hat ihre Eltern in Ecuador und ihr Töchterchen hier. Jeden Tag um sechs Uhr früh Arbeitsbeginn in einem Hotel, so kann sie etwas Geld nach Quito schicken.

In den telefonlosen Tagen nehme ich mir meinen Garten vor, der weniger beleidigt ist als sonst. Es hat offenbar viel geregnet, und weil wir in diesem Jahr auch etwas früher gekommen sind, liegt noch ein dünner Hauch kleiner karminroter Blättchen über der Baum-Wolfsmilch, als wolle sie mir noch eine Idee davon geben, wie sie im Winter ausgesehen hat. Sie ist schon wieder gewachsen, wenn ich nicht aufpasse, macht sie ihrem Namen bald Ehre. Die Palmen haben sich in ihre Majestät zurückgezogen, die Spitzen der untersten Wedel beginnen bereits zu trauern, das wird harte Arbeit Anfang September. Der dritte Stamm der Yucca, den ich im letzten Jahr mit zwei großen Felsbrocken abgestützt hatte, weil er über den Boden kroch, hat meine Absicht verstanden, er hebt seinen Kopf mit den fünfzig Dolchen jetzt dem Licht entgegen, ein gefährlicher Invalide, der sich langsam aufrichtet. Am höchsten Stamm eine Kaskade aus herabhängenden weißen Blüten, die sich langsam öffnen. Noch drei Wochen, und sie werden auf dem Höhepunkt ihrer Schönheit sein, eine Anstrengung, die sie nur wenige Tage durchhalten, danach bricht abrupt ihr Winter an, ein Memento mori hinter all diesen geschliffenen Messern.

Langsam nimmt das Leben seinen alten Rhythmus wieder auf. Leonor hat ihre Kinderschar vorgezeigt, aber wir haben vereinbart, daß nur sie Anspruch auf ihr Gewohnheitsrecht erheben kann. Sie bekommt zu fressen, wenn wir essen, das muß sie dann eben über ihre Milch weitergeben. Nach zwei Wochen beginnt ihr Fell zu glänzen, nach drei ist es wieder blütenweiß. Sie reicht mit den Vorderpfoten an den Tischrand heran, seit sie halbblind ist, hat sich ihr Geruchssinn verstärkt, sobald ein Duft ihre Aufmerksamkeit erregt, macht sie schnuppernde Aufwärts- und Abwärtsbewegungen mit ihrem Kopf, das bernsteinfarbene Auge, das einen so seltsamen Kontrast zu der blinden blauen Murmel bildet, scannt den Tisch ab, und wenn ihr etwas zusagt, legt sie eines der beiden Pelzpfötchen auf meine linke Hand und reicht ihr Gesuch ein. Alles, was daraufhin in ihren Napf kommt, holt sie gleich wieder heraus und legt es auf die roten Steinplatten, was bedeutet, daß nach wenigen Minuten die ersten Ameisen auftauchen, die ein noch besseres Riechorgan haben müssen als hundert Katzen. In langen Reihen kommen sie anmarschiert, Todesschwadronen, und im Nu ist alles weggeräumt, was Leonor hat liegenlassen.

Etwas ist neu. Lange bevor ich einen Laut vernehme, ertönt das tiefe, totenglockenartige Bellen von Sark, Javiers Jagdhund. Erst danach höre auch ich den leichten Motorroller und das Geräusch der Briefkastenklappe, draußen an der Wand des offenen Schuppens, der als Garage dient. Aber es ist nicht Joan, es ist eine weibliche Erscheinung in einem weißen T-Shirt und mit einem Helm in den Postfarben ihres

Rollers, butterblumengelb. Joan sei in die Rioja gegangen, für immer. Martha habe es vor Heimweh nicht mehr ausgehalten.

Aber dann wird *er* Heimweh bekommen, sage ich.

Das denkt sie auch. Das Festland ist für die Menschen von der Insel sehr weit weg. Sie meint, eines Tages werde er schon zurückkommen. Er sei den Raum hier gewöhnt und die Freiheit. Und eine Stadt wie Logroño, das sei doch nichts für einen Menorquiner, oder? Aber bevor Joan gegangen sei, habe er ihr ans Herz gelegt, sich gut um meine Post zu kümmern, und das werde sie tun, auch wenn es von Zeit zu Zeit ziemlich viel sei, denn das habe er auch noch gesagt. Und daß sie keine Angst vor dem Hund zu haben brauche, denn der habe mehr Angst vor Menschen als umgekehrt.

Für mich ist er wie eine Uhr, sage ich, ich weiß genau, wen er anbellt und wann. Um Viertel nach acht am Abend, wenn wir uns zu Tisch setzen, bellt er wie immer den Besitzer von Prince an, der um diese Zeit mit seinen beiden großen Dänischen Doggen kommt, um Prince zu striegeln. Kurz darauf setzt dieser seine schwarze Kappe auf und reitet auf dem Weg vorbei. Ich grüße ihn mit erhobenem Glas. Er tippt mit der Gerte an seine Kappe und verschwindet aus meinem Blickfeld. Eine halbe Stunde später kommt er im Galopp und damit in einer Staubwolke zurück, wiederum von Sark angekündigt. In dem Moment beginnen auch die Nachrichten im spanischen Fernsehen. Eine Satellitenschüssel will ich nicht, daher bin ich auf das angewiesen, was man mir hier liefert. Viel Mord und Totschlag in graphischen Details, die Täter immer sichtbar. Danach Waldbrände, Korruptionsfälle, zur Schau gestellte Betrüger, die ihr Gesicht zu verbergen versuchen, politische Schwelbrände, die pathetische Destruktionshaltung der Opposition, die ihre Wahlniederlage immer noch nicht verkraftet hat. Rachsucht, *crispación*.

Erst danach kommen die Bilder, die zu dem gehören, was ich morgens bei BBC gehört habe, Autowracks, in Trümmern liegende Häuser, menschliche Opfer, Hungersnot, gefolgt von einer Orgie an Sport. Doch zu diesem Zeitpunkt sitze ich schon mit dem Gesicht zum Garten, und Leonor ist auf meinen Schoß gekrochen. Ich sehe zu, wie es langsam dunkel wird, die ersten Nachtvögel beginnen zu rufen. Die Kassiopeia steht hinter mir, an der Stelle, an der ich, wenn ich um fünf Uhr aufwache, den Orion sehen kann und weiß, daß es nicht lange danach Licht wird, und Licht ist hier wirklich Licht, strahlend und allesbeherrschend, eine Macht. Dann höre ich auch ein leises Geräusch unter dem großen Baum vorm Haus und weiß, Huhn ist auf seinem Posten. Huhn ist neu zugezogen, das Rätsel der beiden Eier ist gelöst. Weil ich nicht wußte, wie lange sie da schon lagen, hatte ich mich nicht getraut, sie zu essen, doch ein paar Tage später fand ich unter dem Hibiskus ein neues, schneeweißes Ei. Das konnte nur von dem schwarzen Huhn stammen, das ich die Tage zuvor hatte herumscharren sehen, das aber jedesmal, wenn ich ihm zu nahe kam, unter Absingen einer nervösen Arie wegflatterte. Zwei Tage später lag wieder ein Ei da, doch diesmal war mir jemand zuvorgekommen, es war bereits leergeschlürft. Wieder einige Tage später sah ich, wie Huhn vor der Mauer merkwürdig herumscharrte, an der Stelle, wo ein Teil eines wilden Strauchs sich unter dem großen Baum breitgemacht hat und über die Mauer geklettert ist. Huhn tat so, als würde es mich nicht sehen, flog aber auf die Mauer und verschwand unter ein paar Zweigen des Strauchs, dessen Namen ich nicht weiß. Dicke gräuliche, leicht ledrige Blätter, ein gutes Versteck. Als ich mich vorsichtig näherte, beobachtete ich, wie Huhn eigenartige schlurfende Bewegungen machte und sich dann tief zwischen ein paar Steinen einnistete. Einnisten ist das richtige Wort, denn als ich Huhn am nächsten Tag im Garten scharren sah, bin ich von der anderen Seite zur Mauer gegangen und habe einen dieser dichtbewachsenen Zweige angehoben. Sieben Eier. Ich legte meine Hand darauf, sie waren warm. Warm und schön, wie sie da nebeneinander auf den rauhen Steinen angeordnet waren. Sie sahen verlockend aus, diese Eier, aber mir war klar, daß sie nicht für mich bestimmt waren, und ich beschloß zu warten, ob Huhn zurückkommen würde. Aber natürlich. Es flattert wieder, vermeintlich ungesehen, an der Mauer hoch und verschwindet. Als ich vorsichtig nachschaue, sehe ich sein eigenwilliges Gesicht mit dem roten Kamm knapp über die Steine ragen.

Natur ist beeindruckend. Was Huhn in meinem Garten macht, wenn es die Eier kurz im Stich läßt, weiß ich nicht, denn fressen tut es nicht. So geht es nun schon seit Tagen, Huhn sitzt rund um die Uhr. Pflicht. Wo hat es das alles gelernt? Ich möchte, ehrlich gesagt, daß es sich beeilt und daß die Küken schlüpfen, bevor Leonors drei Kinder für immer der Muttermilch entwöhnt sind. Ich weiß auch, daß in der Mauer Ratten der rustikalen Sorte leben, die ich manchmal an den über die Mauer hängenden Palmwedeln hinaufklettern sehe, aber das kann ich Huhn nicht erklären. Ich kann Huhn eigentlich gar nichts erklären, auch nicht, daß ich am Ende des Sommers wieder verschwinde und genausowenig für es sorgen kann wie für Leonor, den Hibiskus, die Hornnarbe und den Feigenbaum, bis ich im nächsten Jahr in einen Garten voller Katzen, Hühner, abgestorbener Blätter zurückkehre, und zu einem defekten Telefon. Aber jetzt habe ich ja Augustín.

Ewald Arenz

Gangsta-Berufe

»In meinem nächsten Leben werde ich Rapper«, sagte ich mürrisch. Juliane sagte nichts. Es war ein sehr schöner Sommermorgen, und damit das so blieb, tat sie, als hätte sie mich nicht gehört. »Die können Gewalt und Drogen verherrlichen und werden trotzdem geliebt. Gangsta-Rapper dürfen am Arbeitsplatz völlig breit sein, rumbrüllen wie Bekloppte, das Mobiliar zertrümmern und alle Jugendlichen finden das irgendwie toll. Wenn ich das an meinem Arbeitsplatz tue, wird die Polizei gerufen.« Theo sah kurz von seinem Sudoku auf und musterte mich herablassend. »B-Tight und Eminem haben keine Halbglatze«, murmelte er dann. Philly kicherte. Juliane konzentrierte sich auf die Zeitung und tat immer noch so, als hätte sie uns nicht gehört. »Rapper kriegen lauter schöne, junge Frauen, manchmal sogar gleichzeitig, und ...« Philly sagte empört »Papa!« und drehte sich demonstrativ weg. Juliane sah jetzt endlich auf: »Lehrer«, sagte sie sanft, »ist auch ein sehr schöner Beruf. Die Gesellschaft braucht sie. Gangsta-Rapper haben auch keine zehn Wochen Urlaub im Jahr. Die müssen immer böse sein und Musik darüber machen. Ununterbrochen.« – »Ich habe kein Problem damit, böse zu sein«, sagte ich auch böse, »aber die kriegen Geld dafür. Sehr viel Geld. Wenn ich politisch unkorrekt bin, werde ich abgemahnt. Ich will auch politisch unkorrekt sein. Ich will Möbel zertrümmern. Ich will rumbrüllen.« – »Ich glaube«, sagte Juliane noch sanfter, »es fällt bereits unter politisch unkorrekt, wenn man im Geschichtsunterricht Frauen als ethnische Minderheit bezeichnet. Und ich darf dich daran erinnern, dass du im letzten Jahr einen Schnellkopierer für immer zerstört hast, weil du versucht hast, ein Bild für den Overheadprojektor auf einen Gelben Sack zu kopieren.« – »Es war keine andere Folie da«, verteidigte ich mich schwach, »dafür kann ich doch nichts!« – »Und im Herbst«, warf Theo ein, »hast du die Glastür im Eingang kaputt gemacht.« – »Nicht mit Absicht«, sagte ich. »Ja«, sagte Juliane, »aber mit einem deiner Schüler aus dem Leistungskurs.« – »Woher weißt du das?«, fragte ich entgeistert. »Das weiß nicht mal der Chef …« – »Und wenn ich dich abhole«, fuhr Juliane unbeeindruckt fort, »dann höre ich dich schon vom Parkplatz aus: ›Sieben fünf drei, Rom aus dem Ei, drei drei drei, Issos Keilerei‹ – Geschichts-Rap, sozusagen. Keiner unterrichtet so laut wie du. Wenn man das Unterricht nennen kann. Weißt du was«, sagte sie dann und stand auf, um mir Kaffee einzuschenken, »es sind nur noch ein paar Wochen. Das hältst du schon aus.« – »Mach Musik!«, schlug Philly vor. »Ich kann nur Blockflöte«, sagte ich immer noch mürrisch. Theo stand auf und strich mir über die Halbglatze, was mich eigentlich maßlos erbost hätte, aber er sagte mild: »Hol sie und spiel uns den Ferienblues, Gangsta-Lehra, ja?«

In diesem Augenblick machte es mir dann gar nichts aus, dass ich weiß bin und nur hier und nicht richtig im Ghetto wohne.

Anja Jonuleit

Darth Maul in Gold

Im letzten Juli, als wir in das Haus am Fluss zogen, war ich voller Zuversicht. Ich war am Ziel meiner Träume angelangt, das Haus war alt und romantisch, hatte eine Holzveranda, und von den Sprossenfenstern im oberen Stock aus sah man hinunter auf all die Weiden, die am Ufer standen und ihre Zweige wie Haare ins Wasser hängten.

Die Kehrseite der Medaille war die Arbeit, die uns bevorstand. Wir hatten das Haus bezahlen können, was zwangsläufig bedeutete, dass es in einem Zustand war, der andere Käufer abgeschreckt hatte. Die Heizung musste erneuert werden, die Fenster brauchten dringend einen Anstrich, und innen musste eigentlich fast alles gemacht werden: die Wände, die Böden, die Türen und Türstöcke, das Bad und die Küche. Einzig das Dach war vom Vorbesitzer vor nicht allzu langer Zeit neu gedeckt worden.

Erik hatte für den Sommer seinen gesamten Urlaub zusammengekratzt, und auch ich würde es schaffen, in dieser Zeit keinen Dolmetschauftrag anzunehmen, das hatte ich Erik und mir im Beisein des Notars schwören müssen. Es lagen also zwei Monate Zeit vor mir, in der ich weder in ein Flugzeug steigen noch eine Dolmetscherkabine betreten würde.

Die Häuser in unserem neuen Wohngebiet lagen am Fluss, wie Perlen auf einer Schnur aufgereiht. Unser Grundstück war das zweitletzte, und zwischen uns und dem Nachbarhaus, das den Ortsrand markierte, führte ein schmaler Pfad zum Fluss hinunter.

Am ersten Abend nach unserem Einzug, als unsere Umzugshelfer wieder davongefahren waren, fühlte ich mich geradezu trunken vor Freude. Es war ein lauer Sommerabend, einer von der Sorte, an dem man die Zeit am liebsten anhalten würde, auf dass der Sommerwind für immer durchs Haus wehen und den Duft von Geißblatt und Phlox hereintragen möge.

Wir waren aus der Großstadt an den Bodensee gezogen, des Verkehrs und der vielen Menschen überdrüssig. Schon bald nachdem wir uns vor fünf Jahren kennengelernt hatten – Erik steckte zu der Zeit mitten in einer schwierigen Scheidung –, hatten wir davon geträumt, aufs Land zu ziehen, und jetzt, da Erik endlich auf Homeoffice umsatteln konnte, war es so weit: Wir hatten uns unseren Traum erfüllt und ein Haus mit Garten gekauft, und wenn Eriks Söhne Emil und Kai uns an den Wochenenden besuchen kämen, hätten wir endlich genug Platz für all die Legoraumschiffe, Fahrräder, Skateboards und sogar für Eriks Modelleisenbahn. Doch erst mal standen uns einige Wochen umfangreiche Bauarbeiten bevor. Erst wenn die Kinder nach den Ferien aus dem Zeltlager zurückkämen, wäre alles bereit.

Es war einer dieser heißen Sommertage gewesen, an dem wir den ganzen Tag über im Haus geschuftet hatten, damit beschäftigt, das Eichenparkett und die Türrahmen im unteren Stock abzuschleifen, was sich so anhörte, als würden wir das Haus niederwalzen. Natürlich hatten wir trotz des Staubes aus Rücksicht auf die Nachbarn die Fenster geschlossen gehalten. Am Abend hatten wir beide das Gefühl, uns auf einem fremden Planeten wiederzufinden. Als wir endlich die Fenster und auch die Haustür aufrissen und der Staub wie Rauch aus dem Haus waberte, bemerkten wir voller Staunen, dass der Himmel ganz giftig aussah, schwefelgelb und mit dunkelgrauen Wolken. Erik und ich standen in einer staubigen Umarmung, als er plötzlich sagte: »Wenn wir uns beeilen, schaffen wir es, eine Runde zu schwimmen, bevor uns der Blitz erschlägt.«

Es war halb acht, als wir uns, in Badehose und Bikini, unsere Frotteebademäntel über dem Arm, auf den Weg zum Fluss machten. Der Kies unter unseren Füßen war noch warm, und ich stellte mir vor, wie es sein würde, hier mit Emil und Kai und irgendwann vielleicht auch mit meinem eigenen Kind entlangzulaufen und musste unwillkürlich lächeln.

Der Pfad führte direkt am Nachbargrundstück vorbei, der »Hübner-Villa«, wie die Einheimischen sie nannten, die jedoch so eingewachsen war, dass man vom Weg aus nicht das Geringste vom Haus erblicken konnte. Selbst der Seiteneingang lag geschützt hinter übermannshohen Eibenbüschen. Vom Vorbesitzer unseres Hauses hatte ich erfahren, dass die Villa den Zollingers gehörte, einer steinreichen Fabrikantenfamilie, die zurückgezogen lebte und mit niemandem aus der Gegend Umgang pflegte.

Wir erreichten den Steg und sprangen ohne zu zögern in das seidige Wasser. Als wir untertauchten und den Staub aus unseren Haaren spülten, wurde ich von einem großen Glücksgefühl durchflutet.

Wir schwammen gegen den Strom und auf einmal bemerkte ich, dass man vom Fluss aus das Nachbarhaus sehen konnte, erkannte weit geöffnete Fenster und eine Veranda, auf der ein Mann und eine Frau standen, die sich gestenreich miteinander unterhielten. Neugierig nutzte ich die Gelegenheit, die wunderschöne Villa, den Wintergarten, die wie von innen erleuchteten Rosen zu bewundern.

Als wir später, in unsere Bademäntel gehüllt, zum Haus zurückgingen, zuckten bereits die ersten Blitze am Himmel. Wir beschleunigten unsere Schritte, als wir plötzlich ein Geräusch hörten, eine Art Wimmern, wie von einem kleinen Tier. Ich blieb abrupt stehen, lauschte eine ganze Weile und war mir nun fast sicher, dass es ein Weinen war.

Zögernd sagte ich: »Hallo? Können wir helfen?« Und als sei das das Kommando, verstummte das Weinen. Es raschelte hinter der Hecke und leichte Schritte entfernten sich. So schnell ich konnte, huschte ich hinterher, verlor aber rasch die Orientierung im Dickicht. Doch plötzlich wurde es hell und ich befand mich in einem von Ginsterbüschen umstandenen Hohlraum, der circa zwei Quadratmeter groß war. Und da sah ich sie: Auf dem Boden verteilt lagen ein paar Star-Wars-Sammelkarten, von der Sorte, wie Emil sie auch hatte. In dem Moment fing es an zu regnen und ich bückte mich und steckte die Karten rasch in die Tasche meines Bademantels. Ja, hier hatte ein Junge gesessen und geweint.

Den nächsten Tag über dachte ich ständig an das Weinen hinter der Hecke, doch erst am Abend, als Erik und ich nach getaner Arbeit wieder zum Fluss gingen, kamen wir darauf zu sprechen.

Beim Schwimmen bemerkte ich, dass Erik zu dem Haus hinschaute, und ich glaubte zu wissen, dass er an seine beiden Jungen dachte und an die Zeit vor fünf Jahren, bevor Anna und er sich hatten scheiden lassen.

Eine Woche verging, in der wir die Wohnzimmerwand tapezierten, die Türen und Türstöcke strichen und den Fußbodenbelag aus antiken Zementfliesen reinigten. Nachdem wir noch den vergilbten Kühlschrank und den fettverkrusteten Backofen zum Sperrmüll gebracht hatten, waren wir mit unserem Tagwerk mehr als zufrieden. Wir fuhren gerade über die Holzbrücke, die zu unserer Straße führte, als ein dunkler Porsche Cayenne halsbrecherisch an uns vorbeizog und mit quietschenden Reifen in die Zufahrt zur Hübner-Villa einbog.

»Sieh an, der Niki Lauda«, sagte Erik grinsend, und ich versuchte vergeblich einen Blick auf den Fahrer zu erhaschen.

Am nächsten Tag, einem Sonntag, den wir als Ruhetag respektierten und an dem wir weder Winkelschleifer noch Pinsel in die Hand nahmen, saßen wir zum Mittagessen auf der Veranda. Auf einmal hörten wir wieder das Weinen, lauter diesmal und eindeutiger.

»Der Junge«, sagte Erik kauend über seinen Teller hinweg, und ich erwiderte seinen Blick stirnrunzelnd.

In den vergangenen Tagen waren wir von Ferne immer mal wieder unfreiwillig Zeugen von Streitgesprächen der Nachbarn geworden, einmal hatten wir den Mann brüllen hören. Ich hatte angefangen, über diese Familie, die ich nach wie vor nie gesehen, nur gehört hatte, nachzudenken. Auch sie verbrachte, so wie es aussah, »die schönsten Tage des Jahres« auf dem eigenen Grund und Boden. Allerdings schien ihre Hauptfreizeitaktivität aus Streiten zu bestehen.

Nach dem Essen stand Erik plötzlich mit einer Flasche Chablis vor mir, um deren Hals eine blaue Schleife gebunden war.

»Wird Zeit für einen Antrittsbesuch unter Nachbarn. Ist doch fast schon überfällig, oder nicht?«

Die Pforte, die vom kleinen Fußweg abging, schien nicht mehr oft benutzt zu werden, und der gewundene Pfad, der auf das Grundstück führte, war dermaßen zugewachsen, dass er mehr an einen Dschungel denn an einen Vorgarten erinnerte. Während wir uns durch das Buschwerk schoben, ich in Gedanken an all die Zecken, die gerade auf uns herunterregneten, murmelte Erik mit zusammengepressten Zähnen: »Wie wär's, wenn die mal *eine* Diskussionsrunde ausließen und stattdessen die Gartenschere in die Hand nähmen?«

Der Dreiton der Türglocke, der durchs Haus hallte, ließ mich an einen Schulhofgong denken, und als die Haustür unversehens aufschwang, stand da eine hübsche Frau Anfang dreißig, die irgendwie verstört aussah, so als könnte sie das Bild vor ihr (wir zwei mit einer Weinflasche) nicht mit dem Ort (der Treppenabsatz vor ihrer Haustür) in Verbindung bringen. Vielleicht war es aber auch die Tatsache, dass sie ganz offenbar kurz zuvor geweint hatte.

»Hallo! Wir sind die neuen Nachbarn!«, sagte Erik ungerührt und schien wie gewohnt nicht den geringsten Zweifel daran zu haben, dass wir zur rechten Zeit am rechten Ort waren.

Ein Treppenknarren war zu hören und kurz darauf tauchte der zum Schulhofgong passende Direktor auf, ein großer, autoritär aussehender Mann in einem weißen Hemd, der uns streng und prüfend ansah, sodass ich ganz kurz einen Flashback hatte und wieder ganz genau wusste, wie sich das bezopfte Mädchen in der fünften Klasse gefühlt hatte, das von ihrem Mathelehrer beim Abschreiben erwischt wurde.

Die Frau verzog den Mund zu einem schwachen Lächeln. »Tja ... wie nett ... Aber kommen S' doch ...«

»Vielen Dank, wirklich aufmerksam von Ihnen«, sagte der Direktor und nahm von Erik die Flasche entgegen. Sein Lächeln war so kalt wie der Chablis in seiner Hand. »Wir würden Sie ja gerne hereinbitten, aber das müssen wir auf ein anderes Mal verschieben. Wir sind gerade auf dem Sprung.«

So zogen wir unverrichteter Dinge wieder ab. Als wir abends im Fluss schwammen und die hell erleuchteten Fenster der Hübner-Villa sahen, brummte Erik: »Der Chardonnay vom Aldi hätt's auch getan. Oder hast du sie heute noch wegfahren hören?«

Die Woche verging für Erik mit Fliesenlegen und für mich mit Streichen. Zum Glück hatten wir die staubigen und lärmenden Arbeiten hinter uns, und ich fand direkt Gefallen am kontinuierlichen Auf und Ab des Farbrollers, das begleitet wurde vom sommerlichen Geplapper des Radiomoderators und der ständigen Wiederholung von Lana del Reys ›Video Games‹. Die Hitze schien kein Ende zu nehmen, wenn auch abendliche Gewitter häufiger für Abkühlung sorgten. Besonders am Wochenende, an dem es zu schweren Unwettern gekommen war, brachte das Radio halbstündlich Meldungen von Sturmschäden und vom Einsatz der Wasserschutzpolizei, die einen Segler auf dem Bodensee vergeblich zu retten versucht hatte. Dabei schoss mir plötzlich ein eigenartiger Gedanke durch den Kopf, den ich den ganzen Abend nicht mehr loswurde: Es war fast so, als würde das schöne Wetter seinen Tribut einfordern.

Als ich am Montagmittag zum Metzger radelte, war ich so groggy, dass ich es bereute, den ganzen Sonntag durchgearbeitet zu haben. Im Laden hörte ich, wie eine Kundin vor mir gerade zur Verkäuferin sagte: »... war mein Karle au dabei. Die Frau soll völlig hysterisch g'wese sein, als sie sie vom Boot g'holt habe.«

»Kein Wunder. Wenn einem der eigene Mann vor den Augen versauft.«

Die Kundin schüttelte den Kopf. »Sie habe glei den Rettungsring rausg'worfe. Aber er hat den Maschtbaum an den Kopf 'kriegt ... Und dann nehm ich noch drei Scheibe vom Schwartemage da ...«

»Der arme Bub, der kleine Timmy!« Die Verkäuferin griff nach dem Schwartenmagen und warf mir einen Blick zu, in dem Erkennen aufflackerte. Plötzlich sagte sie, zu mir gewandt:

»Isch des net furchtbar, was da mit dem Herrn Zollinger passiert isch?«

Ich sah sie verständnislos an und lächelte etwas verlegen. Da fügte sie erklärend hinzu:

»Na, Ihr Nachbar. Die Leut' aus der Hübner-Villa. Am Sonntag isch es passiert, als des G'witter war, da isch er in den See g'falle und ertrunken.«

Auf dem Rückweg konnte ich immer nur das eine denken: Wie zerbrechlich das Leben doch war. Und dass sie nun nie mehr streiten würden.

Der Sommer und die Arbeiten am Haus wollten kein Ende nehmen. Allerdings hatten wir auch schon recht viel geschafft, so war das Erdgeschoss mit Diele und Wohnzimmer, Wohnküche und Gästeklo komplett renoviert, und wir begannen, den ersten Stock in Angriff zu nehmen. Immer wenn mein Blick aus dem Schlafzimmerfenster in den Nachbargarten fiel oder wenn wir abends vom Fluss aus die erleuchtete Veranda der Nachbarn sahen, dachte ich an den Jungen, der nun keinen Vater mehr hatte. Und wenn wir in unsere Bademäntel gehüllt den kleinen Fußweg entlangliefen, schien das Haus hinter dem dschungelartigen Bewuchs vor sich hinzubrüten, und ich hatte das Gefühl, dass die Stille eine andere Nuance bekommen hatte, etwas Trauriges und irgendwie Stagnierendes. Unwillkürlich kam mir eine Zeile aus Rilkes berühmtem Herbstgedicht in den Sinn, obwohl es so ganz und gar nicht zur Jahreszeit passte: »Wer jetzt allein ist, wird es lange bleiben«.

Am nächsten Morgen begegnete ich dem Jungen. Ich war auf dem Weg zum Fluss, um vor dem Frühstück eine Runde zu schwimmen, als ich ihn auf dem Steg sitzen sah. Sein Haar leuchtete wie Gold, und ich wusste sofort, wer er war.

»Hey«, sagte ich beklommen und räusperte mich. Ich hatte nicht viel Erfahrung mit kleinen Jungen, die gerade ihren Vater verloren hatten.

»Hallo«, erwiderte er und blickte auf, und ich sah, dass er in seinem Sammelheft blätterte.

Als ich in meinen Bademantel griff, bemerkte ich die drei Star-Wars-Karten, die ich seit dem Abend, als ich sie zwischen den Ginsterbüschen gefunden hatte, mit mir herumtrug.

»Du bist Timmy, nicht wahr? Die habe ich gefunden. Das sind doch deine?« Ich setzte mich neben ihm auf den Steg.

»Jaaa!«, rief er freudig und griff danach. »Das ist meine wertvollste Karte!« Er zeigte eifrig auf Obi-Wan Kenobi, den tapferen Jedi-Meister aus ›Star Wars‹, und ich nickte lächelnd, während ich zusah, wie er die Seiten umblätterte und die Karte an ihren Platz steckte. Plötzlich sagte er:

»Mein Freund hat Darth Maul in Gold doppelt.«

Dank Emil wusste ich, wovon er sprach, und konnte ein wenig mitreden. »Das ist ja super. Hast du die auch schon?«

Er schüttelte den Kopf und sagte dann mit einem fast strafenden Blick: »Dann wär ja Obi-Wan nicht meine beste Karte.«

»Ach, ja, klar. Aber wenn dein Freund sie doppelt hat, kannst du ja mit ihm tauschen.«

»Der will nicht.« Und kurze Zeit später setzte er leise hinzu: »Mein Vater wollte sie mir im Internet bestellen.«

Meine Kehle wurde eng und ich wusste nicht, was ich sagen sollte. Und so konnte ich nur dasitzen und ihn ansehen, seine großen blauen Augen und die von der Sonne ganz hellblonden Augenbrauen. Schließlich räusperte ich mich und sagte:

»Das mit deinem Papa tut mir leid.«

Er sah auf, die Augen größer und blauer als zuvor. Dann sagte er mit dieser unglaublich hellen Kinderstimme:

»Das braucht es nicht. Meine Mama hat gesagt, ich werde ihn bald wiedersehen.«

An einem Freitag kamen meine Eltern zu Besuch. Mit verkniffenen Gesichtern ließen sie sich unsere Fortschritte zeigen, und als meine Mutter zum dritten Mal »wie hüübsch« sagte mit diesem Gesicht, das sie sonst nur für die Lilienhähnchen auf ihren Kaiserkronen übrig hatte, sagte Erik, er habe ganz vergessen, die bestellten Bretter für den Einbauschrank abzuholen. Und dass das Sägewerk ja freitags früher dicht mache.

Als er drei Stunden später zurückkehrte (das Sägewerk lag höchstens einen Kilometer von uns entfernt), waren meine Eltern bereits aufgebrochen, nicht ohne die Gelegenheit zu nutzen, die Anstrengungen »meines geschiedenen

Freundes« sowie unseren Lebensstil gebührend herabzuwürdigen.

Später als sonst schwammen wir eine Extraviertelstunde, jeder für sich, und als der Fluss die schwefelige Stimmung, die meine Eltern dagelassen hatten, endlich fortgespült hatte, umarmte Erik mich. Während um uns her die Mücken tanzten und der Fluss rauschte, besiegelten wir den Frieden mit einem Kuss und wateten Hand in Hand ans Ufer. Erik erzählte mir von seinem Nachmittagsausflug: »Der Typ vom Sägewerk ist eine ziemliche Ratschkattel. Als er erfahren hat, wo wir wohnen, hat er mir gleich den neuesten Dorftratsch erzählt. Von unseren Nachbarn hatte er's. Dass die Firma von Herrn Zollinger so gut wie pleite war, weil er – Originalton – den Rachen nicht vollgekriegt hat, immer die dicksten Autos, die schnellsten Boote ... das übliche Sozialneidgequatsche ...«

»Hat er gesagt, was aus der Villa wird? Ich kann mir nicht vorstellen, dass sie allein da wohnen bleiben will. Der Schuppen hat doch mindestens ...«, ich überlegte, »zehn Zimmer?«

Erik zuckte die Achseln. »Das Einzige, was ihn wirklich interessiert hat, war die Lebensversicherung, die die Frau jetzt angeblich bekommt.«

Die Ferien gingen dahin. Unser Heim wurde immer wohnlicher. Wir hatten noch zwei Wochen Zeit, bis uns der normale Arbeitsalltag erwarten würde. Es war wieder Sonntag und wir hatten uns einen arbeitsfreien Nachmittag gegönnt. Mit einem Glas Eistee saß ich im Garten, als mein Blick das Nachbargrundstück streifte und mir mal wieder der kleine Junge von nebenan einfiel und die Bemerkung seiner Mutter. Er würde seinen Vater bald wiedersehen. Ich hatte mit Erik darüber gesprochen, doch der meinte nur, das sei doch klar, dass eine Mutter ihr Kind auf diese Weise zu trösten versucht.

»Ich hoffe doch auch, dass wir *beide* in den Himmel kommen.«

Ich hatte sein Lächeln erwidert, obwohl mir irgendwie nicht danach war. Mich plagte ein ganz anderer Gedanke: Was, wenn die Mutter in ihrer Verzweiflung irgendeine Dummheit begehen würde?

Diese Gedanken beschäftigten mich so, dass ich keine Ruhe mehr fand. Ich wollte meiner Nachbarin den längst schon fälligen Beileidsbesuch abstatten. Ohne lange nachzudenken, lief ich den kleinen Fußweg entlang und stand schon vor dem Seiteneingang, als ich aus einem der oberen Fenster eine klägliche Stimme hörte. War das nicht ein ersticktes Schluchzen? Die Kehle schnürte sich mir vor Mitleid zusammen und ich kam mir hilflos vor, wie ich da so stand und dieses Leid mit anhörte, aber gleichzeitig auch ein wenig plump, so als würde ich in das Leben eines anderen hineinspähen. Ganz sicher würde sie jetzt mit niemandem sprechen wollen. Ich wollte mich gerade abwenden, als ich die andere Stimme hörte. Unwillkürlich blieb ich stehen und lauschte. Nein, da gibt es keinen Zweifel, das war eindeutig eine Männerstimme gewesen. Sie hat Besuch, dachte ich verblüfft.

Ich weiß nicht, was mich dazu bewog, dann doch die Klinke herunterzudrücken, die quietschende Pforte zu öffnen und zu klingeln. Der Dreiklang tönte durchs Haus, einmal, zweimal, und als ich endlich Schritte hörte und die Haustür aufschwang, schnappte ich gedanklich nach Luft. Was hatte ich erwartet? Vom Weinen verquollene Augen; eine von Trauer gezeichnete verhärmte Witwe? Jedenfalls alles, nur nicht die Frau, die mir nun gegenüberstand, in einen zartrosa Mini-Kimono gewickelt, mit rot lackierten Zehennägeln, die in silbernen Haussandaletten à la Carry Bradshaw steckten.

»Jaaa?«, fragte sie gedehnt und fasste sich an die Schläfen. »Ich hatte mich grad hingelegt.«

Wie schon beim vorigen Mal erkannte ich die österreichische Kadenz, die in ihrem Ton mitschwang. Und plötzlich wusste ich nicht mehr, warum ich eigentlich gekommen war. Ich sagte das Nächstbeste, was mir einfiel: »Ich wollte zu Timmy. Ich habe ein paar ›Star-Wars‹-Karten für ihn, die ich ihm schenken wollte.«

»Das ist aber nett«, sagte sie in einem Ton, der eher das Gegenteil meinte. »Sie können sie mir dalassen. Timmy ist bei seinen Großeltern.«

»Ach«, hörte ich mich selbst mit einem gewissen Trotz sagen. »Dann soll er einfach rüberkommen, wenn er wieder da ist.«

Ihr Gesichtsausdruck veränderte sich unmerklich. »Das wird er wohl nicht … wir werden bald umziehen, ich habe das Haus verkauft.«

»Oh«, sagte ich. »Das ist aber … schade.«

»Na ja, es ist einfach zu groß für uns zwei«, sagte sie. »Und außerdem … erinnert es zu sehr an …« Sie brach ab und blinzelte.

Ich nickte, hatte jedoch das Gefühl, dass sie log. Aber vielleicht war sie auch einfach froh, ihren unsympathischen Mann los zu sein, und wollte das nicht einfach so zeigen? Dennoch hatte ich das Gefühl, dass irgendetwas an dieser Frau nicht stimmte.

»Wissen Sie was«, sagte ich, als hätte ich gerade einen genialen Einfall. »Geben Sie mir doch Ihre neue Adresse. Dann kann ich Tim die Karten schicken!« Ich setzte mein gütigstes Gesicht auf.

Sie runzelte die Stirn. »Ehrlich gesagt … haben wir noch keine Wohnung gefunden.«

»Dann werde ich sie halt zu seinen Großeltern schicken.«

Sie sah mich unschlüssig an. Schließlich sagte sie, fast zerstreut: »Ja, natürlich …«, drehte sich um, nahm einen Stift von einem Sekretär und kritzelte etwas auf einen Zettel.

Als Erik später vom Joggen zurückkam, mit erhitztem

Gesicht und völlig durchgeschwitzt, saß ich am Laptop und füllte gerade meinen Einkaufskorb bei Amazon mit ›Star-Wars‹-Karten.

»Was machst du?«, fragte Erik, auf dem Weg zur Dusche.

»Darth Maul in Gold kaufen.«

In dieser Nacht brach ein Rohr im Keller, und es sollte eine gute Woche dauern, bis ich wieder an meine Nachbarn dachte. Es war an einem Morgen, noch vor acht, wir löffelten gerade unser Müsli, als laute Motorengeräusche uns aus dem Fenster sehen ließen. Ein riesiger Umzugslaster, Behm's Internationale Transporte, rangierte vor der Hübner-Villa.

Den ganzen Tag über hörte ich das Summen der Hebebühne, und als der Laster am Abend davonröhrte und wenig später Frau Zollinger aus dem Haus stöckelte, in einem duftigen weißen Sommerkleid, die Handtasche über der Schulter, dachte ich im ersten Moment, dass sie herüberkommen würde, um sich von uns zu verabschieden. Doch sie steuerte auf ihren Porsche zu, der auf der Straße geparkt war, und fuhr davon.

Die letzte Augustwoche brach an, und als ich an einem Montagabend endlich die liegen gebliebene Post sortierte, fiel mir das Päckchen mit den bestellten Karten in die Hände. Ich schimpfte vor mich hin und hoffte, dass es noch nicht zu spät war und der Junge noch bei seinen Großeltern wohnte. Ich wollte ihm doch unbedingt noch eine Freude machen. Am besten wäre es wohl, dort kurz mal anzurufen, ehe die Karten in der Gegend herumgeschickt wurden.

Ich kramte die Adresse, eine Anschrift im österreichischen Linz, hervor, ließ mir über die Auskunft die Telefonnummer nennen und hatte kurze Zeit später tatsächlich die Großmutter an der Strippe. Etwas umständlich erklärte ich, wer ich war und warum ich anrief. Doch die Frau schien das nicht im Geringsten merkwürdig zu finden.

»Das ist ja nett, dass Sie an den Bub denken!«, erwiderte sie in einem angenehmen Singsang. »Aber dann müssen S' die Karten nach London schicken. Da wohnen die beiden jetzt.«

»Ach, London?«, fragte ich etwas erstaunt nach.

»Ja, für uns war's auch eine Überraschung. Aber so ist's halt ein richtiger Neuanfang.«

Der Sommer war vorüber, die Hitze war von einem Dauerregen abgelöst worden, und wir hatten in unserem Haus alles geschafft, was wir uns für die Zeit vorgenommen hatten. An den Garten würden wir uns erst im Frühjahr heranwagen. Erik richtete sich in seinem neuen Heimbüro ein, und ich flog ein paar Tage nach Berlin, um bei einem Wissenschaftssymposium zu dolmetschen. Ich hätte mich überglücklich und leicht fühlen müssen, das Haus erstrahlte in neuem Glanz, der Berg war erklommen, aber der Höhenrausch blieb aus. Als ich von Berlin zurückkehrte, schlief ich schlecht, stand auf und lief, von Unruhe getrieben, durchs Haus. Es war gerade so, als sei etwas unerledigt geblieben, und wenn ich im Dunkeln am Schlafzimmerfenster stand und in den Garten der Hübner-Villa starrte, dann wusste ich auch, was.

Inzwischen hatte ich Timmys Karten an die Londoner Adresse geschickt, aber keine Antwort erhalten. Nicht, dass ich einen besonderen Dank erwartet hätte, aber ein Lebenszeichen von Tim hätte, ich ahnte es mehr, als dass ich es wusste, meine dumpfen Gedanken vertrieben.

Es war November, als ich in London den Auftrag erhielt, bei der Internationalen Bildungskonferenz zu dolmetschen. Ich nahm das als Zeichen und beschloss, einfach mal persönlich bei meiner ehemaligen Nachbarin vorbeizusehen.

Der Kongress sollte drei Tage dauern, und als meine Kollegin Nancy mich in der Elizabeth Avenue absetzte und mir zum Abschied zuwinkte, spürte ich plötzlich, wie mein Herzschlag ein paar Takte zulegte. Da stand ich vor einem mir völlig unbekannten Haus, zwei limitierte Star-Wars-Karten als Geschenk für Timmy in der Handtasche. Ich wusste, dass ich im Begriff war, etwas völlig Durchgeknalltes zu tun, aber um meines Seelenfriedens willen musste ich einen Blick auf den Jungen werfen. Ich musste einfach wissen, dass es ihm gut ging.

Die Elizabeth Avenue war eine von Londons malerischen, aber sündhaft teuren Reihenhausstraßen. Als ich gerade die Straße überqueren wollte, ging plötzlich die Haustür auf und meine Ex-Nachbarin kam heraus, den Jungen an der Hand. Wenn ich vorher schon geglaubt hatte, meinen Herzschlag zu spüren, dann fühlte er sich jetzt an wie ein Schmiedehammer. Gleichzeitig wurden meine Knie ganz mürbe vor Erleichterung. Ich war geistesgegenwärtig genug, mich rasch zu bücken und an meinen Schuhen herumzufummeln. Plötzlich konnte ich mir nicht mehr erklären, was für einen Unsinn ich mir da zusammengereimt hatte in all diesen Monaten. Natürlich war es so gewesen, wie Erik gesagt hatte. Eine Mutter tröstet ihr Kind mit dem altbewährten Himmelsversprechen. Vorsichtig blinzelte ich aus meiner gebückten Haltung hoch und beobachtete, wie Mutter und Sohn zu einem vor dem Haus parkenden Wagen gingen, wie sie die hintere Tür öffnete und der Junge einstieg. Dann setzte sie sich auf den Beifahrersitz. In dem Moment richtete ich mich wieder auf und bemerkte, dass noch jemand aus dem Haus kam. Der Mann war groß und schlank und trug ein weißes Hemd, und noch ehe er die Fahrertür öffnete und hinter dem Steuer Platz nahm, wusste ich, dass das mein Ex-Nachbar war, Herr Zollinger, der Mann, der vor einem Vierteljahr bei einem Segelunfall im Bodensee ertrunken war.

Lange nachdem der Wagen um die Ecke gebogen war, sah ich noch immer in die Richtung. Dann überquerte ich rasch die Straße und steckte den Umschlag durch den Briefschlitz in der Tür. *Er werde seinen Vater bald wiedersehen.* Das hatte Timmys Mutter zu ihm gesagt.

Und genau so war es gekommen.

Stefan Moster

Der Hund von Saloniki

Als ich den Fuß auf die Treppe setzte, die vom Strand zur Stadt hinaufführte, blieb er stehen. Langsam ließ er die Ohren sinken, dann auch den Kopf fallen, resigniert, enttäuscht, hätte man gesagt, wäre er ein Mensch gewesen, aber er war ein Hund, sodass man nicht wusste, was er empfand. Womöglich setzte in dem Augenblick, da ich ihn Stufe für Stufe hinter mir ließ, bei ihm schon das Vergessen ein. Hunde, heißt es, besitzen kein Zeitgefühl, vielleicht kommt das Vergessen bei ihnen abrupt.

Auf der obersten Treppenstufe schaute ich noch einmal zurück. Der Hund hatte sich abgewandt und trabte in die Richtung, aus der wir gekommen waren; auf dem ungeheuer breiten, so früh am Morgen grau gebeizten Strand lief er nach Osten, dabei schräg die Wasserlinie ansteuernd. Ich war jung und sentimental, ich dachte, was für eine Schlussszene, und schon erfüllte mich die Melancholie des Achtzehnjährigen, weshalb ich mich anschließend in den Straßen von Saloniki fühlte wie der Held des Films, den ich im Kopf gerade drehte. Der Umstand, dass ich barfuß ging, verstärkte meine melodramatische Gestimmtheit noch, ich würde den Hund, der sich so traurig trollte, nie vergessen, und den Kampf mit ihm schon gar nicht, dachte ich, und als ich später an der Ausfallstraße darauf wartete, von irgendjemandem irgendwohin mitgenommen zu werden, führte ich mir das Geschehen vom Erwachen durch den Hundebiss bis zum Abschied an der Treppe immer wieder vor Augen, um später davon erzählen zu können. Undenkbar, eine solche Geschichte je zu verlieren.

Dass ich sie verloren hatte, erkannte ich dreißig Jahre später und ein Land weiter östlich. Der Schreck über meine Vergesslichkeit wurde durch das Zucken eines Muskels meiner Tochter ausgelöst, des Muskels, der Schulter und Hals verbindet, denn dort lag meine Hand, als wir am Ufer des Goldenen Horns entlangschlenderten, auf dem Weg zum Schiffsanleger Sirkeci. Ich probierte die Rolle des stolzen Vaters, was sich auf meine Körperhaltung auswirkte, ich trug das Kinn höher und die Schultern breiter als gewöhnlich und bildete mir ein, in der linken Hosentasche eine Glasperlenkette durch die Finger laufen zu lassen. Meine Tochter schien mir kaum weniger stolz zu gehen, jedenfalls hatte sie bereitwillig den Rhythmus meiner Schritte angenommen und fand es offenbar nicht störend, ein Kopftuch zu tragen. Neben dem neuen Stolz und Einvernehmen verband uns die Mattigkeit des Mittags, wir blinzelten auf das Glitzern und sahen uns nach einer Bank zum Ausruhen um. Bis der Halsmuskel unter meiner Hand zuckte und sich gleich darauf anhaltend verkrampfte. Meine Tochter blieb stehen, erstarrte, drehte sich zu mir um, mit offenem Mund, stumm vor Empörung.

Inzwischen hatte ich erkannt, was ihr den Atem nahm. Am Ufer aufgereiht standen junge Männer und warfen Hunde ins Wasser.

Sie packten die Tiere umstandslos, hoben sie übers Geländer und schleuderten sie wie Gegenstände die Ufermauer hinab. Wenn sie ergriffen wurden, zappelten die Hunde, wehrten sich, doch während des Flugs hielten sie still, gespannt auf das, was kommen würde, und was kam, war der harte Aufprall, war ein kurzes Untertauchen und gleich darauf der Drang, sich ans Ufer zu retten. Sobald ein Hund wieder auf festem Boden stand, schüttelte er sich, dass es nass in alle Richtungen stob, dann trabte er die Treppe hinauf und begab sich, wenn auch auf den letzten Metern zögerlich, ausgerechnet zu seinem Peiniger zurück.

Meine Tochter mochte nicht glauben, was sie sah, ihre Fassungslosigkeit war vollkommen, als sich ein Hund erneut vom selben Mann ergreifen und ein zweites Mal ins Wasser schleudern ließ.

Natürlich fragte sie mich, warum tun die das, und natürlich fand oder erfand ich eine Antwort: Um ihren Hunden die Flöhe aus dem Fell zu spülen.

Meine Worte vermochten die Spannung im Halsmuskel meiner Tochter nicht zu lösen, ich zog die Hand weg, weil sie mir grob erschien wie meine Antwort. »Wie kann man das tun«, empörte sich meine Tochter noch Minuten später, als wir bereits unser Schiff ansteuerten, »ein normaler Mensch bringt es doch nicht übers Herz, einen Hund ins Meer zu werfen, und auch noch mit Schwung, die sind doch krank, und wenn nicht krank, dann böse!«

Sie suchte mit geweiteten Augen Bestätigung, doch ich enttäuschte sie, indem ich die jungen Männer am Kai verteidigte, von räudigen Hunden und Krankheitserregern sprach, mir etwas zusammenreimte von Tierliebe, die sich auch in pragmatischem Handeln äußern könne, und natürlich wurde meine Rede immer hastiger, je mehr sich der von lila Rohseide umrahmte Blick meiner Tochter verfinsterte, ich ziehe mir ihre Verachtung zu, konnte ich gerade noch denken, als sie sich auch schon von mir abwandte, in die Menge eintauchte und sich vom Gedränge auf die Fähre führen ließ, die uns auf die asiatische Seite übersetzen sollte.

Ich hätte Zuspruch aufbringen müssen, doch war mein Sinn für Beistand außer Kraft gesetzt, weil mir beim Anblick der rabiaten Männer an der Ufermauer der Hund von Saloniki in den Sinn gekommen war und ich erkennen musste, dass ich jene Szene, die mir damals wie ein unauslöschlicher Bestandteil meiner künftigen Lebenserinnerung erschienen war, vollkommen vergessen hatte.

Das Kopftuch meines schmalen Mädchens leuchtete zwischen den Passagieren, ich folgte ihr mit Abstand aufs überdachte Achterschiff, wo sie sich an die Reling stellte und das Kielwasser betrachtete. Möglicherweise zeigten sich Delfine, wie oft im Bosporus, warum nicht heute, die Freude darüber würde ihren Unmut mildern, und sie würde gar nicht anders können, als sich nach mir umzudrehen. Ich setzte mich zwischen zwei Fremden auf eine Bank, hoffte auf die Delfine, gab mir Mühe, mich mit der Aussicht auf die sieben Moscheen auf den sieben Hügeln abzulenken, doch der Schreck darüber, das Unvergessliche vergessen zu haben, ließ mich nicht los, denn war dieser Anblick der bald Siebzehnjährigen mit dem lila Kopftuch an der Reling der Bosporusfähre nicht auch unvergesslich, eine kleine Lebenskostbarkeit, die ich nie wieder hergäbe?

Der Hund von Saloniki biss sich in den Erschöpfungsschlaf, dem ich mich nach langer Reise wehrlos unter freiem Himmel hingegeben hatte.

Drei Tage zuvor hatte mir mein Vater Geld in die Hand gedrückt, damit ich mir ein Interrail-Ticket kaufte, mein Abiturgeschenk. Doch ich fuhr nicht zum Bahnhof, sondern zur Autobahnauffahrt, wo ich mich mit dem Mädchen traf, das meine Eltern nicht kannten und von dem sie folglich auch nicht wussten, dass es erst siebzehn war, die Reise unter dem Vorwand eines Jugendlageraufenthalts im Westerwald antrat und sich kein Interrail-Ticket leisten konnte, weshalb ich ihr das Geld für meine Bahnfahrkarte als Reisekasse an die Autobahn mitbrachte, wo wir nach mehrminütigem Kuss den Daumen raushielten, wie es damals hieß.

Allein wäre Charlotte, die große Langhaarige, schneller weggekommen; ein Paar mit zwei sperrigen Rucksäcken musste sich gedulden. Trotzdem schafften wir es noch am selben Tag bis in die Karawanken und krochen nach Einbruch der Dunkelheit im Heckkasten eines R4 den Wurzenpass hinauf, im Rücken zweier männlicher Marihuanaraucher, die abwechselnd flehten und fluchten, weil bis zuletzt nicht sicher schien, ob ihr motorschwaches Auto die achtzehnprozentige Steigung zur Grenze hinauf schaffen würde, zumal Charlotte, ich und unsere Rucksäcke für zusätzlichen Ballast sorgten. Am Straßenrand lauerten Allradfahrzeuge auf Abschleppbedürftige, und gegen eine horrende Gebühr solche Hilfe in Anspruch nehmen zu müssen, war die große Angst unserer Gastgeber, der wir jedoch keine Aufmerksamkeit schenkten, denn wir lagen auf der Schaumstoffmatratze und küssten uns bereits seit Villach.

Die beiden Männer trugen enorme, süßlich riechende Haare und waren auf dem Weg nach Griechenland wie wir, doch mochten sie nicht länger ein Jungpärchen in ihrer Sänfte beherbergen, weswegen sie uns nach Erklimmen des Passes kurzerhand auf die Straße setzten, bei strömendem Regen. So passierten wir zu Fuß die Grenze und sprachen unmittelbar hinterm Schlagbaum eine Fahrzeugbesatzung nach der anderen an, jede Menge Volk, dem wir uns zugehörig fühlten, mit dem üblichen Aufklebersortiment am Wagen, nein danke dies, ja bitte das, legalize it und Petting statt Pershing – Leute mit der richtigen Einstellung; wir staunten sehr darüber, dass sie uns ignorierten. Nach vier, fünf Stunden bekamen sogar die jugoslawischen Grenzer Mitleid und lächelten uns aufmunternd zu, bis lange nach Mitternacht die Insassen eines bunt bemalten Bundeswehrfahrzeugs Erbarmen hatten und uns bis Ljubljana mitnahmen, obgleich auch sie, die Angehörigen einer Wohngemeinschaft aus Ingelheim, sich auf dem Weg nach Griechenland befanden.

Charlotte mochte mich vor Kälte, Groll und Müdigkeit während der kurzen Etappe nicht einmal flüchtig küssen.

In Ljubljana hörte immerhin der Regen auf, und wir fanden im erstbesten Park Schlaf, freilich, wie sich nach Anbruch des Morgens zeigte, an ungünstiger Stelle, da sich der Park als Rasenstück unmittelbar vor dem Eingang einer Fabrik entpuppte und die gesamte Frühschicht gezwungen war, über uns hinwegzusteigen, um ans Fließband zu gelangen.

Charlotte schämte sich und hatte Hunger, Vollkornbrot war morgens um sechs in Jugoslawien nicht aufzutreiben, auch um sieben und um acht nicht, schließlich musste weißes Brot genügen, und es genügte auch, denn als wir an der vielspurigen Straße standen, von der man uns gesagt hatte, sie führe direkt zum Autoput und also entlang der Balkanküste bis nach Griechenland hinunter, schoss wieder Euphorie in Charlottes Adern, und sie schlängelte sich beim Küssen auf eine Art um mich herum, dass die vorbeiknatternden Ladas fast ohne Ausnahme hupten.

Bloß halten wollte keiner.

Vier Stunden später zog ich los, um Proviant zu holen. Nach weiteren vier Stunden und vierzigtausend Ladas stellte mich Charlotte vor die Wahl, sie zum Bahnhof zu begleiten oder nie wiederzusehen.

Natürlich ging ich mit, trotzdem sah ich sie an diesem Tag zum letzten Mal.

Zwei Frauen in lila Latzhosen beobachteten im Bahnhofscafé unseren Streit, sahen Charlotte vom Tisch aufspringen und zur Toilette rennen, nachdem ich nur einen Augenblick lang ihr Handgelenk etwas zu fest gedrückt hatte, folgten ihr, führten sie eine Viertelstunde später zu ihrem mit Aufklebern verzierten Kleinbus und retteten sie für immer aus meinen Klauen.

Zum Glück war ich jung und hielt es darum nicht lange im Selbstmitleid aus. Ich riss das Buch, das Charlotte mir geliehen hatte, aus dem Rucksack, warf es in den Müll, damit es auf der nächsten Halde verrottete, der ohnehin schon tote Märchenprinz, und wenige Stunden später drängte ich mich ohne Fahrkarte in den überfüllten Zug, der über Belgrad und Skopje nach Thessaloniki fahren und dafür unglaublich lange brauchen sollte.

Ich stand auf dem Gang, ich saß auf dem Gang, lag irgendwann auch auf dem Gang, zwischen lauter anderen, die mir ähnlich waren, doch kein Interesse zeigten, sich mit mir abzugeben, dann kam der Mann mit dem Getränkewagen, einer Wanne auf Rädern, gefüllt mit Eiswürfeln, zwischen denen Coca-Cola-Flaschen steckten, Schmelzwasser rann herab, wir zogen uns an den Gepäckgittern hoch, damit er vorankam, der Wagen, der einen nassen Boden hinterließ, auf dem niemand mehr liegen wollte. In den folgenden Stunden staunte ich darüber, wie quälend es war, als müder Mensch nur stehen zu können. Es war so quälend, dass ich nach Mitternacht keine Hemmung mehr hatte, mich auf der Toilette einzuschließen und mich, um die Schüssel gewinkelt, auf den Boden zu legen.

Im Morgengrauen holten mich Uniformierte unter Einsatz eines Vierkantschlüssels heraus. Sie wirkten irritiert, als sie eine gültige Fahrkarte bei mir fanden. Ich hatte sie kurz nach Belgrad gekauft, weil es mir nicht länger gelungen war, der Kontrolle auszuweichen. Mir schmerzten alle Glieder, und ich roch unangenehm, wie mir das Verhalten der Mitreisenden verriet.

So kam ich mir nach der Ankunft in Thessaloniki in der erstaunlichen griechischen Helligkeit und Hitze vollkommen verlassen vor. Ich war in einer Welt gelandet, in der mehrere Sonnen schienen. Mein Gepäck nahm mit jedem Schritt an Gewicht zu, Durst und Hunger sperrten in mir den Rachen auf, was mich auf den Gedanken brachte, dass ich ja kein Ziel hatte und mich darum nirgendwo hinzuschleppen brauchte. Ich blieb einfach stehen, erblickte ein Lokal, vor dem ein Koch stand, und steuerte ihn an. Sobald ich nah genug herangekommen war, warf er ein Lächeln nach mir aus, dem ich prompt an den Haken ging, obwohl ich im selben Moment die Flecken auf seinem Hemd sowie die Mottenlöcher in der Baumwolle erkannte und überdies sah, dass über dem beleibten Mann Insekten kreisten wie in einem Comic. Es brummte und schillerte ununterbrochen um seinen Kopf, noch während er mich in die Küche führte, die unterste Ofenschublade aufzog und mir einen Auflauf präsentierte, der dort mutmaßlich seit Tagen schmorte.

Auf dem Weg zum Meer dachte ich den Satz »Die Sonnen stehen im Zenit«, und gleich darauf dachte ich schon, ich fantasiere, das Essen aus der Ofenschublade beanspruchte alle Organe, ich hatte das Gefühl, eine Fabrik mit mir herumzutragen, in der energieaufwendige Prozesse abliefen. Die Nahrung raubte meinem Körper die letzten Kräfte, anstatt ihn zu stärken, ich muss schlafen, dachte ich, schlafen, ich muss zum Strand, um dort zu schlafen. Ich ließ mir den Weg zum Wasser zeigen, es war nicht weit, doch war es abgezäuntes Wasser in Hafenbecken, dann Wasser vor einer Uferpromenade im Blickfeld hoher Häuser und unter dem Lärm mehrerer Fahrbahnen, die Hitze schien die Zeit zu dehnen, ich murmelte noch immer »Die Sonnen stehen im Zenit«, als die eine den Zenit bereits verlassen hatte. Es wurde Nachmittag, bis ich einen Strand erreichte, wo mir der Abstand von den Häusern das Gefühl gab, sicher zu sein.

Ich breitete meinen Schlafsack aus, schob mich hinein und hörte Charlottes Stimme: »Es war einmal einer, der hatte niemanden und nichts …«

So fing das Kinderbuch für Erwachsene an, das sie mir zum achtzehnten Geburtstag geschenkt hatte, und da ihr das Geld fehlte, es mir zu kaufen, nahm sie mich in die Buchhandlung mit und las es mir im Schatten der Regale flüsternd vor, ihr Mund bei jedem zweiten Satz so dicht an meinem Ohr, dass die Muschel warm und feucht beschlug. Sie las von einem Mann, der nichts besaß, dennoch eine Frau fand, bald ein Kind mit ihr zeugte, sie, gedrängt von seiner Vagabundennatur, im Frühling aber verließ, mit dem Versprechen, im Herbst zurückzukehren, was die Mutter dem Kind mit dem Satz erklärte, einer, der wiederkommen solle, müsse zuvor weggegangen sein.

Halb traurig, halb verständlich kam mir das im Halbschlaf am Strand von Saloniki vor, ich versuchte, darüber nachzudenken, um der Angst, die mich beschlich, etwas entgegenzusetzen. Es gingen Menschen über den Strand, nicht viele und in großem Abstand zu meinem Lagerplatz, doch woher wollte ich wissen, ob nicht irgendwann im Lauf des Abends oder der Nacht welche mit finsteren Absichten darunter waren, darum nahm ich Portemonnaie und Pass aus meinem Gepäck und steckte sie mir zwischen die Beine. »Es war einmal einer, der hatte niemanden und nichts«, sagte ich innerlich vor mich hin, als wäre es ein tröstlicher Satz, versuchte, mich auf das Geräusch des Meeres zu konzentrieren, um mich einwiegen zu lassen, zuckte trotzdem jedes Mal zusammen, wenn eine menschliche Stimme zu mir herübergeweht wurde, und schlief dann doch irgendwann ein, weil die Müdigkeit die Angst am Ende vollkommen zersetzt hatte.

Das Einschlafen hatte sich lange hingezogen, das Erwachen kam abrupt, mit einem Biss. Ich schlug die Augen auf, wusste sogleich, dass ich durch einen Schreck erwachte, setzte mich auf und sah den Grund des Schrecks: den Hund, der sich durch den Schlafsackstoff hindurch in meinem Bein verbissen hatte.

Er benötigte die ganze Spannweite seiner Kiefer, um meinen Oberschenkel zu umfassen, aus seiner Kehle drang ein anhaltender, monotoner Laut. Es war ein kniehoher Hund von nicht bestimmbarer Rasse, ein Streuner zweifellos, vermutlich voller Schmutz und Ungeziefer, und er lenkte alle Energie in seinen Biss, so sehr, dass seine Beine zitterten und der hintere Teil des Rumpfes hin und her zuckte wie unter Strom.

Am Abend hatte ich die Menschen gefürchtet, jetzt blickte ich mich Hilfe suchend nach ihnen um, doch sah ich niemanden. Es musste noch sehr früh am Morgen sein, es herrschte graues Licht, das an die nasse Haut eines Delfins erinnerte, und in diesem Licht zeichnete sich auf dem ganzen unwahrscheinlich langen, breiten Strand nirgends eine Silhouette ab.

Kaum hatte ich begriffen, dass ich auf mich allein gestellt war, spürte ich den Schmerz. Das half mir, etwas zu unternehmen. Ich sprach den Hund an, zunehmend lauter, bis ich schrie, doch ohne Folgen. Ich streckte eine Hand nach ihm aus, berührte ihn, stupste ihn an, stieß ihn, was ebenso wenig wirkte. Die Schmerzen nahmen zu, ich packte Ober- und Unterkiefer des Hundes, bog sie mit Gewalt einige Millimeter auseinander, genug, um meinen Oberschenkel aus der Zange zu befreien, sofort schlug der monotone Hundeton in hysterisches Jaulen um, dann, als ich losließ, in wütendes Bellen und gleich darauf in grimmiges Knurren, im selben Moment, in dem er sich erneut auf mich stürzte.

Hundespeichel war mir auf die Hand getrieft, mich ekelte, und meine Aggression wuchs weiter. Wieder packte ich das Tier, noch gröber als zuvor, entschlossen nun, mit ihm zu kämpfen, ihm gar die Kiefer aus den Angeln zu reißen, ich hielt es fest, befreite mich durch Tritte von meinem Schlafsack; jetzt verspürte der Hund noch stärkere Lust, in mein Bein zu beißen, oder es zu fressen, er entwand sich mir, ich erwischte ihn gerade noch am Hals, bevor er mir die Zähne ins Gewebe schlagen konnte, er wimmerte, als ich zudrückte, aufstand und ihn weit von mir warf. Damit war ich ihn jedoch nicht los, er schüttelte sich nach der Landung kurz und rannte erneut auf mich zu, ich trat nach ihm, traf ihn mit dem zweiten Tritt, trat noch einmal zu, worauf er zurückwich, mich schief von unten ansah und sich schon zu trollen schien, es sich dann aber anders überlegte und mich ansprang, sobald ich ihm den Rücken kehrte.

In dem Moment, in dem er mein Bein wieder im Biss hatte, sah ich, dass kein Gepäck mehr neben meinem Schlafsack auf dem Strand lag. Man hatte mich bestohlen, mir außer dem Geld und dem Pass zwischen den Beinen alles weggenommen, auch die Schuhe, ich hatte nichts und niemanden, alleine und beraubt stand ich auf einem grauen Strand, bei mir nur ein räudiger Hund, der sich in meinem Bein verbissen hatte.

Inzwischen war meine Hose nass vor Hundegeifer. Ich beschloss, etwas Endgültiges zu tun, packte das Tier erneut am Hals, würgte es und trug es ans Wasser, rannte mit ihm in die Dünung und warf es mit aller Kraft ins Meer hinaus.

Damit hatte der Hund nicht gerechnet. Er musste mit den Wellen kämpfen, vermutlich brannte das Salzwasser in seinen Augen, er brauchte lange, bis er zurückgeschwommen war. Am Ufer schüttelte er sich ausführlich und richtete zögernd den Blick auf mich. Ich saß barfuß auf meinem Schlafsack, hielt Portemonnaie und Pass in der Hand und heulte.

Auch damit hatte der Hund nicht gerechnet. Zwar kam er wieder näher, doch zaudernd, und sah mich unverwandt an. Er schien mir den groben Wurf ins Wasser kein bisschen krummzunehmen. Hatte er nicht gespürt, dass ich ihn ein für alle Mal loswerden wollte?

Ich wischte mir Rotz und Wasser von der Oberlippe, mein Handrücken stank nach nassem Fell. Der Hund setzte sich in vier, fünf Metern Entfernung hin, er fügte sich dem Stärkeren, erkannte ich, für ihn war ich kein barfüßiges Häufchen Elend.

»Wer hat dich geschickt?«, sagte ich vor mich hin.

Nach einer Weile gelang es mir, trotz Übelkeit und Verwirrung aufzustehen und zum ersten Mal aufs Meer hinauszublicken. Aufs Mittelmeer, auf die Ägäis, auf ihr angeblich magisches Blau, von dem jedoch jede Spur fehlte. Wie Luft und Strand und Häuser in der Ferne, so war auch das Meer durch und durch schimmernd delfingrau.

Auf dem Weg zurück in die Stadt bröckelte nach und nach der Sand von meiner nassen Hose, ich hielt mich an die Wasserlinie und steuerte erst nach einer langen Weile die Treppe an, die in die Innenstadt zu führen schien.

Beim Gehen wuchs in mir die Entschlossenheit des Wanderers ohne Schuhe, ich blickte stur nach vorn, doch meinte ich den Hund in meinem Rücken wahrzunehmen. Erst als ich die Treppe erreicht hatte, drehte ich mich um. Da stand er, etwa zehn Meter entfernt, vielleicht erwartete er etwas von mir, doch ich stieg die Treppe hinauf, verließ sein Revier und sah ihn von der obersten Stufe aus vor einer wachsenden Linie aus Pfotenspuren davonschnüren.

Lange sah ich ihm nach, noch als er sich bereits im grobkörnigen Morgengrau aufgelöst hatte, ich musste mir einen Ruck geben, um mich in Bewegung zu setzen – doch das war gar nicht ich, der mir den Ruck gab, sondern mein Banknachbar. Er hatte sich mir zugewandt und inspizierte aus nächster Nähe wie ein Notarzt mein Gesicht, und dann stand schon Charlotte neben mir und zog mich hoch. Die Fähre machte gerade in Üsküdar fest, nun drangen auch wieder Verkehrsgeräusche zu mir durch, mir war schwammig zumute wie nach einem ungewollten Mittagsschlaf, ich lächelte meine Tochter an, vermutlich übertrieben breit, und fragte, ob sie Delfine gesehen habe.

Sie verdrehte die Augen in der Art, die ihr das Alter vorschrieb, sagte »Hallo« mit langem o und wedelte mit der Hand vor meinen Augen.

»Hast du oder hast du nicht?«

»Ich habe nicht.«

»Schade.«

»Aber ich habe Durst.«

Wir kauften Wasser am ersten Kiosk und schlugen den Weg zur großen Moschee ein. In ihrem Garten warfen alte Bäume Schatten, Familien lagerten auf dem Rasen, kein

Mensch saß oder lag alleine, alle hatten Taschen, Tüten, Proviant dabei, die Kinder spielten, und von der Stelle aus, an der wir uns mit unserer kümmerlichen blauen Plastikflasche niederließen, sah man Männer sich an Messinghähnen Hände und Füße waschen, bevor sie die Moschee betraten.

Hier wäre der Ort gewesen, jeglichen groben Umgang zu vergessen, doch konnte ich mir bei meiner Tochter keineswegs sicher sein. Sie sah sich gründlich in dem Moscheegarten um. Ob ihr gefiel, was sie sah, hätte kein Fachmann der Welt an ihrem Gesicht ablesen können.

Da sie mit Schauen beschäftigt war, wagte ich es, sie zu mustern. Es blieb ihr nicht lange verborgen.

»Ist was?«

»Nun wirst du schon siebzehn«, sagte ich.

»Na und?«

»Ich möchte dir was erzählen.«

Ulrike Rylance

Born to be wild

Die Ferienwohnung war eine Zumutung.

Martin starrte zur Decke, an der ein klebriger Fliegenfänger träge seine tödliche Last hin und her schwang. Das Kopfkissen presste sich hart wie Beton in seinen Nacken und die Bettdecke bestand aus unregelmäßigen Daunenklumpen, die sich bei jeder Bewegung anders arrangierten.

Manuela, seine Frau, hatte den Bungalow selbst gebucht, aber auf unergründliche Weise war es dennoch seine Schuld, dass das Ding so ein Reinfall war. Zumindest konnte Martin das aus ihrer Einsilbigkeit erahnen.

Die Luft im Haus war stickig und heiß und über allem hing ein alles durchdringender modriger Geruch nach feuchten Schränken. An Schlaf war nicht zu denken, zumindest nicht für Martin, und das schon seit ihrer Ankunft vor vier Tagen. Natürlich gab es keine Klimaanlage, denn Kanada war schließlich nicht für seine tropischen Sommer berühmt.

Er lauschte.

Draußen schepperte es wieder laut. Diese verdammten Hooligans!

Das war das Schlimmste an diesem verfluchten Domizil: nicht nur, dass das Leitungswasser einen Braunstich hatte, was sie zwang, täglich Unmengen von Trinkwasserflaschen aus dem Ort anzukarren, nicht nur, dass der Kühlschrank einen Höllenlärm veranstaltete und nach saurer Milch roch, nicht nur, dass die sanitären Anlagen die besten Zeiten hinter sich gelassen hatten. Als ob all das noch nicht ausreichte, war vor zwei Tagen auch noch eine Motorradgang in den Nachbarbungalow eingefallen.

Gefährlich aussehende Typen in Leder, die stundenlang ihre Maschinen aufjaulen ließen, mit ihren Freundinnen, auf deren weißen, stämmigen Armen sich wilde Tätowierungen tummelten.

Martin gab sich gleichgültig, hatte aber insgeheim Angst vor ihnen.

Ein lautes Knallen riss ihn aus seinen Gedanken. Manuela warf sich neben ihm unruhig hin und her, wachte jedoch nicht auf. Jemand wuchtete draußen irgendeinen Blechkanister immer wieder gegen die Wand. Es klang näher als in den Nächten zuvor.

In der ersten Nacht nach Ankunft der »Hell's Angels«, wie Martin sie nannte, hatte im Nachbarbungalow eine rauschende Party stattgefunden. Bässe wummerten, Frauen kreischten, Harleys röhrten, Glas klirrte und derbe Stimmen schrien sich Wortfetzen zu, die alle in irgendeiner Weise das Wort *Fuck* beinhalteten.

Der Lärm war allerdings weiter weg gewesen.

Jetzt knallte es in unmittelbarer Nähe – direkt unter dem Fenster ihres Bungalows. Martin zuckte zusammen. Krochen diese Typen jetzt schon vor seinem Haus herum? Und was, fragte er sich mit leichtem Schaudern, hatten sie da eigentlich vor?

»Manuela, die Biker«, flüsterte er und rüttelte sachte an seiner Frau.

Manuela röchelte und drehte sich im Schlaf um, ihr Mund stand leicht offen.

Draußen prasselte jetzt eine Flüssigkeit auf Blech. Pinkelten die ihm etwa vor die Tür?

»Verdammte Scheiße«, fluchte Martin leise, schwang sich aus dem Bett und fuhr mit den Füßen in seine Badelatschen.

Doch dann hielt er inne. Was, wenn es Benzin war? Wer wusste schon, was in den Köpfen dieser Irren vor sich ging? Er hatte sich dummerweise nach der ersten Nacht bei der

Ferienhausvermietung beschwert. Vielleicht hatten die Angestellten dort ja den Bikern davon erzählt? War das jetzt ein Racheakt? Um ihn und Manuela fertigzumachen?

Er kroch zum Fenster, das einen Spalt offen stand. Es roch nicht nach Benzin. Es roch nach gar nichts. Dafür fing jetzt wieder der ohrenbetäubende Lärm an. Vom Bungalow nebenan wehte Gelächter herüber, aber der Typ da draußen schien ganz allein zugange zu sein.

»Na, warte, du Mistkerl.« Voller Wut griff Martin nach der Taschenlampe und schlich zur Hintertür.

Der Biker war tatsächlich allein, und er war massig. Selbst in der Dunkelheit des Gartens konnte Martin einen riesigen Rücken ausmachen, der sich über die Mülltonnen beugte. Was zum Teufel trieb der da?

Irgendetwas stimmte nicht mit ihm.

Seine Haltung.

»Hey!«, rief Martin und richtete den Taschenlampenstrahl auf ihn. Der Biker knurrte und drehte sich herum. Richtete sich zu seiner vollen Größe auf.

Martins Magen fing an zu schlingern. Die nackte Angst kroch ihm vom Kopf bis in die Füße, bis sein ganzer Körper taub war.

Vor ihm stand ein ausgewachsener Bär.

Instinktiv trat Martin einen Schritt zurück, stolperte gegen irgendetwas, wahrscheinlich eine leere Dose, und kam ins Straucheln. Der Boden rutschte ihm unter den Füßen weg und er landete schmerzhaft auf seinen Knien.

»Scheiße.«

Der Bär fixierte ihn. Er stieß einen kehligen Laut aus – einen Laut, der Martin an Geräusche erinnerte, die er vor gefühlten tausend Jahren als Kind im Zoo gehört hatte.

Langsam kroch er rückwärts und ließ das Tier nicht aus den Augen. Nur zwei Meter trennten ihn noch von der rettenden Tür. Auf einmal machte der Bär einen Schritt auf ihn zu. In seiner Panik rollte Martin sich reflexartig zur Seite.

»Help!«, krächzte er. Es war nicht mehr als ein Winseln. Niemand würde ihn hören, weder Manuela noch die verhassten Biker. Warum schmissen sie jetzt nicht ihre Harleys an? Legten ihre grässliche Musik auf? Glotzten über die Mauer?

Entsetzt stellte Martin fest, dass der Bär mittlerweile den Hintereingang blockierte.

Dann bemerkte er die umgekippten Mülltonnen, deren Inhalt auf dem Boden verstreut lag, und die hohe Steinmauer, die ihr Haus von dem Nachbarbungalow trennte. Der Bär gab ein lautes Knurren von sich. Es klang wütend.

Schlagartig verstand Martin. Er hatte die Mahlzeit des Bären gestört und befand sich nun auch noch näher an der Futterquelle. Er war Konkurrenz, Bedrohung – wie immer man das zum Teufel in der Bärenhierarchie nannte. Hektisch durchforstete er seine Erinnerung nach nützlichen Informationsfetzen, die vielleicht irgendwann beim Durchlesen der einen oder anderen Broschüre hängen geblieben waren. Man sollte einem Bären immer direkt in die Augen sehen, war es nicht so? Oder sollte man gerade das nicht tun? Hastig wandte Martin den Blick ab.

Man sollte sich tot stellen, das war es. Sollte sich hinlegen, mit dem Gesicht nach unten und nicht bewegen.

Sich einfach nur hinlegen und ergeben auf sein Schicksal warten? Unvorstellbar. Das wäre das Letzte, was er tun würde!

Der Bär bewegte den Kopf, und aus einem Impuls heraus griff Martin nach einer matschigen Orange, die vor ihm auf dem Boden lag und rollte sie dem Bären zu.

»Hier, mein Guter, feines Fresserchen«, murmelte er. »Good bear, lovely bear, yummy food!«, wiederholte er noch einmal auf Englisch, denn vielleicht verstand das Tier ja kein Deutsch. Doch der Bär brüllte plötzlich auf, drohend und unglaublich laut. Sein Kopf war riesig und ein strenger Geruch ging von ihm aus. Er ignorierte die Orange und taumelte einen Schritt zur Seite.

Die Tür war frei.

»Move back, move back«, beschwor Martin das Tier. Wie hypnotisiert schien der Bär zu gehorchen und machte eine halbe Kehrtwendung.

In diesem Moment ging die Tür auf.

Manuela stand auf der Treppenstufe wie eine Vision, die Haare zerlegen, die Spaghettiträger ihres Schlaftops waren ihr auf die Schultern gerutscht.

»Sag mal, spinnst du?«, fuhr sie ihren Mann an. »Was brüllst du denn hier so rum?«

Sie stand keinen Meter von dem Bären entfernt, der regungslos neben ihr verharrte.

Martin war unfähig, sich zu bewegen oder ihr ein Zeichen zu geben. Die Zeit schien stillzustehen. Er konnte seinen eigenen Puls hören, ein Rauschen, das immer stärker anschwoll.

»Wie stinkt das denn hier?«, sagte Manuela, sichtlich verärgert über seine Reglosigkeit.

Sie trat aus der Tür.

»Manu«, entfuhr es ihm endlich. Saurer Mageninhalt schoss ihm in den Mund. Die Tür knallte hinter ihr zu.

Gemächlich ließ sich der Bär auf alle vier Pfoten nieder, drehte sich um und verschwand in der Dunkelheit.

»Manu«, sagte Martin erneut. »Da war ein …«

»Weißt du was, ich will es gar nicht wissen!«, unterbrach sie ihn wütend. »Das ist der beschissenste Urlaub in meinem ganzen Leben und dafür haben wir so viel Geld bezahlt! Du benimmst dich total lächerlich, wirfst die Mülltonnen um und legst dich auch noch mit diesen Typen an! Was, wenn er dich zusammengeschlagen hätte, hm? Hast du darüber schon mal nachgedacht?«

Sie warf ihm einen verächtlichen Blick zu und ging zurück ins Haus.

In diesem Moment schallte laute Musik aus dem Nachbarhaus:

Like a true nature child,
we were born, born to be wild;
we have climbed so high, never want to die,
born to be wild …

Jemand lachte laut.

Martin stand auf und lehnte sich zitternd an die Hauswand, die sich, von der Hitze des Tages aufgewärmt, an seine klamme Haut schmiegte, und schloss die Augen.

Schlafen. Er wollte doch einfach nur schlafen.

Nadine Stachorra

Sexy Freak oda Kumpel Detlef

Einmal war so hamma reischa Typ, so Bonze so, der hatte voll die hübschen Töschta. Die jüngste, die sah so fett geil aus, dass sogar die Sonne, die ja schließlisch von da oben alles sehen kann, das nischt checkte. Im Garten von der Hütte vom Bonze war Terrasse mit riesen Schirm, schön schattisch. Jeden Tag saß die Tussi da rum, hatte imma Langeweile, machte imma Handy-Chat. Voll traurisch eigentlisch, die hatte nischts Besseres zu tun.

Einmal fiel der Smartphone runta, slide, in Gulli. Weg! Fing die heftisch an zu heulen, wurde imma lauta, wie kleines Mädschen. Meinte da einer zu ihr: *»Was geht? Was machstu für Aufstand?«* Guckt die wer die da anlabert, ist da so hässlischer Volltrottel. *»Shit man, was für krasser Freak!«*, meinte die. *»Isch bin voll fertisch weil mein Handy ist in Gulli gefallen.« »Komma wieda klar und hör auf mit Heulen. Kannisch helfen, was gibstu?« »Was du willst, mein Gucci-Blingbling, mein Prada-Tasche, mein Macbook.«* Meint der: *»Lassma stecken, isch will dein Freund sein, mit dir von ein Teller essen, von dein Glas trinken und in dein Bett pennen. Schwörstu, hol isch Handy.« »Ischwör, geht klar«*, meinte die, dachte aba so: *›Lass den Spacko labern, als ob isch mit scheiß Otto rumhänge, ey.‹* Typ holte Handy raus aus Gulli und gab der das. Die voll happy, nahm Handy, haute ab. *»Ey warte ey, nimmisch mit, isch bin nisch wie du so schnell so.«* Der war am Schreien so laut der konnte, aba die Tussi rannte krass schnell nach Hause, hatte den Nerd voll verarscht.

An ein andern Tag, als die mit Vata und so Leuten so am Essen war, kam der Typ an, klopfte an die Türe. *»Reische*

Tussi, machma auf!« Ging die und machte Türe auf, stand der Trottel da. Knallte die schnell die Tür zu, setzte sisch wieda, hatte voll Panik. Der Vata checkte die war extrem gestresst, meinte: *»Wasn los? Hastu Stress? War da Notgeiler an Tür, hat der disch angemacht?« »Als ob«*, meinte die, *»war scheiß Volltrottel.« »Hat der Problem mit dir?« »Gestern ist mein Handy in Gulli gefallen. Hab isch voll geheult, hat der mir das rausgeholt. Der wollte dafür mein Freund sein. Isch dachte so der hat so kurze Beine so kann eh nisch mithalten wenn isch wegrenne und meinte so ›Ischwör‹ zu dem, hab den voll verarscht. Jetzt steht der da draußen und will rein.«* Klopfte der wieda, brüllte:

»Hamma Braut, Perle,
machma auf,
hastu vergessen, hastu gestern
was geschworen?
Hamma Braut, Perle,
machma auf.«

Meinte der Vata: *»Hastu geschworen, also lass den rein.«* Stand die auf, machte Tür auf, kam Freak rein, heftete sisch direkt an die, meinte: *»Steh auf, isch nehm disch auf mein Schoß.«* Die wollte nisch, aba Vata meinte die muss. Dann wollte Nerd was essen *»Schieb dein Teller rüba, können wir essen.«* Die war voll angepisst, der Trottel sisch am aufgeilen, die Tussi hätte fast gekotzt. Irgendwann sagte der Typ: *»Bin isch vollgefressen, lassma pennen legen in dein Bett.«* Fing die wieda an mit Heulen, die fand den so ekelisch, wollte den nisch anpacken und mit dem pennen. Wurde der Vata sauer ohne Ende und meinte: *»Hör auf den Freak, hat dir schließlich geholfen und du hast ›Ischwör‹ gesagt.«*

Die nahm den mit in Zimma und setzte den auf Stuhl in ein Ecke. Die lag im Bett, kam der an und meinte: *»Isch will pennen und zwar mit dir. Heb dein Decke hoch oda isch ruf dein Vata!«* Kriegte die voll den Anfall, rischtisch aggro, ischwör, packte die den und klatschte den Kopf von dem voll Power gegen die Wand. *»Schlaf disch aus du perverser Freak.«*

Fiel der um, stand auf, stand da plötzlisch voll das Topmodel. Dann poppten die, wie war abgemacht. Dann heirateten die, wie Vata wollte.

Da erzählte der sexy Typ, der wurde verzaubert und der wäre seitdem voll das Muttersöhnschen gewesen, hätte immer noch bei Mama gewohnt, obwohl die dem schon längst eigene fette Hütte gekauft hatte. Der hing immer nua alleine vor PC und so. Der Schlag an Schädel hatte dem escht gut getan, war der völlisch anders drauf jetzt, escht derbe lässisch. Die Tussi hatte den vom Zauber erlöst, der meinte, dass nur die das konnte und sonst keine. Die machten Pläne für nächsten Tag, für Umzug in sein fette Hütte und ratzten weg.

Nächster Morgen kam 7er BMW angefahren, so fett so, war Detlef, alter Personal Trainer von Model drin, war übelst guta Homie, war so fertisch seit der verzaubert wurde und Nerd wurde, dass der sisch drei Eisenringe ums Herz machen ließ, damit es nisch kaputt ging vor Traurischkeit. Der wollte die beide zur Hütte vom Model bringen. Die sprangen in die Karre, Detlef gab Gas und war rischtisch gut drauf, weil sein Chef wieda der Alte war. Die fuhren gerade los, hörte das Model voll den Lärm, als ob am Auto was kaputt war.

Swagger rief:

»Detlef die Karre geht in Arsch.«

»Das war nisch der BMW, kein Scherz,
da ist ein Ring geplatzt von mein Herz,
isch hatte heftigen Schmerz,
als du nur in dein Zimma saßt
als du ein Trottel warst.«

Nochma und nochma krachte das und das Model dachte imma die Karre verreckt, aba das waren die Ringe, die von Herz von Kumpel Detlef krachten, weil sein Freund das Model erlöst und wieda endgeil drauf war.

Anne B. Ragde

Eine naheliegende Lösung

Er rutschte in seinem Drehsessel unbehaglich hin und her und schaute hasserfüllt aus dem Fenster auf den Weg hinunter. Aber da war nichts zu sehen, nicht einmal ein elender kleiner Spatz, an dem er seine Wut hätte auslassen können, vielleicht mit einer gut gezielten Kippe, oder auch mit fünf. Er ruckte mit gereizten kleinen Bewegungen hin und her, der zierliche Sessel ächzte. Aber der Computer sagte nichts. Der stand nur da und zitterte mit seinem blauweißen Lichtschein, seiner blauweißen Leichenfarbe. Der kleine Pfeil, der zeigte, wie weit er gekommen war, blinkte und blinkte. Immer wieder, wie ein quengelnder Mund: Willst du nicht bald weiterschreiben … willst du nicht bald weiterschreiben … weiter weiter weiter, Pelle Hansen!

Die Tür hinter ihm wurde geöffnet. Lisabeths Stimme: »Möchtest du eine Tasse Tee?« Er gab keine Antwort. Wenn sie gefragt hätte, ob er ein Bier wollte, hätte er sich vielleicht zu einem Grunzen herabgelassen. Und Grunzen bedeutete »ja«, das wusste sie. Er wartete darauf, dass die Tür mit einem Klicken zufiel, dass Lisabeth verschwand.

Aber es kam kein Klicken.

»Schreibst du nicht, Pelle? Willst du dann nicht eine Pause machen, mein Lieber, und dich zu mir in den Garten setzen? Weißt du, hinter diesen roten Sträuchern habe ich einen witzigen Springbrunnen gefunden. Vielleicht könnten wir den reparieren und … Wasser dafür herleiten und …«

Der Sessel stöhnte, als er sich herumwuchtete. Er konnte sie nicht mit Kippen bewerfen. Aber er konnte brüllen.

»Ich hab dieses scheiß Haus ja wohl nicht gemietet, um an prähistorischen Springbrunnen rumzufummeln! Ich will schreiben. Ich *muss* schreiben? *Kapierst* du das endlich?!«

Sie wich nur zwei Schritte zurück und schloss die Tür. Ihr Gesicht zeigte weder Zorn noch Verstimmung. Sie ließ keinen Laut hören. Nur das Klicken, auf das er eben gewartet hatte. Jetzt kam es. Und der Pfeil blinkte noch immer. Zehntausend Kronen hatte er bezahlt, um dieses Sommerhaus zu mieten. Und diese zehntausend Kronen wollte er in Form von Kriminalgeschichten wieder »hereinschreiben«. Er hatte eigentlich einen Roman geplant, hatte sich das aber nicht sorgfältig genug überlegt, wie sich herausgestellt hatte. Er kam nicht über vierzig, fünfzig Seiten hinaus. Und dann hatte er irgendwie nicht mehr über diese Menschen, diesen Mord, diese Umstände zu berichten.

Er hasste es, streichen zu müssen, konnte es nicht ertragen, neu anzufangen. Er war nämlich kein Schriftsteller, auch wenn er einigermaßen gut schrieb. Und weil er eigentlich kein Schriftsteller war, wusste er nicht, dass alles wieder und wieder umgeschrieben werden muss, bewertet und von anderen gelesen, korrigiert und zurechtgefeilt, bis der Computerbildschirm bleicher und blauweißer wird, als man es für möglich gehalten hätte. Nein, Pelle Hansen wollte es beim ersten Versuch schaffen, er hatte schließlich schon drei Kriminalgeschichten geschrieben. Und angefeuert von der Wirkung dieser Geschichten, die Freunde und Verwandtschaft und die Kollegen in der Beratungsfirma überrascht hatten, hatte er für den Sommer dieses schweineteure Haus gemietet. Jetzt saß er mitten in so einem ersten Versuch und steckte einfach fest. Abermals schaute er aus dem offenen Fenster. Noch immer kein Spatz, den er ein bisschen schikanieren könnte. Aber immerhin war eine Hummel auf dem Weg zu ihm. Sie warf einen Schatten auf seinen Schreibtisch, einen schwarzen Fleck, der sich im Zickzack bewegte. Es scheint der Fleck zu sein, der summt, nicht die Hummel, dachte er und war plötzlich überaus zufrieden mit diesem

Gedanken. Doch, genau solche Beobachtungen stellten echte Schriftsteller an. Mit einem zufriedenen Grunzen klatschte er die Hummel in die ewigen Jagdgründe. Die Jagdgründe einer Hummel, das muss ja wohl ein Meer aus Brunnenkresse sein, dachte er dann, abermals zufrieden mit seinen Assoziationen. Das würde schon gut gehen. Aber als er den letzten Abschnitt auf dem Bildschirm las, fielen seine Schultern wieder nach unten. Das ging nicht. Die Handlung war ein unmöglicher Wirrwarr, so komplex, dass sogar er, der große Autor, den Überblick verloren hatte.

Der Kerl wollte seine Frau umbringen. Sie waren im Ferienhaus. Er hatte sie mit Alkohol abgefüllt, war mit ihr auf den kleinen See bei der Hütte hinausgerudert. Dieser See lag natürlich absolut einsam, keine anderen Häuser mit tückischen Zeugen in der Nähe. Hier stieß er sie über Bord und ruderte weg. Das Wasser war sehr seicht, fast eine Pfütze. Ein Weiher. Ja, es war ein Weiher. Aber dennoch tief genug, um zu ertrinken, für eine sturzbesoffene Frau. Alle würden von Selbstmord ausgehen. Den Hintergrund für diesen Selbstmord hatte Pelle Hansen sich nicht sonderlich gut überlegt. Er hatte so wenig Ahnung von Frauen, aber es musste ein Selbstmord sein, das war klar. Und der Mann, also der Mörder, würde im Ferienhaus sitzen, selbst ganz schön angetrunken, und nichts Böses ahnen, als seine Frau einen Spaziergang machen wollte. Das würde er später natürlich dem Lensmann erzählen, nachdem die Frau ans Ufer geschwemmt worden war und der Mann, also der Mörder, sie auf seinem Rücken ins Dorf getragen und mit hysterischem Schluchzen vom schockierenden Selbstmord seiner Frau erzählt hatte.

Das war ja auch alles schön und gut, aber wie sollte es weitergehen? Was würde den Mörder entlarven? Vielleicht doch irgendwelche Zeugen? Beerenpflückende Wanderer zum Beispiel? Nein, das wäre zu banal. Dann kam ihm die Idee mit dem Schlüssel. Als die Frau und ihr Mann nach dem gemeinen Vorschlag des Mannes aus der Tür torkelten, um auf den See hinauszurudern, hatte die Frau die Tür hinter ihnen abgeschlossen und die Schlüssel in die Tasche gesteckt. Und der Mann hatte es nicht gesehen. Ja, denn die Frau konnte doch nicht wissen, dass sie gleich Selbstmord begehen würde. Auf dem See wurde der Mann von Pelle Hansen abermals zum Mörder gemacht, indem er seine Frau in das kalte Wasser stieß. Mit ihr sanken auch die Schlüssel auf den Grund, um frühestens am nächsten Morgen wieder hochgeschwemmt zu werden, zusammen mit der Frau, falls sie nicht aus ihrer Tasche gefallen waren und auf dem Seeboden lagen. Pelle Hansen ließ den Mann an Land rudern und die Sache mit den Schlüsseln entdecken. Die Haustür war abgeschlossen, du meine Güte. Was sollte er nun dem Lensmann sagen? Dass er eine Bergwanderung gemacht habe? Und zu leerem Haus und ertrunkener Frau heimgekehrt sei? Aber warum hätte die Frau die Tür abschließen sollen, ehe sie Selbstmord beging, wo sie doch wusste, dass der Mann auf einer Bergwanderung war?

Und dann war da noch die Sache mit dem Boot. Auch das stimmte nicht. Wenn die Frau sich ertränken wollte, sturzbesoffen, wenn sie sich über Bord fallen lassen und im Teich des Todes versinken wollte, wer hatte das Boot dann an Land gerudert? Der Leibhaftige selbst?

Pelle Hansen hatte lange darüber nachgedacht. Am Ende ließ er den Mann nur ein winzig kleines Stück von der ertrinkenden Frau wegrudern. Hier sprang er über Bord und schwamm an Land. Die Ruder ließ er neben dem Boot treiben. Und Pelle Hansen beschrieb zudem mit morbider Freude, wie sehr es den Mann anwiderte, in dem Wasser zu schwimmen, in dem seine Frau lag. Dem Wasser, in dem ein Mensch gestorben war.

Während Pelle Hansen den Drang verspürte, kleine Vögel mit Kippen zu bewerfen, saß der Mördersmann am Seeufer, triefnass, mit einer abgeschlossenen Haustür hinter sich, und überlegte, wie zum Teufel er am nächsten Tag seine tote Frau an sich bringen sollte, um sie ins Dorf hinabzutragen, da er doch weder Boot noch Ruder hatte.

Pelle Hansen legte den Kopf in die Hände. Könnte er in das Haus einbrechen? Dann würde er ein Fenster einschlagen müssen. Die Tür war aus massivem Holz. Hatte er denn eine Glasscheibe, um danach das Fenster zu reparieren? Der Lensmann würde den frischen Kitt entdecken. Ja, den würde der Lensmann entdecken. Könnte das die Pointe sein? Oder wäre das zu blöd? So wie das mit den Beerenpflückern? Ja, das wäre es.

Endlich kam ein Spatz den Weg entlangspaziert. Pelle Hansen fischte vier oder fünf Kippen aus dem Aschenbecher und fing an zu werfen. Der Spatz stolzierte unangefochten weiter. Aber eine Stimme rief:

»Pelle! Was soll das denn? Lass doch den Spatz in Ruhe! Herrgott, verlierst du jetzt völlig den Verstand, oder was?«

Verdammtes Frauenzimmer, dachte er. Die ist verflixt noch mal keine Dichtersgattin. Weiß sie nicht, dass Dichtersgattinnen bis zum Schlusspunkt Unterstützung leisten müssen, das Talent ihres Mannes schüren, sich mit allen frustrierten und aggressiven Reaktionen abfinden? Nein, das wusste sie offenbar nicht. Aber sie hatte ja auch lange geglaubt, mit einem Finanzberater verheiratet zu sein, nicht mit einem Schriftsteller. Das hatte ja alle überrascht, nicht zuletzt ihn selbst. Und der Mann, der triefnass am Wasser saß, mit einer toten Frau und einer abgeschlossenen Haustür, der musste eben sitzen bleiben. Könnte er neu anfangen? Wäre das möglich? Alles zu löschen und umzuschreiben?

Pelle Hansen starrte aus dem Fenster, auf den Schärengürtel, der im Hitzedunst zu wogen schien, auf die Bäume in dem großen Garten unter ihm, die sich im Wind hin und her wiegten. Es summte und zwitscherte und gluckste. Die Sonne schien auf dieses idyllische Panorama. Der Sesselsitz unter ihm war schweißnass. Alle warteten, wussten, warum sie hergekommen waren, er und Lisabeth, sie saßen zu Hause und warteten darauf, bald allen erzählen zu können, dass sie einen Schriftsteller kannten. »Einen Schriftsteller?« – »Ja! Pelle Hansen, von dem habt ihr doch wohl gehört?«

Verdammt, verdammt, verdammt. Er konnte seinen Kopf nicht mehr hochhalten. Eine Pause? Sich diesen Springbrunnen ansehen? Nein, er würde sich hassen, wenn er jetzt aufgäbe. Also: Triefnass. Abgeschlossene Haustür. Tote Frau. Die Tür hinter ihm ging auf.

»Aber Pelle ... kannst du denn gar keine Pause machen? Siehst du nicht, wie wunderbar das Wetter ist? Wollen wir uns vielleicht ein bisschen Abendessen angeln?«

Bei dem Wort »Abendessen« fiel sein Blick auf den Brunnen. Einen sehr alten Brunnen am Rand des Gartens, bedeckt von einem soliden Holzdeckel. Sie benutzten ihn nicht. Jedenfalls nicht als Brunnen. Eine Pumpe drückte das Grundwasser in die Wasserhähne. Er drehte sich langsam mit dem Sessel um, sah sie an. Sie stand da in gelben Shorts und mit Zöpfchen. In der Hand hielt sie Erdbeeren. Sie streckte sie ihm hin: »Mal probieren?«

Sie gingen zusammen die Treppe hinunter. Er schaltete den Rechner nicht aus.

Der Springbrunnen, über den sie geplappert hatte, war rostbraun. Die winzig kleine Skulptur eines Knaben stand auf dem Beckenrand. Offenbar sollte dieser kleine Knabe ins Wasser pissen. Er hatte Ähnlichkeit mit Amor. Ein winziger Knabenmann, mit einem noch viel winzigeren Penis, den er in seiner Hand versteckte. Er lachte rostig, mit weißen Lippen.

»Woher sollen wir denn Wasser für den Springbrunnen nehmen, Lisabeth? Ach ja, jetzt weiß ich, vielleicht aus dem Brunnen? Wir sehen gleich mal nach, ja ...«

Die gelben Shorts leuchteten vor dem Gras, das sie umgab, leuchteten wie Butterblumen, die unter ein braunes

Kinn gehalten werden. Die raue Betonkante schrammte ihr ein Knie auf, als er sie hinunterdrückte. Recherchen. So nannte man das. Alle Schriftsteller recherchierten. Das musste man, um festzustellen, ob die Story überhaupt glaubwürdig war. Es war schwer, den Deckel zurückzuschieben, aber der dämpfte ihr Geschrei. Das wollte er nicht hören, so wenig wie er im selben Wasser schwimmen wollte wie sie.

Noch immer mit dem Geschmack der Erdbeeren im Mund lief er zu seinem Computer hoch. Der Pfeil zwinkerte ihm zu, jetzt frohgemut. Er löschte den Text bis zurück zu Seite 2, wo sie eben im Ferienhaus eingetroffen sind. Ach, glückselige Freude. Nun brauchte er nicht mehr zu erklären, warum diese blöde quengelnde Person unbedingt Selbstmord begehen wollte, denn es war jetzt ein Unfall. Sie wollte nur ein wenig Wasser aus dem Brunnen holen, und damit, wupp, finito. Exit Gattin. Pelle Hansen schrieb, dass die Tasten nur so klapperten. Er summte beim Schreiben. Der Mann trank im Haus einen dunklen Whisky, während er darauf wartete, dass der Todeskampf seiner Frau im Brunnen abebbte. Es war ein ungewöhnlich tiefer und guter Brunnen, den sie da bei ihrem Ferienhaus hatten.

Doch dann erstarrte Pelle Hansen. Der Mann musste doch vom Lensmann entlarvt werden. Sonst wäre es keine Kriminalgeschichte. Sondern ein regelrechter Mord. Und daraus wurde lyrische und tragische Belletristik, aber kein Krimi.

Pelle Hansen hörte ein Kratzen und beugte sich aus dem Fenster. Es klang wie ein Brunnendeckel, der zur Seite geschoben wird. Ein Fremder bückte sich im Garten über den Brunnen, schaute hinein, rief. Der Mann trug ein Fischnetz über der Schulter und neben ihm lagen zwei Ruder.

»Ich dachte, ich hätte Rufe gehört, haben Sie sich verletzt, o Herrgott … Moment mal, ich werfe Ihnen das Fischnetz runter … ganz ruhig jetzt …«

Pelle Hansen hörte Lisabeths dumpfes Geheul und ließ sich in den Drehsessel sinken. Natürlich. Der Mann auf dem Bildschirm hatte das mit dem Deckel vergessen; als er später den Lensmann holte und dabei half, die tote Gattin aus dem Brunnen zu fischen, versprach er sich. Sagte so ungefähr: »Und ich hätte fast einen Schock erlitten, als ich den Deckel wegnahm und Bente/Annie/Else da unten entdeckte! Ich hatte sie doch schon seit Stunden gesucht … ich konnte doch nicht ahnen, dass sie dort war … ach, die arme Bente/Else/Annie …«

»Verzeihung, aber haben Sie gesagt, Sie hätten den Deckel *weggenommen?*«, würde der Lensmann erwidern, und damit wäre der Mörder gefangen, in einem Fischnetz aus eigenen Lügen, da Frauen, die in Brunnen fallen, nur selten daran denken, den Deckel hinter sich zuzuziehen.

Pelle Hansen seufzte zufrieden. Jetzt war die Sache geritzt. Jetzt konnte er sich eine Pause mit Bier und Walderdbeeren gönnen. Und jetzt hatte Lisabeth sich wohl ein gutes Bild von dem Brunnen machen können, ob es möglich wäre, das Wasser von dort zu Amor auf dem Springbrunnen zu leiten. Er hörte sie unten im Garten weinen. Sie war immerhin gesund und auf den Beinen. Und damit, dass er ein bisschen recherchierte, musste sie sich eben abfinden.

Er war schließlich Schriftsteller, zum Henker!

Katherine Mansfield

Das Gartenfest

Und das Wetter war schließlich ideal. Auch auf Bestellung hätte der Tag für ein Gartenfest nicht schöner sein können. Windstill, warm, keine Wolke am Himmel. Nur das Blau war, wie manchmal im Frühsommer, von einem leichten Goldschleier verhangen. Seit dem Morgengrauen war der Gärtner auf den Beinen, mähte und säuberte den Rasen, bis das Gras und die dunklen flachen Rosetten, wo die Maßliebchen gewesen waren, zu glänzen schienen. Was die Rosen betrifft, so hatte man das Gefühl, sie wüßten, daß Rosen die einzigen Blumen sind, die auf Gartenfesten wirken, die einzigen Blumen, die jeder mit Sicherheit kennt. Hunderte, ja buchstäblich Hunderte waren in einer einzigen Nacht aufgebrochen; die grünen Büsche neigten sich, als ob ein Erzengel sie besucht hätte.

Das Frühstück war noch nicht vorbei, als die Männer kamen, um das große Zelt aufzubauen.

»Wo möchtest du das Zelt hinhaben, Mutter?«

»Mein liebes Kind, frag doch nicht mich. Ich bin fest entschlossen, dieses Jahr alles euch Kindern zu überlassen. Vergeßt, daß ich eure Mutter bin. Behandelt mich wie einen Ehrengast.«

Doch Meg konnte unmöglich gehen, die Männer anzuweisen. Sie hatte sich vor dem Frühstück die Haare gewaschen und saß nun beim Kaffeetrinken in einem grünen Turban da, wobei ihr eine nasse dunkle Locke auf jeder Wange klebte. Jose, der Schmetterling, kam immer in einem seidenen Unterrock und einer Kimonojacke herunter.

»Laura, du mußt gehen, du bist die Künstlerin unter uns.«

Laura flog davon. Dabei hielt sie immer noch ihr Butterbrot in der Hand. Wie köstlich, einen Grund zu haben, im Freien essen zu können, und außerdem liebte sie es, etwas arrangieren zu müssen. Sie fand, sie könne es soviel besser als die anderen.

Vier Männer in Hemdsärmeln standen in einer Gruppe auf dem Gartenweg. Sie trugen um Stangen gerollte Zeltplanen, und auf dem Rücken baumelten ihnen große Werkzeugtaschen. Sie sahen beeindruckend aus. Laura wünschte sich jetzt, daß sie nicht dieses Butterbrot hielte, aber sie konnte es nirgendwo hintun, und sie konnte es doch auch nicht einfach wegwerfen. Sie wurde rot, versuchte, streng auszusehen und sogar ein bißchen kurzsichtig, als sie auf sie zutrat.

»Guten Morgen«, sagte sie, wobei sie die Stimme ihrer Mutter nachahmte. Doch das klang so entsetzlich affektiert, daß sie sich schämte und wie ein kleines Mädchen stammelte: »Ach – eh – sind Sie gekommen – ist es wegen des Zeltes?«

»Stimmt, Miss«, sagte der größte der Männer, ein langer, dünner, sommersprossiger Kerl, und er rückte seine Werkzeugtasche zurecht, schob den Strohhut zurück und lächelte auf sie herab. »So ist's.«

Sein Lächeln war so ungezwungen, so freundlich, daß Laura die Fassung wiedergewann. Was für hübsche Augen er hatte, klein, aber so tiefblau! Und jetzt sah sie die anderen an, auch sie lächelten. »Kopf hoch, wir beißen nicht«, schien ihr Lächeln zu sagen. Wie nett Arbeiter doch waren! Und was für ein schöner Morgen! Sie darf den Morgen nicht erwähnen, sie muß geschäftsmäßig auftreten. Das Zelt.

»Nun, was halten Sie von der Lilienwiese? Ginge das?«

Und mit der Hand, die nicht das Butterbrot hielt, zeigte sie auf die Lilienwiese. Sie drehten sich um und blickten in die Richtung. Ein kleiner Dicker schob die Unterlippe vor, und der Lange runzelte die Stirn.

»Gefällt mir nicht«, sagte er, »fällt nicht genug auf. Sehn Sie, so was wie ein großes Zelt« – und er drehte sich in seiner ungezwungenen Art zu Laura um, »das woll'n Sie doch wohin stellen, wo's einem richtig in die Augen knallt, wenn Sie wissen, was ich meine.«

Lauras Erziehung ließ sie einen Augenblick überlegen, ob es respektvoll sei, wenn ein Arbeiter zu ihr von In-die-Augen-Knallen sprach. Aber sie verstand, was er meinte.

»In eine Ecke vom Tennisplatz«, schlug sie vor. »Aber in einer Ecke wird die Kapelle spielen.«

»Hm, 'ne Kapelle wird's geben, sagen Sie?« fragte ein anderer der Arbeiter. Er war blaß. Er sah verstört aus, als er seine dunklen Augen über den Tennisplatz schweifen ließ. Was mochte er denken?

»Nur eine sehr kleine Kapelle«, erwiderte Laura freundlich. Vielleicht machte es ihm nicht soviel aus, wenn die Kapelle nur klein war. Doch da unterbrach sie der Lange.

»Schaun Sie mal, Miss, das ist der richtige Platz. Vor den Bäumen dort drüben. Das macht sich prima.«

Vor den Karakas. Dann wären die Karakabäume verdeckt. Und sie waren so prächtig mit ihren breiten schimmernden Blättern und den Trauben gelber Früchte. Das waren Bäume, wie man sie sich auf einer einsamen Insel vorstellt, einzeln, stolz, Blätter und Früchte in einer Art stiller Erhabenheit der Sonne entgegengereckt. Mußten sie von einem Zelt verdeckt werden?

Sie mußten. Schon hatten die Männer die Stangen geschultert und marschierten auf die Stelle zu. Nur der Lange blieb zurück. Er bückte sich, knickte einen Lavendelzweig ab, hielt Daumen und Zeigefinger an die Nase und sog den Duft ein. Als Laura diese Geste sah, vergaß sie völlig die Karakabäume, so erstaunt war sie, daß er für solche Dinge, für den Duft von Lavendel, etwas übrig hatte. Wie viele von den Männern, die sie kannte, hätten so etwas getan! Ach, wie ausgesprochen nett Arbeiter doch waren, dachte sie. Warum konnte sie nicht Arbeiter als Freunde haben anstatt diese albernen Jungen, mit denen sie tanzte und die sonntagabends zum Essen kamen? Mit solchen Männern würde sie sich viel besser verstehen.

Schuld an allem sind, stellte sie fest, als der Lange etwas auf die Rückseite eines Briefumschlages zeichnete, etwas, das aufgesteckt oder hängengelassen werden sollte, diese absurden Klassenunterschiede. Nun, was sie betraf, sie empfand sie nicht. Kein bißchen, kein winziges bißchen ... Und jetzt hörte man die Schläge hölzerner Hämmer. Einer pfiff, einer sang. »Fertig drüben, alter Junge?« – »Alter Junge!« Der freundliche Klang dieses Wortes, der – der ... Nur um zu zeigen, wie glücklich sie war, nur um dem Langen zu beweisen, wie wohl sie sich fühlte und wie sie diese albernen Konventionen verachtete, biß Laura ein großes Stück von dem Butterbrot ab, als sie die kleine Zeichnung betrachtete. Sie kam sich richtig wie ein Arbeitermädchen vor.

»Laura, Laura, wo bist du? Laura, Telefon!« rief eine Stimme vom Haus her.

»Ich komme!« Sie flog davon, über den Rasen, den Weg entlang, die Stufen hinauf, über die Veranda in die Halle. Dort waren ihr Vater und Laurie gerade dabei, ihre Hüte abzubürsten, bereit, ins Büro zu gehen.

»Du, Laura«, sagte Laurie sehr hastig, »du könntest vor heute nachmittag noch mal nach meinem Rock sehen, kann sein, daß er gebügelt werden muß.«

»Mach ich«, sagte sie. Plötzlich konnte sie nicht an sich halten. Sie rannte zu Laurie und drückte ihn ganz schnell und leicht an sich. »Ach, ich bin ganz verrückt auf solche Feste, du nicht auch?« brachte sie heraus.

»Ja, frei-lich«, erwiderte Laurie mit seiner warmen, jungenhaften Stimme, und auch er drückte seine Schwester und gab ihr einen leichten Schubs. »Schnell ans Telefon, Kleine.«

Das Telefon! »Ja, ja, o ja. Kitty? Guten Morgen, mein Schatz. Kommst du zum Mittagessen? Komm doch! Natürlich freuen wir uns. Es ist nur ein dürftig zusammengekratztes Essen – nur Brotkrusten und zerbrochene Baisers und was sonst noch übrig ist. Ja, ist das nicht ein herrlicher Morgen? Dein Weißes? O ja, ich würde es anziehn. Einen Augenblick – bleib am Apparat, meine Mutter ruft.« Und Laura lehnte sich zurück. »Was ist, Mutter? Kann nichts verstehn.«

Mrs. Sheridans Stimme klang die Treppe herab. »Sag ihr, sie soll den reizenden Hut tragen, den sie letzten Sonntag aufhatte.«

»Mutter sagt, du sollst den *reizenden* Hut tragen, den du letzten Sonntag aufhattest. Gut. Um eins. Tschüß!«

Laura legte den Hörer auf, warf die Arme über den Kopf, holte tief Luft, streckte sich und ließ sie wieder fallen. »Hach«, seufzte sie, um sich gleich darauf rasch aufzurichten. Sie saß ganz still und lauschte. Alle Türen im Haus schienen offenzustehen. Das ganze Haus war erfüllt von leichten, schnellen Schritten und hin und her laufenden Stimmen. Die grün gepolsterte Tür, die in die Küchenregionen führte, flog auf und fiel mit einem dumpfen Knall zu. Und jetzt gab es ein langes, glucksendes, komisches Geräusch. Das war das schwere Klavier, das auf seinen schwerfälligen Rollen bewegt wurde. Aber die Luft! Wenn man innehielt und darauf achtete – war die Luft immer so? Kleine leise Lüftchen spielten Haschen, oben zu den Fenstern herein und zu den Türen hinaus. Und da waren zwei winzige Sonnenflecken, einer auf dem Tintenfaß und einer auf einem silbernen Fotorahmen, die auch mitspielten. Süße kleine Flecke. Besonders der eine auf dem Tintenfaß. Er war ganz warm. Ein warmer kleiner Silberstern. Sie hätte ihn küssen mögen.

Es läutete an der Vordertür, und man hörte das Rascheln von Sadies Kattunrock auf der Treppe. Eine Männerstimme murmelte etwas, Sadie antwortete gleichmütig: »Ich weiß da nichts davon. Einen Augenblick, ich frage Mrs. Sheridan.«

»Was ist los, Sadie?« Laura kam in die Halle.

»Der Mann vom Blumenladen ist da, Miss Laura.«

Und tatsächlich. Da, in der Tür, stand ein großer flacher Korb mit Töpfen blaßroter Lilien. Nichts anderes, nur Lilien – Cannas, große blaßrote Blüten, weit aufgeblüht, strahlend, beinahe erschreckend lebendig auf leuchtend roten Stengeln.

»O-oh, Sadie!« sagte Laura, und es klang wie leichtes Stöhnen. Sie kauerte sich hin, als wollte sie sich an den flammenden Lilien erwärmen. Sie spürte sie an den Fingern, den Lippen, sie wuchsen in ihrer Brust.

»Das muß ein Versehen sein«, sagte sie schwach. »Niemand hat so viele bestellt. Sadie, gehen Sie und suchen Sie meine Mutter.«

Doch in dem Augenblick trat Mrs. Sheridan zu ihnen.

»Das ist schon in Ordnung«, sagte sie ruhig. »Ja, ich habe sie bestellt. Sind sie nicht herrlich?« Sie drückte Lauras Arm. »Ich bin gestern an dem Laden vorbeigegangen, und da habe ich sie im Schaufenster gesehen. Und da kam mir plötzlich der Gedanke, daß ich einmal im Leben genug Lilien haben möchte. Das Gartenfest ist ein guter Vorwand dafür.«

»Aber ich denke, du hast gesagt, du wolltest dich nicht einmischen«, sagte Laura. Sadie war gegangen. Der Blumenhändler war immer noch draußen an seinem Wagen. Sie legte der Mutter den Arm um den Hals und biß sie zart, ganz zart ins Ohr.

»Mein Liebling, du möchtest doch keine logische Mutter haben, wie? Hör auf damit. Da ist der Mann.«

Er brachte immer mehr Lilien, noch einen ganzen Korb.

»Stellen Sie sie bitte gleich hinter die Tür, zu beiden Seiten der Halle«, sagte Mrs. Sheridan. »Meinst du nicht auch, Laura?«

»Oh, doch, Mutter.«

Im Salon hatten es Meg, Jose und der gute kleine Hans schließlich geschafft, das Klavier umzurücken.

»Wenn wir jetzt dieses Sofa an die Wand schieben und außer den Stühlen alles rausräumen, was meint ihr?«

»In Ordnung.«

»Hans, stellen Sie die Tische ins Rauchzimmer und holen Sie einen Besen und machen Sie die Spuren da auf dem Teppich weg, und – einen Augenblick, Hans –« Jose liebte es, den Dienstboten Befehle zu erteilen, und diese gehorchten ihr gern. Sie gab ihnen immer das Gefühl, daß sie an einem Schaustück teilnähmen. »Sagen Sie meiner Mutter und Miss Laura, sie möchten sofort herkommen.«

»Sehr wohl, Miss Jose.«

Sie wandte sich zu Meg. »Ich möchte hören, wie das Klavier klingt, für den Fall, ich werde heute nachmittag aufgefordert zu singen. Versuchen wir's mit ›Das Leben ist traurig‹.«

Pom! Ta-ta-ta! Ti-ta! Das Klavier erklang so leidenschaftlich, daß sich Joses Miene veränderte. Sie faltete die Hände. Sie warf ihrer Mutter und Laura einen trauervollen und unergründlichen Blick zu, als sie hereinkamen.

Das Leben ist tra-aurig,
voll Tränen und Fle-ehn,
die Liebe verge-e-het,
das Leben ist tra-aurig,
voll Tränen und Fle-ehn,
die Liebe verge-e-het,
dann … Auf Wieder-se-ehn.

Doch bei dem Wort »Auf Wiedersehen!« – obwohl das Klavier so verzweifelt wie noch nie klang – überzog ein strahlendes, furchtbar kaltes Lächeln ihr Gesicht.

»Bin ich nicht gut bei Stimme, Mami?« strahlte sie.

Das Leben ist tra-aurig,
wenn Wünsche verwe-ehn,
ein Traum – ein Erwa-achen …

Aber da wurden sie von Sadie unterbrochen. »Was gibt's, Sadie?«

»Verzeihung, Madam, die Köchin läßt fragen, ob Sie die Fähnchen für die belegten Brote haben?«

»Die Fähnchen für die belegten Brote, Sadie?« wiederholte Mrs. Sheridan wie im Traum. Und die Kinder sahen es an ihrem Gesicht, daß sie sie nicht hatte. »Ich will mal nachsehn.« Und mit fester Stimme sagte sie zu Sadie: »Sagen Sie der Köchin, in zehn Minuten hat sie sie.«

Sadie ging hinaus.

»Laura«, sagte die Mutter schnell, »komm mit ins Rauchzimmer. Ich habe die Namen irgendwo auf die Rückseite eines Briefumschlags geschrieben. Du mußt sie für mich schreiben. Meg, du gehst sofort hinauf und nimmst das nasse Ding von deinem Kopf. Jose, mach schnell und zieh dich schleunigst fertig an. Versteht ihr mich, Kinder, oder muß ich es eurem Vater sagen, wenn er heute abend nach Hause kommt? Und – und Jose, besänftige die Köchin, wenn du in die Küche gehst, ja? Ich habe heute morgen richtig Angst vor ihr.«

Der Briefumschlag fand sich schließlich hinter der Uhr im Eßzimmer, obgleich sich Mrs. Sheridan nicht vorstellen konnte, wie er dorthin geraten war.

»Eins von euch Kindern muß ihn aus meiner Tasche stibitzt haben, ich weiß ganz genau – Schmelzkäse und Zitronenquark, hast du das?«

»Ja.«

»Ei und –« Mrs. Sheridan hielt den Umschlag von sich weg. »Das sieht wie Ochsen aus. Es können doch aber keine Ochsen sein, oder?«

»Oliven, Liebes«, sagte Laura, die ihr über die Schulter sah.

»Ja natürlich, Oliven. Klingt diese Zusammenstellung nicht schrecklich: Ei und Oliven?«

Schließlich waren die Fähnchen fertig, und Laura brachte sie in die Küche. Dort fand sie Jose dabei, die Köchin zu besänftigen, die aber durchaus nicht beängstigend aussah.

»Noch nie in meinem Leben habe ich solche delikaten Brote gesehen«, sagte Jose voller Begeisterung in der Stimme. »Wie viele Arten, sagten Sie, wären das? Fünfzehn?«

»Fünfzehn, Miss Jose.«

»Also, verehrte Köchin, ich gratuliere Ihnen.«

Die Köchin fegte mit dem langen Brotmesser ein paar Krusten beiseite und lächelte über das ganze Gesicht.

»Von Godber ist jemand da«, verkündete Sadie und stürzte aus der Vorratskammer hervor. Sie hatte den Mann am Fenster vorbeigehen sehen.

Das bedeutete, daß die Windbeutel da waren. Godbers waren für ihre Windbeutel bekannt. Keiner wäre je auf den Gedanken gekommen, welche selbst zu machen.

»Bring sie rein und leg sie auf den Tisch, Mädchen«, befahl die Köchin.

Sadie brachte sie herein und ging zurück zur Tür. Selbstverständlich waren Laura und Jose viel zu erwachsen, um sich aus solchen Sachen wirklich etwas zu machen. Dennoch mußten sie zugeben, daß die Windbeutel sehr verlokkend aussahen. Ungeheuer verlockend! Die Köchin begann, sie zu arrangieren, und schüttelte den überschüssigen Puderzucker ab.

»Wecken sie nicht die Erinnerung an alle Kinderfeste?« fragte Laura.

»Das mag schon sein«, erwiderte die praktische Jose, die Erinnerungen nicht mochte. »Sie sehn wirklich herrlich weich und federleicht aus, das muß ich schon sagen.«

»Nehmt euch jede einen, meine Lieben«, sagte die Köchin mit ihrer angenehmen Stimme. »Eure Mutter wird's nicht merken.«

Oh, unmöglich! Sich vorzustellen, Windbeutel so kurz nach dem Frühstück! Der bloße Gedanke ließ einen erschauern. Trotzdem leckten sich zwei Minuten später Jose und Laura die Finger ab mit jenem verklärten, verinnerlichten Blick, wie ihn nur Schlagsahne hervorbringen kann.

»Komm, gehn wir hinten hinaus in den Garten«, schlug Laura vor. »Ich möchte sehen, wie die Männer mit dem Zelt vorankommen. Das sind so schrecklich nette Leute.«

Aber die Hintertür wurde von der Köchin, Sadie, dem Boten von Godber und Hans versperrt.

Etwas war geschehen.

»Tuk-tuk-tuk«, gluckste die Köchin wie eine aufgeregte Henne. Sadie hielt die Hand ans Gesicht, als ob sie Zahnschmerzen hätte. Hans' Miene war verzerrt, so strengte er sich an zu verstehen. Nur der Bote von Godber schien sich gut zu unterhalten. Es war ja seine Neuigkeit.

»Was ist los? Was ist geschehn?«

»Es hat einen schrecklichen Unfall gegeben«, sagte die Köchin.

»Ein Mann ist getötet worden.«

»Ein Mann getötet! Wo? Wie? Wann?«

Doch der Bote von Godber wollte sich nicht seine Geschichte vor der Nase wegschnappen lassen.

»Sie kennen die kleinen Katen gleich hier unten, Miss?« Ob sie die kannte? Natürlich kannte sie die. »Also, da wohnt 'n junger Mann, heißt Scott, 'n Fuhrmann. Sein Pferd scheute vor 'ner Zugmaschine, heute früh an der Ecke der Hawke Street, und er wurde runtergeschleudert, auf den Hinterkopf. Tot.«

»Tot!« Laura blickte den Mann ganz starr an.

»Tot, als sie ihn aufhoben«, erzählte dieser genießerisch. »Sie haben die Leiche grade heimgebracht, als ich hierherkam.« Und er wandte sich an die Köchin: »Er hinterläßt eine Frau und fünf kleine Kinder.«

»Jose, komm hierher!« Laura erwischte ihre Schwester am Ärmel und zog sie durch die Küche hinter die grün gepolsterte Tür. Dort blieb sie stehen und lehnte sich dagegen.

»Jose«, sagte sie voller Entsetzen. »Wie können wir nur alles abblasen?«

»Alles abblasen, Laura!« rief Jose erstaunt. »Was soll das heißen?«

»Das Gartenfest abblasen natürlich.« Warum tat Jose nur so?

Doch Joses Erstaunen wuchs. »Das Gartenfest abblasen? Aber Laura, sei doch nicht albern. Selbstverständlich können wir nichts Derartiges tun. Das erwartet auch keiner. Sei bloß nicht so überspannt.«

»Aber wir können doch ganz unmöglich ein Gartenfest feiern – mit einem Toten direkt vor der Tür.«

Das war wirklich überspannt, denn die kleinen Katen standen in einer Gasse für sich am Fuße eines steilen Anstiegs, der zu ihrem Haus führte. Dazwischen verlief eine breite Straße. Stimmt, sie waren viel zu nahe. Sie boten wirklich den häßlichsten Anblick, den man sich vorstellen konnte, und sie hatten kein Recht darauf, überhaupt in der Nachbarschaft zu sein. Es waren kleine, gewöhnliche, schokoladenbraun gestrichene Behausungen. In den Gartenstreifen gab es nur Kohlstrünke, kranke Hühner und Tomatenbüchsen. Selbst der Rauch, der aus ihren Schornsteinen stieg, war armselig. Kleine zerlumpte Rauchfetzen, ganz anders als die großen silbernen Rauchfahnen, die aus den Schornsteinen der Sheridans aufstiegen. Waschfrauen wohnten in der Gasse und Straßenkehrer und ein Flickschuster und ein Mann, dessen Hausfront mit winzigen Vogelbauern übersät war. Es wimmelte von Kindern. Als die Sheridans noch klein waren, war es ihnen verboten gewesen, ihren Fuß dorthin zu setzen, wegen der anstößigen Sprache und aus Angst davor, was sie sich dort holen könnten. Doch seit sie herangewachsen waren, gingen Laura und Laurie auf ihren Streifzügen manchmal durch. Abstoßend und schmutzig war es da. Hinterher schauderte es sie. Und dennoch mußte man überallhin gehen; mußte man alles sehen. Also gingen sie durch.

»Und denk doch bloß mal, wie die Kapelle auf die arme Frau wirken muß«, sagte Laura.

»Ach, Laura!« Jose wurde nun richtig ärgerlich. »Wenn du jedesmal, wenn jemand einen Unfall hat, eine Kapelle nicht spielen lassen willst, das wäre ein mühseliges Leben. Mir tut das genauso leid wie dir. Ich habe genausoviel Mitgefühl.« Ihre Augen wurden hart. Sie sah ihre Schwester an wie zu den Zeiten, als sie noch klein waren und sich balgten. »Du kannst keinen betrunkenen Arbeiter dadurch wieder zum Leben erwecken, daß du sentimental wirst«, sagte sie leise.

»Betrunken! Wer hat denn gesagt, daß er betrunken war?« fuhr Laura auf Jose los. Und sie sagte genau das, was sie seinerzeit bei solchen Gelegenheiten zu sagen pflegte: »Ich werde das gleich Mutter sagen.«

»Tu das«, girrte Jose.

»Mutter, kann ich hereinkommen?« Laura drehte den großen gläsernen Türknauf.

»Natürlich, mein Kind. Warum, was ist denn los? Warum siehst du so aus?« Und Mrs. Sheridan wandte sich von ihrem Toilettentisch um. Sie war dabei, einen neuen Hut aufzuprobieren.

»Mutter, ein Mann ist getötet worden«, begann Laura.

»Doch nicht etwa im Garten?« unterbrach sie die Mutter.

»Nein, nein!«

»Ach, wie du mich erschreckt hast!« Mrs. Sheridan seufzte erleichtert auf, setzte den großen Hut ab und hielt ihn auf den Knien.

»Hör doch, Mutter«, sagte Laura. Atemlos, mit halb erstickter Stimme, erzählte sie der Mutter die schreckliche Geschichte. »Natürlich können wir unser Fest nicht feiern, nicht wahr?« bat sie flehentlich. »Die Kapelle und wenn alle kommen. Sie würden uns hören, Mutter; es sind doch so gut wie Nachbarn!«

Zum Erstaunen Lauras reagierte die Mutter genau wie

Jose. Das war noch schwerer zu ertragen, weil sie amüsiert zu sein schien. Sie nahm Laura einfach nicht ernst.

»Aber, mein liebes Kind, wo bleibt denn dein gesunder Menschenverstand? Wir haben doch nur zufällig davon erfahren. Wenn dort jemand ganz normal gestorben wäre – und ich kann mir einfach nicht vorstellen, wie sie in diesen engen kleinen Löchern überhaupt am Leben bleiben können –, würden wir doch trotzdem unser Fest feiern, nicht wahr?«

Laura mußte das bejahen. Dabei hatte sie aber das Gefühl, daß das ganz und gar nicht in Ordnung sei. Sie setzte sich auf das Sofa und zupfte an der Rüsche eines Kissens.

»Mutter, ist das nicht einfach furchtbar herzlos von uns?« fragte sie.

»Aber Liebling!« Mrs. Sheridan stand auf und kam zu ihr, den Hut in der Hand. Ehe Laura sie daran hindern konnte, hatte sie ihn ihr aufgesetzt. »Kind! Der Hut gehört dir. Er ist wie für dich gemacht. Er ist zu jugendlich für mich. So blendend hast du noch nie ausgesehn. Sieh dich an!« Und sie hielt ihr den Handspiegel vor.

»Aber Mutter«, begann Laura wieder. Sie konnte sich nicht ansehen, sie wandte sich ab.

Jetzt verlor Mrs. Sheridan genau wie Jose die Geduld.

»Du bist aber albern, Laura«, sagte sie kalt. »Solche Leute erwarten keine Opfer von uns. Und es zeugt nicht gerade von sehr viel Mitgefühl, allen das Vergnügen zu verderben, wie du es jetzt tust.«

»Das verstehe ich nicht«, sagte Laura, sie ging rasch aus dem Zimmer hinaus und in ihr eigenes Schlafzimmer. Das erste, was sie dort ganz zufällig erblickte, war dieses reizende Mädchen im Spiegel, mit dem schwarzen Hut, der mit goldenen Maßliebchen und einem langen schwarzen Samtband geschmückt war. Sie hätte sich nie träumen lassen, daß sie so aussehen konnte. Hat Mutter doch recht? dachte sie.

Und jetzt hoffte sie, daß Mutter recht hätte. Bin ich wirklich überspannt? Vielleicht war sie überspannt. Für einen flüchtigen Augenblick sah sie wieder die arme Frau mit den kleinen Kindern vor sich und wie der Tote ins Haus getragen wurde. Doch das alles wirkte verschwommen, unwirklich, wie ein Bild aus der Zeitung. Ich will wieder daran denken, wenn das Fest vorbei ist, beschloß sie. Und irgendwie erschien ihr das die beste Lösung …

Halb zwei war das Mittagessen vorbei. Halb drei waren sie alle gefechtsbereit. Die Musiker waren in grünen Röcken erschienen und in einer Ecke des Tennisplatzes untergebracht.

»Meine Liebe«, trällerte Kitty Maitland, »sehen sie nicht ganz und gar wie Frösche aus? Du hättest sie rund um den Teich setzen sollen und den Dirigenten in die Mitte auf ein Blatt.«

Laurie kam und rief ihnen einen Gruß zu, als er hineinging, um sich umzuziehen. Bei seinem Anblick fiel Laura wieder der Unfall ein. Sie wollte es ihm erzählen. Wenn Laurie wie die anderen dachte, dann mußte es einfach in Ordnung sein. Und sie folgte ihm in die Halle.

»Laurie!«

»Hallo!« Er war die Treppe schon halb oben, doch als er sich umdrehte und Laura erblickte, blies er die Backen auf und verdrehte die Augen. »Ehrenwort, Laura! Du siehst einfach umwerfend aus! Was für ein fabelhafter Hut!«

Laura hauchte nur: »Wirklich?«, lächelte Laurie zu und sagte es ihm nun doch nicht.

Bald darauf kamen die Leute in Scharen. Die Kapelle setzte ein, die gemieteten Kellner liefen zwischen Haus und Zelt hin und her. Wohin man sah, spazierten Paare umher, beugten sich zu den Blumen hinab, grüßten, gingen weiter über den Rasen. Sie glichen leuchtenden Vögeln, die sich auf ihrem Weg nach – ja, wohin? – für einen Nachmittag im

Garten der Sheridans niedergelassen hatten. Ach, was für ein Glück ist es doch, mit lauter glücklichen Menschen zusammenzusein, Hände zu drücken, Wangen zu streicheln, in Augen zu lächeln!

»Laura, mein Liebling, wie gut du aussiehst!«

»Wie gut dir der Hut steht!«

»Laura, du siehst direkt spanisch aus. Du hast noch nie so großartig ausgesehn!«

Und Laura, glühend, antwortete leise: »Hast du schon Tee getrunken? Möchtest du nicht ein Eis haben? Dieses Eis ist wirklich etwas ganz Besonderes.« Sie lief zu ihrem Vater und bat ihn: »Liebster Daddy, können die Musiker nicht etwas zu trinken bekommen?«

Und langsam reifte der vollkommene Nachmittag, langsam welkte er, langsam schloß er seine Blüte.

»... noch nie ein entzückenderes Gartenfest ...« – »Wirklich gelungen ...« – »Das beste ...«

Laura half ihrer Mutter, die Gäste zu verabschieden. Sie standen nebeneinander auf der Veranda, bis alles vorbei war.

»So, das hätten wir hinter uns, Gott sei Dank!« sagte Mrs. Sheridan. »Laura, ruf die andern. Wir wollen frischen Kaffee trinken. Ich bin erledigt. Ja, es war ein voller Erfolg. Aber, ach, diese Parties, diese Parties! Warum besteht ihr Kinder immer darauf, Parties zu geben?« Und sie alle setzten sich in das leere Zelt.

»Nimm ein belegtes Brot, liebster Daddy. Ich hab die Fähnchen beschrieben.«

»Danke.« Mr. Sheridan tat einen kräftigen Biß, und das Brot war verschwunden. Er nahm noch eins. »Vermutlich habt ihr nichts von dem scheußlichen Unfall gehört, der heute passiert ist?« fragte er.

»Mein Lieber«, sagte Mrs. Sheridan und hob abwehrend die Hand, »wir haben davon gehört. Er hätte uns beinahe das Fest verdorben. Laura wollte unbedingt, daß wir's verschieben.«

»Ach Mutter!« Laura wollte nicht damit aufgezogen werden.

»Es war jedenfalls eine schreckliche Sache«, sagte Mr. Sheridan. »Zudem war der Mann verheiratet. Wohnte dort unten in der Gasse, hinterläßt eine Frau und ein halbes Dutzend Kinder, heißt es.«

Eine kurze peinliche Stille trat ein. Mrs. Sheridan machte sich an ihrer Tasse zu schaffen. Es war wirklich sehr taktlos von Vater ...

Plötzlich hob sie den Blick. Da – der Tisch stand voller belegter Brote, Kuchen, Gebäck, all das war übriggeblieben und würde weggeworfen werden. Sie hatte einen ihrer glänzenden Einfälle.

»Ich weiß was«, sagte sie. »Wir machen einen Korb zurecht und schicken dem armen Geschöpf ein paar von diesen köstlichen Sachen. Auf jeden Fall wird das für die Kinder ein Hochgenuß sein. Meint ihr nicht auch? Und bestimmt werden zu ihr Nachbarn kommen und so weiter. Wie gut, daß alles fix und fertig ist. Laura!« Sie sprang auf. »Hol den großen Korb aus dem Schrank unter der Treppe.«

»Aber Mutter, glaubst du wirklich, daß das eine gute Idee ist?« fragte Laura.

Wie seltsam, wieder schien sie anders zu sein als sie alle. Reste von ihrem Fest. Würde die arme Frau das wirklich mögen?

»Natürlich! Was ist nur heute mit dir los? Noch vor ein, zwei Stunden wolltest du partout, daß wir Mitgefühl zeigen sollten.«

Nun gut! Laura holte den Korb. Er wurde gefüllt, ihre Mutter überlud ihn bald.

»Bring ihn selbst hin, mein Liebling«, sagte sie. »Lauf los, so wie du bist. Nein, warte, nimm die Feuerlilien mit. Auf Leute dieser Klasse machen Feuerlilien einen mächtigen Eindruck.«

»Die Stiele werden ihr das Spitzenkleid verderben«, sagte die praktische Jose.

Allerdings. Noch zur rechten Zeit. »Dann nur den Korb. Und, Laura!« rief die Mutter, als sie ihr aus dem Zelt folgte, »und auf keinen Fall ...«

»Was, Mutter?«

Nein, lieber nicht dem Kind solche Gedanken in den Kopf setzen! »Nichts! Geh schon.«

Es wurde gerade dämmrig, als Laura die Gartentür hinter sich schloß. Ein großer Hund lief wie ein Schemen vorbei. Die Straße schimmerte weiß, und unten im Tal lagen die kleinen Hütten tief im Schatten. Wie still es ihr vorkam nach dem Nachmittag! Da ging sie nun hinab, dorthin, wo ein toter Mann lag, und sie konnte es nicht fassen. Warum nicht? Sie blieb einen Augenblick stehen. Und es kam ihr vor, als ob Küsse, Stimmen, Löffelklirren, Gelächter, der Geruch von zertretenem Gras irgendwie in ihr wären. Da war kein Raum für etwas anderes. Komisch! Sie schaute zu dem fahlen Himmel hinauf und dachte nichts als: »Ja, es war wirklich ein überaus gelungenes Fest!«

Jetzt war die breite Straße überquert. Die Gasse begann, dunkel und verräuchert. Frauen in Umschlagtüchern und Männer mit Tweedmützen eilten vorüber. Über die Staketzäune lehnten Männer, in den Torwegen spielten Kinder. Aus den kleinen ärmlichen Katen kam ein leises Summen. In einigen war ein Lichtschein, und ein Schatten, krebsähnlich, huschte hinter dem Fenster vorbei. Laura senkte den Kopf und ging eilig weiter. Sie wünschte jetzt, daß sie einen Mantel angezogen hätte. Wie ihr Kleid schimmerte! Und der große Hut mit dem Samtband – wenn sie nur einen anderen Hut aufhätte! Waren die Blicke der Leute auf sie gerichtet? Ganz bestimmt. Es war ein Fehler, daß sie hierhergekommen war; sie wußte es schon die ganze Zeit über, daß es ein Fehler war. Sollte sie jetzt noch umkehren?

Nein, zu spät. Da war das Haus. Das mußte es sein. Ein

dunkles Menschenknäuel stand davor. Neben dem Tor saß eine uralte Frau mit einem Krückstock in einem Lehnstuhl und beobachtete, was vorging. Die Füße hatte sie auf einer Zeitung. Die Stimmen verstummten, als Laura näher kam. Die Gruppe ging auseinander. Es war, als ob man sie erwartet hätte, als ob sie gewußt hätten, daß sie hierherkäme.

Laura war entsetzlich bange. Sie warf das Samtband über ihre Schulter und fragte eine in der Nähe stehende Frau: »Wohnt hier Mrs. Scott?« Und die Frau antwortete mit einem sonderbaren Lächeln: »Ja, mein Mädchen.«

Ach, wäre sie nur fort von hier! Und wahrhaftig sagte sie: »Lieber Gott, hilf mir!«, als sie den winzigen Pfad entlangging und anklopfte. Nur fort von diesen starrenden Augen, oder in irgend etwas eingehüllt sein, und wenn es in eins dieser Umschlagtücher wäre! Ich gebe nur den Korb ab und gehe wieder, beschloß sie. Ich werde nicht einmal warten, daß er ausgepackt wird.

Dann wurde die Tür geöffnet. In der Dunkelheit war eine kleine Frau in Schwarz zu sehen.

Laura sagte: »Sind Sie Mrs. Scott?« Doch zu ihrem Entsetzen antwortete die Frau: »Kommense bitte rein, Miss«, und da stand sie nun im Flur.

»Nein«, erwiderte Laura, »ich möchte nicht hineinkommen. Ich möchte nur diesen Korb abgeben. Meine Mutter hat …«

Die kleine Frau in dem dunklen Flur schien sie nicht gehört zu haben. »Hierlang, bitte, Miss«, sagte sie mit schmeichlerischer Stimme, und Laura folgte ihr.

Sie kam in eine kleine, niedrige, armselige Küche, die von einer rauchigen Lampe erhellt wurde. Am Feuer saß eine Frau.

»Emma«, sagte das kleine Wesen, das sie hereingelassen hatte. »Em! Da is 'ne junge Dame.« Sie wandte sich zu Laura. Sie sagte bedeutungsvoll: »Ich bin ihre Schwester, Miss. Sie entschuldigense, nich wahr?«

»Aber natürlich!« erwiderte Laura. »Bitte, bitte, stören Sie sie nicht. Ich – ich möchte nur …«

Doch in dem Augenblick drehte sich die Frau am Feuer um. Ihr Gesicht, verquollen, rot, mit geschwollenen Augen und geschwollenen Lippen, sah schrecklich aus. Es schien, als ob sie nicht verstehen könnte, warum Laura da war. Was bedeutete das? Warum stand diese Fremde da in der Küche mit einem Korb? Was sollte das alles? Und das arme Gesicht verzog sich wieder zum Weinen.

»Is gut, meine Liebe«, sagte die andere. »Ich werd der jungen Dame danken.«

Und wieder begann sie: »Sie nehm's ihr nich übel, Miss, nich wahr«, und ihr Gesicht, ebenfalls geschwollen, versuchte ein schmeichlerisches Lächeln.

Laura wollte nur hinaus, fort von hier. Sie war wieder im Flur. Die Tür ging auf. Sie kam geradewegs in das Schlafzimmer, wo der Tote lag.

»Sie möchten ihn gern sehn, nich wahr?« sagte Emmas Schwester, und sie drängte sich an Laura vorbei hinüber zum Bett. »Hamse keine Angst, Mädchen« – und jetzt klang ihre Stimme liebevoll verstohlen, und liebevoll zog sie das Laken weg –, »er sieht wie gemalt aus. Man sieht gar nischt. Kommense her, meine Liebe.«

Und Laura kam.

Da lag ein junger Mann in tiefem Schlaf, er schlief so tief, so fest, daß er weit, weit weg von ihnen beiden war. Oh, so entrückt, so friedlich. Er träumte. Weckt ihn nie wieder auf. Sein Kopf war aufs Kissen gesunken, die Augen geschlossen, sie waren blind unter den geschlossenen Lidern. Er war völlig seinem Traum hingegeben. Was bedeuteten ihm schon Gartenfeste und Körbe und Spitzenkleider? Er war weit weg von all diesen Dingen. Er war wunderbar, schön. Während sie lachten und während die Kapelle spielte, war dieses Wunder in die Gasse gekommen. Glücklich … glücklich … Alles ist gut, sagte das schlafende Gesicht. Genau, wie es sein sollte. Ich bin zufrieden.

Aber trotzdem mußte man weinen, und sie konnte nicht aus dem Zimmer gehen, ohne etwas zu ihm zu sagen. Laura schluchzte laut wie ein Kind.

»Vergib den Hut«, sagte sie.

Und dieses Mal wartete sie nicht auf Ems Schwester. Sie fand den Weg zur Tür hinaus, den Pfad entlang an all den düsteren Gestalten vorbei. An der Ecke der Gasse traf sie Laurie.

Er trat aus dem Schatten hervor. »Bist du's, Laura?«

»Ja.«

»Mutter machte sich langsam Sorgen. Alles in Ordnung?«

»Ja, völlig. Ach, Laurie!« Sie nahm seinen Arm und schmiegte sich an ihn.

»Hör mal, du weinst doch nicht etwa?« fragte der Bruder.

Laura schüttelte den Kopf. Sie weinte.

Laurie legte ihr den Arm um die Schulter. »Weine nicht«, sagte er mit seiner warmen, zärtlichen Stimme. »War es schrecklich?«

»Nein«, schluchzte Laura. »Es war einfach wundervoll. Aber, Laurie –«, sie blieb stehen und sah ihren Bruder an. »Ist das Leben nicht«, stammelte sie, »ist das Leben nicht …« Doch wie das Leben war, konnte sie nicht erklären. Es machte nichts. Er verstand sie.

»Ja, nicht wahr, Liebling?« sagte Laurie.

Wolfgang Brenner

Das Feuilleton ist weg

»Das Feuilleton ist weg«, sagte Schmalenbach. »Das geht jetzt aber wirklich zu weit.«

»Welches Feuilleton?«, fragte Elke.

»Mein Kulturteil«, antwortete Schmalenbach und faltete die Zeitung zusammen. »So etwas verdirbt mir den ganzen Sonntag.«

»Lies doch was anderes! Die Wirtschaft oder den Sport. Warum liest du nie den Sportteil? Andere Männer verbringen das ganze Wochenende damit. Es hat so etwas Häusliches.«

Wie kam er dazu, statt des Feuilletons den Sportteil zu lesen? Er war doch kein Pfeifenberger.

»Zu einem echten Mann gehört einfach sein Sportteil«, behauptete Elke.

Schmalenbach ließ sich nicht provozieren. Wozu hatte er fünfzehn Semester Geisteswissenschaften studiert? Um sich von einer Realschülerin provozieren zu lassen? »Ich bestehe auf meinem Feuilleton. Von Kindesbeinen an lese ich am Wochenende das Feuilleton, und ich denke nicht daran, davon abzuweichen, nur weil du der Meinung bist, Männer müssen dumm und sportbegeistert sein.«

Elke drückte ihren Rücken durch. Das war ein sicheres Zeichen dafür, dass Schmalenbach mal wieder ins Schwarze getroffen hatte. »Dir könnte ein wenig Sport nichts schaden. Auch wenn es nur die Lektüre der Bundesligatabelle wäre. Obwohl du davon noch keinen Waschbrettbauch bekommst …«

Schmalenbach wollte nichts anderes als sein Feuilleton lesen – eine Sache, die jedem kultivierten Menschen zustand.

Warum musste er sich dafür solche Beschimpfungen anhören? »Mein Bauch ist völlig in Ordnung«, stellte er tonlos klar.

»Wenn du dich mal vergleichen würdest mit den Fotos der gut trainierten Sportler im Sportteil, würde dir auffallen, dass da eine Diskrepanz klafft, die artengeschichtlich schon gar nicht mehr zu erklären ist.«

Wenn sie so gemein war, hatte sie immer etwas zu verbergen. Deshalb blieb Schmalenbach ruhig. Ganz ruhig. »Sag schon! Wo hast du's hingeschafft?«

»Was?«

»Mein Feuilleton!!!!!!!!!!!!«, brüllte er.

Natürlich tat sie ganz ahnungslos. »Als ob mich diese blutleeren Seiten interessieren würden.«

»Ich weiß: Du liest nur die Sonderangebotsbeilagen der Supermärkte. Ich aber interessiere mich dafür, was die Menschen kulturell umtreibt. Ich bin ein kreativer, sensibler, weltoffener Mensch. Und dich interessiert nur, ob Martin Walser einen Waschbrettbauch hat und wie potent Andy Warhol war.«

»Wer ist Martin Walser?«

Und diese Frau enthielt ihm sein Feuilleton vor. War ihre Beziehung nicht ein Irrtum des Schicksals, eine soziale Mutation? »Du weißt nicht einmal, wer Martin Walser ist, willst mir aber vorschreiben, welche Zeitungsseiten ich zu lesen habe.«

Elke grinste ihn frech an. »Das war nur ein Witz. Ich wollte dich wütend machen. Du bist immer so putzig, wenn du wütend bist. Natürlich weiß ich, wer Martin Walser ist …«

»Soso. Dann nenne mir doch mal schnell zehn seiner Bücher! Mit Erscheinungsjahr!«

»Du weißt ja nicht einmal, wo das Feuilleton deiner Zeitung geblieben ist. Also spiele hier nicht den Besserwisser, Schmalenbach!«

Das genügte. Schmalenbach sprang auf und suchte die Wohnung ab. Ohne Erfolg. Sein Feuilleton war einfach nicht aufzufinden. Nirgendwo. Nicht mal auf der Toilette.

»Vielleicht hat dir dein Zeitungsverkäufer eine Zeitung angedreht, bei der das Feuilleton fehlt«, flötete Elke.

Angesichts solcher Indolenz kochte Schmalenbach vor Wut. »Wenn es auch nur einen Menschen auf dieser Welt gibt, der ansatzweise versteht, was mich umtreibt, dann ist das mein Zeitungsverkäufer«, fuhr er sie an. »Aber die Bösartigkeit deiner Reaktion auf die höfliche Frage nach dem Verbleib meines Feuilletons …«

»Von höflich kann ja wohl keine Rede sein.«

»… bestärkt mich darin zu glauben, dass du mein Feuilleton hast verschwinden lassen.«

Elke tat so, als falle sie aus allen Wolken. »Ich? Warum sollte ich das tun?«

Darauf gab es nur eine Antwort: »Weil du neidisch bist!«

»Neidisch? Ich? Auf dein Feuilleton. Auf dem Wochenmarkt sind das die Seiten, die zuerst dazu benutzt werden, die Fischabfälle einzuwickeln. Und darauf sollte ich neidisch sein …«

»Du bist neidisch, weil du es nicht ertragen kannst, dass ich in aller Ruhe mein Feuilleton studiere, mich verliere in der wunderbaren Welt der Kultur, während du nichts, aber auch rein gar nichts mit dir anzufangen weißt, sobald du deine Zehennägel lackiert hast und alle Hackfleischsonderangebote durchgegangen bist.« Das musste einfach mal gesagt werden.

Elke schwieg. Das zeigte Schmalenbach, dass er genau den richtigen Ton angeschlagen hatte: souverän, nachdrücklich, aber nicht beleidigend.

»Also zum letzten Mal: Wo ist mein Feuilleton abgeblieben?!«

Elke widmete sich wieder ihren Zehennägeln. »Vielleicht ist es mit dem Immobilienteil in den Müll gewandert.«

Jetzt kam man der Sache schon näher. »Und wieso landet der Immobilienteil im Müll? Nur weil du dir keine Eigentumswohnung leisten kannst – mit deinem kläglichen Sekretärinnengehalt?«

»Nein, weil du ihn nicht liest.«

»Und die Gefahr, dass dabei das Feuilleton mit entsorgt wird, bevor ich es gelesen habe, spielt wohl keine so große Rolle, was?«

Elke hauchte ihre frisch lackierten Zehennägel an. »Wenn ich in diesem Haushalt nur Dinge tun würde, bei denen keine Gefahr besteht, dass du sie falsch verstehst, würden wir beide verhungern oder im Dreck ersticken.«

»Aha, mein Feuilleton hat also deinen Hausfraueninstinkt gereizt?«, tobte Schmalenbach. »Was verschwindet denn auf diese Art als Nächstes: Meine Kontoauszüge? Meine Sparbücher? Oder unser Ehevertrag?«

»Ehevertrag? Wir sind doch gar nicht verheiratet.«

Typisch. Wenn es eng wurde, verlegte sie sich immer auf Haarspaltereien. Schmalenbach hatte genug von der fruchtlosen Diskussion. Er ging in die Küche und inspizierte den Mülleimer. Dort fand er wirklich den Immobilienteil. Ungelesen weggeworfen. Sein Feuilleton war nicht dabei. Er wühlte tiefer und tiefer. Unter alten Filtertüten und zusammengeknülltem Küchenrollenpapier. Und wirklich, ganz, ganz unten stieß er auf – sein Feuilleton. Sein Herz schlug höher, als er den Aufmacherartikel über die Riemenschneider-Ausstellung in Bad Bertrich entdeckte. Sofort las er sich fest – und angesichts der schönen und gewaltigen Dinge erholte sich seine Seele von der profanen Auseinandersetzung mit dieser geistlosen Person. Er atmete wieder freier – und schwor sich, die Riemenschneider-Ausstellung nicht zu verpassen, selbst wenn es ihn drei Stunden Fahrt nach Bad Bertrich kosten sollte.

»Sieh mal, was ich hier gefunden habe«, sagte Elke, als sie das Frühstücksgeschirr abräumte. »Da ist es ja, dein teures Feuilleton. Unterm Sessel lag es.«

Schmalenbach schaute nicht einmal auf. »Wahrscheinlich verwechselst du es mit den Stellenanzeigen«, sagte er mit der Kälte eines Menschen, der um die Untiefen der Existenz wusste.

»Hier steht ganz groß Feuilleton drüber«, sagte sie trotzig.

Schmalenbach drehte seinen Kopf nur ganz leicht. »Und was ist das, was ich gerade aufmerksam studiere, nachdem ich es aus deinem Mülleimer gezogen habe?«

Elke riss ihm sein Feuilleton aus der Hand. »Siehst du nicht den Tomatensoßenfleck? Wann hatten wir das letzte Mal Tomatensoße? Im Winter. Und das Datum: 14. Februar. Du vertiefst dich gerade in ein Feuilleton von vor vier Monaten.«

Schmalenbach brauchte eine Weile, bis er begriff, dass es für die Riemenschneider-Ausstellung zu spät war. Bevor er die Wohnung verließ, bat er Elke noch, beide Feuilletons zu entsorgen. Es stand sowieso immer das Gleiche drin.

Arnold Küsters

Tandoorische Nächte

Ich sah auf die Uhr. Lange konnte er nicht mehr auf sich warten lassen.

Die Rede ist von Paddy O'Brien. Er war damals Küchenbulle im Big House, also Koch. Kennengelernt habe ich Paddy auf den Tag genau vor einundzwanzig Jahren. Und ich war eine Zeit lang scharf auf ihn. Besser gesagt auf seinen durchtrainierten irischen Arsch. Eine heiße Zeit. Das ist lange her. Das Big House ist längst nicht mehr der Stolz der glorreichen britischen Streitkräfte. In Wahrheit haben die Straßen und Gebäude im *Joined Headquarter* ihre beste Zeit längst hinter sich. Das Gleiche gilt für Paddys Hintern. Mit der gleichen Geschwindigkeit, mit der er zum Star-Tester britischer Fish-'n'-Chips-Läden aufgestiegen ist, hat sein Hintern mit atemberaubender Konsequenz seinen Halt verloren. Soweit ich das anhand der ab und an in der *Daily Mail* oder im *Daily Telegraph* abgedruckten Fotos beurteilen konnte.

Gut, ich geb's zu, am Anfang gab es noch den einen oder anderen sentimentalen Moment, in dem ich mich gefragt habe, was wohl aus den drei fast eckigen Sommersprossen am Ansatz seines rechten Oberschenkels geworden ist. Aber, wie gesagt, alles lange her.

Irgendwann haben wir uns aus den Augen verloren. Wie das so ist in der Army. Eine Stationierung auf Zeit, wie überall wo die Queen ihre Truppen hinschickt.

Im Grunde war ich froh, dass es so gekommen war. Dieser kalkweiße rothaarige Ire konnte eine echte Pest sein, vor allem, wenn er genug intus hatte. Dann fühlte Paddy sich wie Shane MacGowan, der von den prolligen Folk-Punkern

The Pogues, und grölte die alten Lieder. Eine ausgeleierte Jukebox hatte deutlich mehr Stil.

Ich hätte unsere Beziehung, wenn man überhaupt von Beziehung sprechen konnte, angesichts der eigensinnigen Art, mit der Paddy mich für sich allein haben wollte, ohnehin beendet. Da kam es mir gerade recht, dass meine Einheit ein paar Dinge mit mir vorhatte, bei denen Paddy nur im Weg gewesen wäre. Kurz: O'Brien verließ schon bald die Army, und ich durchlief ein Spezialtraining, das mich befähigen sollte, unter meinem Decknamen Shiva Kruger, Aufträge zu erledigen, für die es mehr als nur Muskeln brauchte.

Ich denke, dass der Führungsstab es witzig fand, mir den Einsatznamen Shiva zu geben. Meine Mutter ist in einem Dorf an der Westküste Indiens geboren, und mein Vater war eine Zeit lang in den verschiedenen indischen Bundesstaaten stationiert. Irgendwann wurde ich geboren.

Wie auch immer, meine Hautfarbe war geradezu ideal für die Sonderaufträge. Sei es auf dem Balkan, in Afghanistan oder im Irak. Die Aufträge glichen sich bald wie ein Ei dem anderen, die Wartezeit zwischen meinen Einsätzen unterschied sich höchstens im Grad der Langweile. Die Monate hatten längst ihre Bedeutung verloren, und die Jahre trieben durch mein Leben wie der Sand auf einer staubigen Wüstenpiste. Zum Schluss wusste ich nicht mehr, in welchem Land ich gerade war, welcher Tag gerade war, und welche Ziele ich auszuschalten hatte. Für mich zählte allein der erfolgreiche Abschluss und das freie Wochenende danach.

Eines Morgens bin ich in einem Camp aufgewacht und habe die Kinder vermisst, die ich nicht hatte. Das war der Tag, an dem ich ausgestiegen bin. Von einem Moment auf den anderen. Ich war die Beste, aber sie haben es akzeptieren müssen.

Dann habe ich ein normales Leben versucht. Von neun bis fünf ins Office, ein kleines Touristenbüro direkt am

Markt in Stow, in den Cotswolds, westlich von London. Der Job war einfach, ich war wegen meiner Sprachkenntnisse bei den Kunden und Mitarbeitern beliebt. Jeden Mittwochabend mit den netten, in Wahrheit aber ein wenig einfältigen Kolleginnen zum Workout ins Fitnessstudio der Kirche, am Donnerstagabend dann Bingo, freitags ging's in das Pub um die Ecke. Mein Leben verlief auf einmal in völlig anderen und absolut geregelten Bahnen. Ich hatte mich in der Routine eingerichtet. Aber der immer gleiche Trott machte mich auf Dauer schläfrig. Ich fühlte mich wie ein Salamander auf den heißen Steinen in der Mittagshitze Nevadas.

Wenn ich ehrlich bin, war mir stocklangweilig und ich sehnte mich nach Abwechslung. Da kam der Auftrag gerade recht. Einzig Veronica, mit der ich meine Schichten geteilt habe, hat mir Glück gewünscht, als ich gekündigt habe. Ich erzählte ihr, es gehe um eine kreative Pause und um eine kleine Erbschaft. Meine Bemerkung, nicht aus der Welt zu sein und zunächst in Stow-on-the-Wold wohnen zu bleiben, hat sie mit einem tapferen Lächeln quittiert.

Keine Ahnung, wie sie ausgerechnet auf mich gekommen sind. An einem verregneten Nachmittag hatte plötzlich ein Mann in nassen Wanderklamotten vor mir am Schalter der Tourist Information gestanden und behauptet, er suche ein paar lohnenswerte Wanderrouten. Ich wusste zu dem Zeitpunkt noch nicht, dass er sich Clark Kent nannte, dass er für ein mir bis dahin völlig unbekanntes britisch-indisches Hühnerfleisch-Imperium arbeitete und dass er mein Kontaktmann für alle meine künftigen Operationen sein würde. Und ich ahnte natürlich nicht, dass ich in nicht einmal sechs Monaten Paddy O'Brien wiedersehen würde.

Hühnerfleisch-Imperium! Ausgerechnet. Natürlich hab ich ihm nicht geglaubt. Auch den »Clark Kent« nicht. Mag sein, dass der BND hinter der ganzen Sache steckte, irgendwelche chinesischen Triaden oder die russische Mafia. War mir egal. Hauptsache Abwechslung und die Kohle stimmte am Ende.

Mein erster Job war das Ding in Coverack in Cornwall. Der Fish-'n'-Chips-Laden direkt am Hafen. *Old Lifeboat House*. Nettes Lokal eigentlich. Gut besucht, guter Fisch, frisches Öl, guter Ruf.

Ich war eins a vorbereitet gewesen. In schwarzer Lederkombi und schwarzem Helm fuhr ich auf einer schwarzen Suzuki die Dorfstraße entlang. Man hat von dort einen weiten Blick auf die Bucht und die See.

Die Bazooka hatte sich anstandslos in die Fischtheke gebohrt. Noch ehe sie mit einem Feuerball aus Sprengstoff, reinem Pflanzenöl und Kabeljau das weiß getünchte Gemäuer des ehemaligen Rettungsbootschuppens in einen heißen Ofen verwandelt hatte, an dessen Wände nicht nur Fisch klebte, war ich auch schon wieder weg. Oberhalb des Dorfes habe ich das Krad samt Kombi mit einer kräftigen Haftladung pulverisiert und bin den Küstenpfad entlang Richtung Cadgwith verschwunden: Eine einigermaßen ansehnliche Mittvierzigerin mit hohen Wangenknochen, fast schwarzen Augen und mit – wie man mir allenthalben nachsagte – »irgendwie leicht indischem Einschlag«, der man ihr Alter auch auf den zweiten Blick nicht ansah.

Bei der Durchführung ist dann leider doch nicht alles glatt gegangen. Die Bazooka war vermutlich doch eine Nummer zu groß. Im Radio sagten sie später, der Hafen sei bei diesem »furchtbaren Anschlag aus heiterem Himmel« schwer in Mitleidenschaft gezogen worden. »Die Arbeit von vielen Jahren für den Erhalt dieser einmaligen historischen Anlage« sei innerhalb von Sekunden für immer zunichtegemacht worden. »Und wofür das alles, verdammt?« Diese Frage konnten weder die entsetzten Kommentatoren beantworten, noch die diversen Detective Chief Inspectors, auch nicht die trauernden Hinterbliebenen der

Kunden und des Besitzers des Ladens. Ganz zu schweigen von mir.

Meine Auftraggeber waren wenig erfreut über das angebliche Desaster, für das ich verantwortlich sein sollte. Ich hätte Weisung gehabt, schnell und effektiv zu sein. Nur dafür habe man mich eingekauft. »Unschuldige zu grillen und das halbe Dorf in die Luft zu jagen« sei mit mir nicht vereinbart worden. Was ich dazu zu sagen hätte.

Wenig. Denn auch mein ehrlicher Hinweis, nach all den Jahren etwas außer Übung zu sein und dass der Auftrag »Coverack spezial« eine etwas missglückte Fingerübung gewesen sei, konnte sie nicht überzeugen. Da ich mich aber immer noch als Profi fühlte, habe ich versichert, jede weitere Operation ohne Panne auszuführen. Ich würde einfach nur noch etwas Zeit brauchen. Immerhin habe ich doch noch mein vereinbartes Honorar bekommen.

Bei den Aufträgen, die dann in immer kürzeren Abständen folgten, bin ich vorsichtiger vorgegangen. In Penzance, Nummer 2, ging's schon besser. *The Market Place Fish Bar.* Die hohe Theke war kein wirkliches Hindernis. Ich habe lediglich meinen Colt M1911 eingesetzt, den ich von meinem Vater geerbt habe. Ganz ehrlich? Die blondierte Kurzhaarige mit den roten Wangen und ihr dicker Kollege hatte nicht wirklich eine Chance.

Von Auftrag zu Auftrag wuchs meine Sicherheit. Und immer, wenn ich die alte Pistole bei mir trug, war ich meinem Daddy besonders nahe. Mein Vater hatten die M1911 samt Schalldämpfer einem Amerikaner abgekauft, kurz nach Ende des Vietnamkrieges.

Schon bald war ich wieder in meinem alten Rhythmus: Clark hat den Umschlag mit den notwendigen Informationen deponiert, stets hinter dem Spiegel auf dem Frauenklo des *Queen's Head Inn* in Stow. Ich war immer top vorbereitet, und schwupps, mit einem leichten Druck auf den Abzug, pft, pft, bohrten sich fast wie von selbst zwei Kugeln der M1911 in den adressierten Kopf. Stets nur zwei: die erste hätte schon gereicht, die zweite zur Sicherheit.

Na ja, zwischendurch gab es immer noch mal den ein oder anderen Zwischenfall, den man sicher hätte vermeiden können, ähnlich dem in Coverack, aber mit der Zeit wurden aus den Fingerübungen wahre Meisterstücke.

Ich hätte glücklich und zufrieden sein können, wenn meine Auftraggeber das ähnlich gesehen hätten. Immer hatten sie etwas an meiner Arbeit auszusetzen. Mal war es nicht der rechte Zeitpunkt, weil noch Kunden im Laden gewesen waren, mal soll es sogar der falsche Fish-'n'-Chips-Laden zur falschen Zeit gewesen sein.

Ich habe Clark Kent darauf angesprochen, was das für Leute seien, für die ich mit vollem unternehmerischem Risiko die Drecksarbeit mache. Und warum ausschließlich Besitzer von Fish-'n'-Chips-Läden Kunden meiner M1911 waren. Aber je länger ich für die »Familie« arbeitete, wie er den Clan seines Bosses nannte, umso schweigsamer wurde er. Er blieb der Kontaktmann, von ihm bekam ich den Auftrag und die Kohle. Basta! Und immer wieder den Wink, das nächste Mal professioneller zu sein. Man habe mich »im Blick«. Beim »kleinsten Fehler« sei ich raus aus dem Geschäft. Und dass ich mir sicher vorstellen könnte, »was das bedeutet«. Dabei hat er, ganz großes Kino, in Schulterhöhe bedeutungsvoll auf seine Anzugjacke geklopft. Was für ein Angeber!

Dabei hätten im Gegenteil alle stolz auf mich sein können. Im Fernsehen haben sie sogar Sondersendungen zur Prime Time gebracht. Die Zeitungen waren voll mit meinen Geschichten. »Wie lange noch müssen Fish-'n'-Chips-Verkäufer mit dem schnellen Tod rechnen?«, hatte die *Daily Mail* ihre Artikelserie überschrieben.

Und es wurde eine nationale Debatte losgetreten über den Nährwert von Schellfisch, Kabeljau oder Scholle in Verbindung mit fettigen Chips, Salz und Essig. Im Parlament waren sich die Abgeordneten nicht länger einig, dass die Fangquoten für Seefisch auch künftig nicht festgeschrieben werden sollen. Der Premierminister hatte in diesen Tagen einen schweren Stand. Kurz: Ich hatte für jede Menge Bewegung gesorgt, aber offenbar gab es etwas, was meine Auftraggeber weiterhin unzufrieden machte. Und ich hatte nicht die geringste Ahnung, was das hätte sein können.

Auch nicht, wie gesagt, warum es ausgerechnet diese Fish-'n'-Chips-Läden sein mussten. Ich hab's aber auch nicht weiter hinterfragt. Jeder Shop gleicht doch irgendwie dem anderen: auf von Hand beschriebenen Tafeln das aktuelle Angebot an verschiedenen Fischsorten, halb aufgetaute Chips, Fett, Mehl, große Salzstreuer aus Alu, Essigflaschen, mehr oder weniger saubere Schürzen.

Alles, was ich wusste, oder besser: von Tag zu Tag mehr ahnte, war, dass meine Auftraggeber zunehmend nervöser wurden, was mich und meine Arbeit betraf. Dabei ging meine »Fehlerquote«, wollte man den ein oder anderen kleinen und nur gelegentlichen Fauxpas überhaupt so nennen, längst gegen null! Weil ich eben auf so unhandliche Dinge wie Panzerfäuste oder Granatwerfer verzichtete und stattdessen Zündhölzer oder meine bestens geölte M1911 benutzte, wenn ich für meine Auftraggeber den Finger krumm machte. Trotzdem gab es für alle Fälle Plan B. Falls ich kurzfristig aus dem Gewerbe aussteigen müsste. Diese pragmatische Sicht auf die Welt habe ich von meiner indischen Mutter, die selbstredend eine Menge mit dem Begriff Karma verband. Ein Erbe, das ich gerne trug. Wie Daddys Pistole.

Ich war vorbereitet. Schon seit geraumer Zeit hatte ich das Gefühl, dass in der Dunkelheit tausend Augen durch meine Fenster starrten. Und bevor ich in meinen alten Honda einstieg, kontrollierte ich stets zu allererst das Bodenblech.

Mein eigenes Karma ist dann vor zwei Tagen in das entscheidende Stadium getreten. Ich habe es schon am Morgen gespürt, bei meinem täglichen Sportprogramm. Kents Anruf hat mich, wie jedes Mal, trotzdem fast vom Hocker gefegt. Ich konnte mich einfach nicht an den schrillen Ton des alten Telefons in meiner kleinen Wohnung gewöhnen.

»Clark hier.«

Wie überflüssig. Niemand sonst wusste von meinem Anschluss.

»Diesmal ein Spezialauftrag.«

Waren das nicht alle anderen auch gewesen?

»Versau es nicht. Von ihm hängt alles ab. Sehr ernste Sache. Meine Bosse werden diesmal keinen Spaß verstehen. Ausreden und Erklärungen zählen nicht.«

Irgendwas in seiner Stimme war schuld, dass sich meine Nackenhaare aufstellten. Ich nickte zögernd, obwohl Clark Kent mich nicht sehen konnte.

»Shiva?«

»Ja? Sonst noch was?«

»Alles Weitere wie immer hinter dem Spiegel.«

»Was dann?«

»Was?«

»Was, wenn ich's versaue?«

Als Antwort hörte ich ein leichtes Klopfen auf Stoff.

Ich bin nach dem denkwürdigen Telefonat im *Queen's Head* den schmalen Gang über den Hof zu meinem toten Briefkasten gegangen und habe nach dem Alibi-Pinkeln den Umschlag hinter dem Spiegel hervorgezogen. Noch auf dem Hof habe ich ihn aufgerissen und nachgeschaut. Was ich sah, traf mich wie ein Blitz aus heiterem Himmel.

Ich habe mir in der Gaststube ein *Donnington Ale* zapfen lassen, um halbwegs wieder auf die Beine zu kommen. Außerdem brauchte ich Hilfe beim Nachdenken. Als der Wirt mir das Bier über den Tresen schob, hat er mich angesehen, als sei ich schwanger und sollte das *Pint* besser nicht trinken.

Ich habe lediglich mit den Schultern gezuckt und mich mit dem Bier draußen auf die Bank unter dem Kneipenschild mit dem Konterfei der streng dreinblickenden Elisabeth I. gesetzt. Ich stellte das Bier neben mich und zog den Umschlag unter meinem T-Shirt hervor. Drei Bilder, auf denen jeweils Paddy O'Brien zu sehen war. Wie gesagt, nicht mehr ganz so muskulös, wie ich ihn mal gekannt hatte, dafür älter und mit deutlich weniger Haaren als damals. Auf einem Foto stand Paddy in einem uralten Pub mit gefährlich niedriger Decke und hielt grinsend sein Bierglas hoch. Das andere zeigte ihn in einem Fish-'n'-Chip-Laden, und auf dem dritten Bild war O'Brien bei einer Signierstunde für seinen Bestseller *The Ultimate Guide to Britian's Most Famous Fish-'n'-Chips-Shops Ever.*
Ein beigelegter Zettel wies ein paar Lebensdaten Paddys auf. Dazu Datum und Ankunftszeit des Überlandbusses in Stow-on-the-Wold. Stow. Musste es ausgerechnet hier stattfinden?

Das war, wie gesagt, vor knapp achtundvierzig Stunden. Ich habe seither kein Auge zugetan; aber ich hatte einen Plan. Und meine M1911 schon zum fünften Mal hintereinander auseinandergenommen, geölt und dann wieder zusammengesetzt. Sie funktionierte wie am ersten Tag.

Nun saß ich an jenem Dienstag in Stow-on-the-Wold vor meiner Stammkneipe, dem *Queen's Head*, hoffte darauf, dass Veronica mir nicht zufällig über den Weg lief, und hatte über den Rand meines Bierglases die staubige Straße im Blick. Pünktlich tauchte der Überlandbus auf der Bildfläche auf, hielt nur wenige Meter neben dem Pub und entließ einen schwankenden Paddy O'Brien mit einer Reisetasche in der Hand. Er war so besoffen wie ein Rugbyteam nach einem Sieg über die Neuseeländer. Der Ire hatte sich wirklich nicht verändert. O'Brien setzte seine Tasche ab, winkte dem Bus hinterher und summte ein leises »for he's a jolly good fellow«, dabei schüttelte er lächelnd den Kopf. Er drehte sich um, nahm die Tasche auf und hielt mitten in der Bewegung inne. Er hatte mich entdeckt.

»Cheers.«

Ich hob mein Glas. Du armer besoffener Ire. Du wirst deinen Kopf verlieren. Zur Not schon im *Queen's Head.* In weniger als zehn Stunden wirst du ein toter Ire sein.

»Hi, Love.« O'Brien ließ nicht erkennen, ob er überrascht war, mich in Stow zu sehen.

»Paddy.« Ich nahm einen tiefen Schluck.

Er blieb unschlüssig vor mir stehen. »Geht's gut?«

»Bestens.«

»Rauchst du noch?« O'Brien suchte in seinen Jackentaschen nach seinen Kippen.

Ziemlich unsicher, der liebe Paddy, stellte ich zufrieden fest. »Nee, zu gefährlich.«

O'Brien nickte wortlos. Dabei musterte er mich mit einer Mischung aus Argwohn und Neugier. »Du hast hier zu tun?«

»Sicher.«

»Das trifft sich gut.« Paddy schien entschieden zu haben, dass ein bisschen Konversation der Situation angemessen war.

Ich nahm noch einen Schluck und musterte ihn nun meinerseits etwas eingehender. Er sah auf seltsame Weise auf einmal deutlich weniger betrunken aus als noch vor wenigen Augenblicken bei der Verabschiedung seiner neuen Freunde.

Ich beschloss, ab sofort noch wachsamer zu sein.

»Noch eins?« Er deutete auf das fast leere Glas und war schon auf den Weg in das Pub, ohne meine Antwort abzuwarten. »Ich habe heute Geburtstag.«

Warum nicht? Es würde sein letzter sein.

Ich folgte ihm und setzte mich an eines der beiden Fenster. Ich wollte ihm nicht die Eröffnung der Konversation überlassen.

»Was machst du ausgerechnet in Stow?«, fragte ich ihn. Das Pub war nur mäßig besucht. Ein paar Farmer, die an der Theke standen und sich über die verpassten Chancen bei den Pferdewetten unterhielten, ein paar eifrig in Reiseführern blätternde Japaner, für die die niedrigen Hocker wie gemacht schienen. Es bestand also keine Gefahr, dass unsere Unterhaltung allzu viel Aufmerksamkeit erregen würde.

»Das könnte ich genauso gut dich fragen«, sagte Paddy. »Komischer Zufall. Aber, was soll's. Lass uns lieber auf alte Zeiten anstoßen. Cheers, Debbie.«

»Du hast meine Frage nicht beantwortet. Willst du dich nicht setzen?« Ich hob mein Glas und schickte ein stummes »Cheers« hinterher.

O'Brien blieb stehen und sah auf mich herab. Er senkte seine Stimme. »Du wirst es nicht glauben, es geht um die Zukunft von Fish 'n' Chips.«

Ich winkte ab. O'Brien war und blieb ein Spinner. Vielleicht war die Idee, zusammen ein letztes Bier zu trinken, doch nicht so gut gewesen.

»Lass gut sein, ich weiß, dass du in dem Business eine ganz große Nummer bist. Kaum ein Buchladen, der deinen Bestseller nicht im Schaufenster hat.«

O'Brien zog nun doch einen Hocker zu sich und setzte sich. »Im Ernst.« Er sah sich nach allen Seiten um, bevor er weitersprach. »Ich bin quasi incognito hier. Deshalb auch die Nummer vorhin. Ich bin absichtlich mit dem Bus unterwegs. Reiner Eigenschutz. Niemand darf wissen, dass ich hier bin. Ich habe eine Mission zu erfüllen. Im Auftrag Ihrer Majestät.«

»Paddy, hör einfach auf mit dem Schwachsinn. Lass uns gehen.« Ich trank einen großen Schluck. »Im Auftrag Ihrer Majestät.« Ich äffte seinen Tonfall nach. »Das ausgerechnet aus dem Mund eines Iren.« Ich wollte es einfach nur noch hinter mich bringen. Paddy war immer noch ein angeberisches Arschloch.

Aber O'Brien hatte mir nicht zugehört. Nervös nuckelte er an seinem Bier und sah mir dabei unverwandt in die Augen. »Ich sollte es dir nicht sagen, aber da wir uns, ähm, schon lange kennen, denke ich, dass ich keinen Fehler mache.«

Ich verdrehte die Augen, aber auch das hielt ihn nicht davon ab, weiterzureden.

»Du hast von der Anschlagserie gehört?«

Ich schwieg.

»Getroffen hat es bisher all die Läden, die ich als die besten im Land bewertet habe.«

Ich nahm einen kleinen Schluck. Das konnte nun doch interessant werden. »Und, was hat das mit Stow zu tun?«

»Die Polizei denkt, wenn ich den Laden hier, *Greedy's* unten an der Park Street, zum derzeit weltbesten Fish-'n'-Chips-Laden küre, könnten sie damit dem Täter eine Falle stellen. Außerdem ist das indische Restaurant *Price of India* nur ein paar Schritte entfernt.«

»Was haben die Inder damit zu tun?« Ich war auf der Hut. »Täter?«

»Yep. Männlich, so um die 25. Das ist das, was sie auf Grund der Zeugenaussagen und der Profiler rausgekriegt haben. Einer dieser Typen, die den ganzen Tag im Internet unterwegs sind, für die die reale Welt nur geschaffen wurde, um einmal unter echten Bedingungen Counter-Strike spielen zu können, und dabei nur von Pizza oder Chicken Tikka Masala leben.«

»Internet? Chicken Tikka?« Ich lehnte mich zurück und genoss den nächsten Schluck. Ich wusste es, ich machte immer noch einen hervorragenden Job. Sollten sie doch so einen dicklichen Nerd suchen, der mit der Welt nicht klar kam, vor allem nicht mit Fish 'n' Chips.

»Du solltest nicht so grinsen. Die Sache ist weitaus ernster, als du vielleicht denkst. Die Regierung macht sich Sorgen.« Um seinen Worten die angemessene Bedeutung zu geben, richtete Paddy sich zu seiner vollen Größe auf, was bei einem waschechten Iren nicht unbedingt viel hieß.

Ich zuckte mit den Schultern und ließ ihn reden.

»Der Fischereiverband hat großen Einfluss.« Er machte eine Pause, bevor er weitersprach. »Das nationale Erbe ist in Gefahr. Stell dir vor«, er sprach nun wie ein Dozent zu seinen Studenten, »dieses Hühnerdingscurry hat Fish 'n' Chips vom heiligen Platz eins der britischen Essgewohnheiten verdrängt! Unsere nationale Identität geht die Themse runter, wenn wir nichts tun. Unglaublich. Es wird mittlerweile mehr von diesem mittelscharfen Zeugs gegessen als von meinem geliebten Frittierten.«

Er sah mich an, als habe er soeben verkündet, dass in nicht einmal zwei Tagen die Welt ohne Sauerstoff sein würde. Und wirklich, er hatte mich in der Tat verblüfft. Daher wehte also der Wind: Ich steckte mitten in einem erbitterten Krieg um die Bäuche der Briten! Nun konnte ich endlich einordnen, was Clark Kent mit einer seiner wenigen privaten Bemerkungen zu den Fish-'n'-Chips-»Buden« gemeint hatte: »Ausgeleierte Fritten und Schellfisch, der nach nichts schmeckt. Da kannst du die fetttriefende Pappschale ja gleich mitessen. Die ignoranten Briten würden noch ihre Hausschuhe frittieren. So ein Fraß«.

Interessant: die Hühnerbarone gegen die heilige britische Fischfangflotte, und ich machte für sie die Drecksarbeit. Das Hühnerfleisch-Imperium war also kein Phantom und Hirngespinst eines durchgeknallten Superagenten.

Der Abend würde vorerst doch etwas anders enden als ursprünglich geplant. Zumindest nicht ganz so schnell.

»Diese Tandoori-Pampe.« Paddy hatte sich mittlerweile in Rage geredet. »Völlig indiskutabel, dass selbst Harrods das Zeug liefert. Aber das passt ins Bild. Harrods ist längst nicht mehr britisch. Und dann dieses Bockshornkleepulver.« Er schüttelte sich. »Matsch von allem, gebraten, gekocht, scharf, cremig, rauchig, fruchtig, knusprig und saftig – alles auf einmal. Yummy – ich könnte kotzen.«

Er schüttelte sich, meinte dann aber: »Na ja, was soll's. Ich hol uns noch ein Bier. Auf die alten Zeiten. Und dann muss ich meine Sachen auspacken und ins Bett. Morgen Mittag ist eine Besprechung mit dem MI5 angesetzt. Gleich um die Ecke. Sie haben einen Plan. Echt coole Nummer wird das. Du wirst sehen, Debbie Collins. Du wirst sehen.« Er streckte sich. »Schön, wieder mal mit dir zu reden. Weißt du noch, wie wir es auf dem warmen Pizzaofen in der Kantine des HQ getrieben haben? Heiße Nummern waren das.« Er grinste und verschwand Richtung Theke.

Ich nickte unmerklich und erinnerte mich vage an einen dieser MI5-Typen, die abends in den Pubs im HQ abgehangen hatten, auf der Suche nach »Frischfleisch« für ihre angeblich so einsamen Nächte. Ein ungehobelter Kerl aus der Gegend von Whitby war das gewesen, der sich noch dazu für besonders unwiderstehlich gehalten hatte.

Ich sah Paddy hinterher. O'Brien hatte offenbar nicht mitbekommen, dass ich kurz davor war, sentimental zu werden, und an drei Sommersprossen dachte. Warum auch immer, ich würde mit ihm ins Bett gehen. Natürlich wegen der alten Zeiten. Und weil ich ein wenig Zärtlichkeit gut brauchen konnte. Schließlich war ich auch nur eine Frau, und dazu über vierzig. Da gab es nicht mehr allzu viele Gelegenheiten für »tandoorische Nächte« auf irgendwelchen Öfen.

Andererseits, ich hatte immer noch einen Job zu erledigen. Ich musste mich anstrengen bei dem Gedanken und unterdrückte einen Rülpser. Ich hätte das letzte Ale weglassen sollen. Verdammt, musste sich ausgerechnet jetzt mein Pflichtbewusstsein bemerkbar machen? Etwas unschlüssig rutschte ich auf meinem Hocker ein Stück vor und machte ein Hohlkreuz. Die M1911 drückte mittlerweile unangenehm gegen meinen Rücken.

Ich drehte mich ein wenig zur Seite und sah aus dem Fenster, hinüber auf die andere Straßenseite, zu der leeren kleinen Grünfläche mit den Bäumen und dem nahezu verwitterten Holzblock, in den einmal zeternde Marktweiber mit Händen und Füßen eingeschlossen worden waren. Ich musste nachdenken.

Eine Richtstätte.

Ich wandte meinen Blick ab und seufzte. Vielleicht war es das Zeichen, auf das ich gewartet hatte. Okay, damit war die Entscheidung gefallen. Schade, dass O'Brien über den weiteren Verlauf des Abends offenbar anders gedacht hatte. Einzelbett statt Ofen. Das berührte schon ein wenig meine Eitelkeit. Um ehrlich zu sein. Auf der anderen Seite, yes, zu viel Gefühl war Gift für meinen Job. Ich würde diesen Auftrag auf keinen Fall vermasseln. O'Brien würde sein Bett nicht mehr benutzen.

Ich hob mein Glas und fasste einen weiteren Entschluss. O'Brien würde mein letzter Auftrag sein. Anschließend würde ich die Kohle kassieren, mich aus dem Geschäft zurückziehen und zur Ruhe setzen. Vielleicht würde ich sogar wieder mit Veronica arbeiten. Gute Sprachkenntnisse waren immer gefragt.

Ich stand auf und stellte mich neben Paddy an die Theke; vielleicht eine Spur zu nahe.

»Ich hab's mir anders überlegt. Wir sollten auf Whiskey umsteigen. Sie haben im *Queen's Head* einen besonders guten irischen im Ausschank.«

Paddy nickte und schob mir mein Bier hin. »Okay, ein, zwei nehmen wir noch. Aber dann ist Schluss.«

Das war es dann auch. Sie haben Paddy am anderen Morgen am Fuß des alten steinernen Marktkreuzes gefunden. In seinem Kopf steckte das komplette Magazin meiner alten Pistole.

Ich denke heute manchmal mit Wehmut an die Zeit zurück. Fish 'n' Chips gibt es immer noch, den »Nerd« hat das MI5 nie zu Gesicht bekommen, die Morde an Paddy und den anderen wurden nie aufgeklärt. Ebenso wenig wie die Frage beantwortet werden konnte, warum die Anschlagserie ebenso plötzlich aufhörte, wie sie das Land in Aufruhr versetzt hatte.

Daddys Pistole habe ich übrigens in der Bucht von Cadgwith versenkt. Dorthin habe ich mich zurückgezogen und ein kleines B&B aufgemacht: *Shiva's Hillside*. Meine Gäste lieben meine *Cornish Pasties,* das reizarme Klima Cornwalls, die Musikabende mit meinen Nachbarn Paul McMinn und Brian Jenkins sowie den unvergleichlichen Blick auf die Bucht.

Wenn mich dennoch einmal die alte Unruhe und mein Karma packt, kann man mich frühmorgens, noch bevor ich das Frühstück für meine Gäste mache, mit einem alten Schlauchboot meiner Kumpels vom *Special Air Service* nahe der Bucht durch das glitzernde Meer pflügen sehen, im Wettstreit mit den Delphinen.

Laabs Kowalski

Drischbatzka

Im Sommer 1977 stand ein großes Abenteuer an. Fast die komplette Familie väterlicherseits stürmte die Flugzeuge, um vom Flughafen Düsseldorf aus gen Rumänien zu reisen, wo Onkel Heinzi in einer Stadt namens Medias endlich seine Kristina, die er drei Jahre zuvor während eines Schwarzmeerurlaubes kennengelernt hatte, heiraten wollte. Oma Zarth, ein gutes Dutzend Onkel und Tanten, der Bräutigam und sein Trauzeuge, Mispel gerufen, sowie mein Vater und ich nisteten uns zunächst in Mamaia am Schwarzen Meer in einem Hotel ein und brachen nach einer Woche, geleitet und beschirmt von der Braut, von Konstanza aus per Zug ins Landesinnere auf.

Im Hauptbahnhof von Konstanza herrschte ein großes Gewimmel. Menschen und Tiere knäuelten sich in großen Haufen.

»Hier sieht's aus wie an einem Samstagabend in deiner Kneipe, Manni!«, verkündete Wolfgang. »Nur dass es besser riecht!«

Kristina hatte alle Mühe, Onkel Mannis Hände vom Hals seines Bruders zu trennen, und ermahnte die beiden, sich ruhig zu verhalten, die rumänische Polizei verstehe keinerlei Spaß.

Sie sollte recht behalten.

Vor dem Fahrkartenschalter drängelten sich Hunderte Menschen. In etwa sieben Minuten fuhr unser Zug. Das Problem war: Der Fahrkartenschalter hatte geschlossen. Als er zwei Minuten vor Abfahrt des Zuges endlich öffnete, presste sich die Menge dem Schalter entgegen. Einem Glücklichen wurde eine einzige Karte verkauft, dann schloss der Beamte den Schalter erneut.

»Nicht gut!«, kommentierte Kristina und erklärte, dass man in Rumänien fürs Schwarzfahren zwei Jahre Gefängnis bekäme, um dort gemeinsam mit Meuchelmördern, Vatermördern, Muttermördern, Kindesmördern, Frauenmördern, Räubern, Politischen, Irren, Ziegenliebhabern und Vegetariern auf Jahre in einer Großraumzelle zu darben.

Im Tausch gegen Onkel Heinzis Armbanduhr, zwei Feinstrumpfhosen der Marke »Nur die« und fünfhundert Lei bekam sie die Fahrkarte des einen Glücklichen, dem sie verkauft worden war.

»Was sollen wir mit einer Karte?«, fragte Tante Anna.

»Na, was wohl«, belehrte sie Manni. »Die ist für Kristina. Damit sie auf freiem Fuß bleibt und uns rausboxen kann, wenn wir anderen in den Knast wandern.«

Er hatte es als Witz gemeint – ein Blick auf Kristina zeigte uns aber, er hatte ins Schwarze getroffen.

»Na, das geht ja gut los«, klagte Onkel Manni und war ganz fahl im Gesicht.

Doch wir hatten keine Zeit, in Panik zu geraten. Kristina trieb uns in den Zug.

»Scheiß Ostblock!«, schimpfte Mispel.

»Leise, verdammt!«, rief Onkel Manni. »Wenn dich einer hört! Dann sind wir 'nen Kopf kürzer, du Irrer!«

»Bei deiner Frisur vielleicht gar nicht mal schlecht«, erwiderte Mispel, und Kristina hatte alle Mühe, Mannis Hände von Mispels Kehle zu trennen. Schnaufend setzte sich der Zug in Bewegung; wir suchten nach freien Abteilen. Ich landete mit Oma Zarth, Mispel und Onkel Manni bei einem Greis, der mit seiner augenscheinlich schwachsinnigen Tochter und einem Schaf ein Abteil am vorderen Ende des Zuges in Beschlag genommen hatte. Derweil machte sich Kristina auf die Suche nach dem Schaffner, um ihn zu bestechen.

»Ich wette, der IQ vom Schaf ist höher als der von den beiden andern zusammen!«, ließ sich Mispel vernehmen und nickte dem Alten freundlich lächelnd zu.

»Foarte bine, prietenul meu!«, erwiderte der Greis und griente.

»Was sagt er?«, wollte Mispel wissen.

»Dass du endlich dein blödes Maul halten sollst!«, erwiderte Manni. »Du stößt uns noch alle ins Unglück mit deiner blöden Laberei!«

»Deja este posibil«, sagte der Greis.

Nach einer halben Stunde erschien Kristina und beruhigte uns.

»Alles in Ordnung«, erklärte sie kurz. »Wenn der Schaffner kommt, gebt ihm eure Personalausweise, dann weiß er Bescheid.«

Es sollte anders kommen. Nicht nur weil mein Vater drei Abteile weiter zum ersten Mal Glück beim Kartenspielen hatte und von seinen Mitreisenden einen Käfig mit Hühnern gewonnen hatte, worüber sich der Verlierer lautstark beim Schaffner beschwerte, sondern auch, weil in unserem Abteil plötzlich der Greis verärgert war und herumzuschreien begann, wodurch weitere Mitreisende herbeigelockt wurden.

»Wieso ist die Mumie plötzlich so wütend?«, wollte Mispel wissen. »Sind in diesem Land eigentlich alle meschugge?«

Zum Glück erschien abermals Kristina und kämpfte sich durch die Gaffer zu uns ins Abteil. Auf Rumänisch fragte sie den Alten, was los sei. Der schimpfte wild zeternd drauf los und zeigte immer wieder auf seine Tochter, auf Mispel und auf das Schaf. Als er sich ein wenig beruhigt hatte, wandte sich Kristina an Mispel.

»Er ist zu alt, um selbst noch einen Erben zu zeugen, deshalb bittet er dich und bietet dir das Schaf dafür«, erklärte sie lachend.

»Er hatte vor, ein Kind mit seiner Tochter zu machen?«, erkundigte sich Mispel verblüfft.

»Sie ist nicht seine Tochter – sie ist seine Frau«, klärte Kristina ihn auf.

»Also, Mispel, mach hinne und tu' ihm die Freude, damit hier endlich wieder Ruhe ist«, sagte Onkel Manni. »Bist ja sonst auch nicht wählerisch ...«

»Was soll das denn heißen?«, fragte Mispel böse.

»Na, die Dicke neulich, mit der du abgezogen bist. Und sag' mir jetzt nicht, das waren zwei. – Und wenn dir seine Frau nicht gefällt, nimm wenigstens das Schaf, als Zeichen deines guten Willens.«

Mispel machte Anstalten, sich auf Manni zu stürzen, als plötzlich der Schaffner erschien. Sofort begann der Alte wieder zu schimpfen und deutete während seiner Tirade erneut auf Mispel, das Schaf und das Mädchen, das seine Ehefrau war.

»Was für ein Scheißland«, fluchte Onkel Manni, »überall nur Idioten und debile Kretins!«

»Was haben Sie gesagt?«, fragte der Schaffner.

»Dass das hier ein Scheißland ist, du blöder Penner! Bis auf meine Schwägerin in spe scheint's hier nur Bekloppte zu geben. Und du, mein Freund, scheinst mir der Häuptling zu sein.«

Erst in diesem Moment merkte Onkel Manni auf. Er zuckte zusammen.

»Sie sprechen Deutsch?«, fragte er den Schaffner irritiert.

»Ja, der blöde Penner spricht Deutsch!«, entgegnete der Schaffner.

»Mich haben sie auch schon beleidigt!«, rief nun der Greis, gleichfalls auf Deutsch. »Tun Sie mir den Gefallen, Genosse, und erschießen Sie sie!«

Es gelang Kristina nicht, den in seiner Würde schwer gekränkten Schaffner zu überzeugen, Großmut walten zu lassen. Am nächsten Bahnhof stieg Polizei in den Zug und nahm Onkel Manni in Haft. Uns anderen blieb nichts anderes übrig, als ihm und den Polizisten zu folgen. Nur unter Protest ließ mein Vater den Käfig mit den Hühnern zurück.

Der Plan der Beamten, Onkel Manni dem örtlichen Polizeikommandanten zuzuführen, erwies sich als schwer durchführbar, weil dieser sich bei einem Fußballspiel in der Nachbarstadt befand. Nach langem Hin und Her stieß man Onkel Manni in ein Auto, um ihn ebenfalls dorthin zu befördern. Kristina wirkte besorgt, die anderen Frauen brachen nun in Tränen aus.

»Den sehen wir nie wieder!«, schluchzte Tante Anna.

»Alles ist nur meine Schuld!«, klagte Mispel vor sich hin. »Wär' ich doch bloß auf das Angebot von dem Alten eingegangen …«

»Wir müssen ein Auto mieten und den Polizisten folgen«, sagte Kristina. »Händigt mir eure Wertsachen aus.«

Als wir drei Stunden später das örtliche Fußballfeld in der Nachbarstadt erreichten, schluchzten Oma Zarth, Tante Anna und Tante Rita noch immer. Zornig schleuderte die Sonne ihre Strahlen zur Erde; wir waren durstig, hungrig und verzweifelt dazu. Umso verblüffter waren wir, als wir Onkel Manni im Kreise der Beamten fröhlich an einem Tisch vor einer Kneipe sitzen sahen. Er wurde vom Polizeikommandanten als Held des Tages gefeiert, hatte er doch im Spiel gegen die verhasste Nachbargemeinde das entscheidende Siegtor geschossen.

»Ehrlich, so schlechte Spieler hab' ich lange nicht gesehen!«, erklärte Onkel Manni. »Also hab' ich Milan überredet, mich aufs Spielfeld zu lassen …«

Milan, der Polizeikommandant, schlug meinem Onkel fröhlich auf den Rücken, wobei er laut »Bumm! Puorta!« in die Runde schrie. Allen fiel ein großer Stein vom Herzen.

»Wieder mal mehr Massel als Verstand gehabt!«, sagte

Kristina. »Mit euch, da macht man was mit! Und in so eine Familie will ich übermorgen einheiraten …«

Wie sich im Nachhinein herausstellte, hatte Onkel Manni aufgrund von Verständigungsproblemen versehentlich auf der gegnerischen Seite gespielt. Trotzdem – sein Eigentor in buchstäblich letzter Sekunde hatte ihm die Freundschaft des Kommandanten beschert.

Mit großem Hallo wurden wir von den Beamten zurück zum Bahnhof geleitet, wobei Milan radebrechend – an deutschen Worten kannte er nur »Abführen!« und »Erschießen!« (er hatte diese Worte während des Krieges von einem deutschen Kollegen und Waffenbruder gelernt) – die Schönheit seines Heimatlandes pries. In der Zusammenfassung lautete sein Loblied etwa so:

»Rumänien ist schön! Sein Himmel ist übersät von Myriaden funkelnder Sterne und die Luft geschwängert von den Düften der Rosen und des Hammelfetts. Sein Äther ist durchpulst vom ewigen Gezirpe der Fideln glutäugiger Recken und vom rhythmischen Klatschen der Stockhiebe auf die Rücken störrischer Esel und ungehorsamer Frauen.«

Zwei Stunden später saßen wir endlich erschöpft in einem Zug, der uns glücklich nach Medias brachte.

Am Abend vor der Hochzeit trat Ernie, der Bruder Kristinas, an Onkel Heinzi heran und klärte ihn auf, dass man nun gemeinsam aufbrechen werde, um das Fleisch für das morgige Fest zu besorgen. Auch Dubrasch, ein Freund von Ernie, und ich durften mit.

Mit einem uralten Pritschenauto, an dem der vordere linke Kotflügel fehlte, ging es hinauf in die Berge. Längst war die Sonne untergegangen, gespenstisch leuchtete im trüben Licht des einen Scheinwerfers die raue, wilde Landschaft vor uns auf. Ab und an kreuzte ein Bär die Straße oder ein Wolf, und einmal musste Ernie halten, weil ein Mann die Fahrbahn blockierte. Wie sich herausstellte, war es der Alte aus dem Zugabteil, der seine Bitte erneuerte, jemand Starkes solle mit seinem jungen Weib beisammenliegen, damit er endlich einen Erben erhalte. Dubrasch versicherte ihm, sich in der nächsten Woche darum zu kümmern, und der Alte gab den Weg frei, froh, endlich Gehör gefunden zu haben.

»Früher hatten Männer wie er nicht diese Probleme«, erzählte uns Ernie, »da gab es in den Dörfern der Berge noch das Heuhaufenfest. Alle gebärfähigen Frauen eines Dorfes steckten am Tag des Heuhaufenfestes ihre Oberkörper in einen großen Heuhaufen, nur ihre nackten Hinterteile ragten hervor. Und alle Männer des Dorfes machten sich unten herum ebenfalls frei und stellten sich hinter die Frauen. Auf diese Weise blieb in den abgelegenen Bergdörfern das Blut der Nachkommen frisch. Doch leider gab es einen Dorfvogt, dem diese Sitte zu archaisch war. Er tat nur deshalb mit den anderen mit, weil er um seine Wiederwahl zu fürchten hatte, denn wir sind ein Land, in dem man Traditionen achtet. Jahr um Jahr verging, und das Heuhaufenfest war bei Jung und Alt, insbesondere bei den Hässlichen und Idioten, über alle Maßen beliebt.«

»Und weshalb ist es dann abgeschafft worden?«, fragte Onkel Heinzi.

»Das hatte mit dem Dorfvogt zu tun. Sein Name war Kokucescu, und er hatte eine Tochter, die nun zum ersten Mal auch am Heuhaufenfest teilnehmen sollte. Wie die anderen steckte sie ihren Kopf in das Heu, und als sie spürte, dass auch sie Besuch erhielt, rief sie laut aus: ›Nun, wer da in mir ist, den kenne ich doch! – Papa, bist du's?‹«

Damit hatte sich der Dorfvogt Kokucescu zum Gespött der Leute gemacht. Er verlor die Wiederwahl, ging nach Bukarest und wurde später Minister für Kanalbau, Zauberei und Kultur. Sofort nach Amtsantritt verbot er das Heuhaufenfest. Den Verwandtenbeischlaf aber, den schaffte erst sein Nachfolger ab.«

Nun erzählte auch Dubrasch, um die lange Fahrt vergessen zu machen, in gebrochenem Deutsch eine Geschichte.

»Heinzi, hörst du mir zu! Kannte ich Mann, wo ging los, eine Drischbatzka kaufen. Stolperte er auf Weg zum Markt über Dose mit Bohnen, verstauchte sich Knöchel, humpelte in Bibliothek und las ein Buch über Knollen. Lernte er dort kennen Frau und verliebte er sich. Doch betrog ihn Frau mit Leihtraktorist mit Eiterbeule auf Stirn. Ließ sich Mann darum lang wachsen die Nägel und studierte Physik. Eines Tages an Universität er sieht Frau mit Ziege auf Arm und verfällt er in Liebe zu ihr. Heiratet er Frau und bekommt er zur Hochzeit geschenkt was? Eine Drischbatzka! Siehst du, macht Gott immer alles gut und denkt sich an alle!«

Onkel Heinzi stutzte.

»Sagt mal, wollt ihr mich eigentlich verarschen?«

Ernie und Dubrasch brachen in Gelächter aus.

»Herzlich willkommen in der Familie! Du bist jetzt einer von uns.«

Es war bereits kurz vor Mitternacht, als Ernie den Wagen anhielt.

»Alles aussteigen!«, wies er uns an.

Onkel Heinzi war irritiert, denn außer einer mit Pfählen eingezäunten Weide war weit und breit nichts zu erkennen.

Sein zukünftiger Schwager zeigte auf die einsam auf der Weide stehende Kuh, die er mit einer Taschenlampe anleuchtete, und drückte Onkel Heinzi einen Vorschlaghammer in die Hand. Diesmal, so erfuhr Onkel Heinzi, nahm man ihn nicht auf den Arm.

An die Hochzeit von Onkel Heinzi und Tante Kristina selbst kann ich mich nur mäßig erinnern. Schuld war mein erster Rausch, den ich an diesem Tag hatte. Im Gedächtnis geblieben ist mir lediglich der deutschstämmige Pfarrer, der sich ununterbrochen und sehr ungeniert im Schritt kratzte, weil Filzläuse ihn plagten, wie er freimütig zugab. Ernie zufolge hatte der Pfarrer sie sich beim Heuhaufenfest 1969 geholt.

Mick Fitzgerald

Ein irischer Sommer

In meiner frühesten Erinnerung schwimme ich, alle Babys können schwimmen. Ich war unter dem Loch im Dach unseres Hauses geboren worden, und das war für meine Eltern ein großer Gewinn, denn der Regen sorgte dafür, dass ich immer sauber und niemals durstig war. Meine Krippe war sorgfältig am Küchentisch vertäut, damit ich nachts nicht davonsegeln könnte. Ein seltsam aussehendes Objekt mit einer großen Nase starrte mich die ganze Zeit mit wachem Interesse an. Das war das Familienschwein, das auch als Hebamme und Babysitter diente. Meine Windel war seit 1798 vom Vater auf den Sohn vererbt worden und so, listig als Kopftuch getarnt, oft der Festnahme durch die britische Krone entgangen.

In einem düsteren Juli schwamm mit einem schwappenden Geräusch das Wasserhuhn der Familie in die Küche. Das Wasserhuhn verbrachte den ganzen Tag mit Schwappen und hatte zuletzt beim Osteraufstand 1916 ein Ei gelegt, das dann aber verloren. Ich war jetzt alt genug, um allein zu schwimmen, und verbrachte meine Tage mit Rückenschwimmen in der Küche, wobei ich den Regenbogen über dem Spülbecken bewunderte.

Aber an diesem Tag passierte also etwas Seltsames. Der Regen hörte auf. Mein Vater kam herein, stolperte über das Schwein und löste eine Flutwelle aus, von der meine Mutter aus dem Küchenfenster gespült wurde. »Jesus, heute ist Sommer«, rief mein Vater erregt, riss sich die Hose vom Leib und warf sie über seine Schulter nach hinten. Die Hose landete auf meiner Mutter, die gerade durch das Fenster wieder hereinkletterte. In blinder Verwirrung fiel sie durch den Regenbogen ins Spülbecken und zerbrach den Familienteller. Mein Vater drehte sich um, um ihr zu helfen, und zeigte dabei ein Loch in seiner Unterhose und einen auf seinen Arsch tätowierten St. Patrick.

Dann hob er mich hoch und warf mich aus der Küche, und ich landete in zwei Fuß hohem Schlamm neben dem Wasserhuhn, das nur vom Hals aufwärts zu sehen war.

»Hussa«, schrie mein Vater, als er kopfüber in den Schlamm tauchte, gefolgt von meiner Mutter, die auf etwas Hartem landete. Es war ein Ei mit einer Stecknadel und einer Aufschrift. »Mindestens haltbar bis zum 23. 4. 1916.« Ehe irgendwer eingreifen konnte, hatte das Wasserhuhn nach meiner Mutter gehackt, das Ei war fallengelassen worden und das Wasserhuhn saß mit der Nadel im Schnabel da. Es folgte ein dumpfer Knall, und mein Vater flog über das Dach.

Wie nicht anders zu erwarten, war der Sommer um Mitternacht vorüber, und wieder goss es in Strömen. Es war ein anstrengender Sommer gewesen. Ich versank schwimmend neben dem Spülbecken in einen erquickenden Schlaf. Am nächsten Morgen erwachte ich auf der rückwärtigen Fensterbank.

Aber das Ende des Sommers kündigte den Beginn der Unterwasser-Fußballsaison an. Ich wurde an der St.-Schlamrian-Schule, die ich besuchte, zu einem fähigen Unterwasserfußballer. Oft war ich deshalb nicht nur mit meinem Schulbuch zu sehen, sondern auch mit dem vorgeschriebenen Kopfschutzschnorchel.

Das Wasserhuhn teilte meinen Enthusiasmus, schwamm bei schlechten schiedsrichterlichen Entscheidungen immer wieder auf den Platz und versuchte, dem Unparteiischen ins Schienbein zu hacken. Es war schon oft wegen »Unterwasserfußballrowdytums« vom Platz gestellt worden.

Kein Wunder also, dass der Tag des irischen Unterwasserfußballendspiels für uns alle ein großes Erlebnis war. Egal, welche Mannschaften auch antraten, immer summte das

Haus vor Aufregung. Sogar der Schlamm zitterte erwartungsvoll. Überall waren Mannschaftswimpel angebracht. Der Regen über dem Spülbecken nahm immer die Farben des Tages an.

Es war eine Tradition am Tag des Endspiels, dass die Familie, die ein Radio hatte, dieses auf die Fensterbank stellte und dass die Nachbarn von nah und fern angeschwommen kamen, um zuzuhören. Es herrschte eine Stimmung wie zu Karneval, und meine Eltern waren die glücklichen Besitzer des Radios.

Wir Kinder schwappten mit unserem kleinen Fußball und unseren Schnorcheln im Schlamm herum, während unsere stolzen Eltern zusahen. Die jüngeren Kinder spielten in der Küche Meuterei auf der Bounty.

Inmitten von allem stapfte lustlos das Schwein herum. Bei der ganzen Aufregung hatte niemand sich die Mühe gemacht, es zu füttern, und sein Magen begehrte lauthals auf. Es wurde zusehends grantiger und griff immer wieder das Wasserhuhn an, das in den Farben von Tipperary bemalt war, und das war seltsam, da Tipperary gar nicht am Endspiel teilnahm. Derweil steigerte sich die Spannung vor dem Spiel. Die Artane Boys Band wanderte mit schwappendem Schritt im Inneren des Radios herum und spielte »I'll take you home again, Kathleen«.

Plötzlich drehte das Schwein durch und fing an, im Kreis zu schwimmen. Mit einem Sprung hatte es das Radio erwischt und verschlungen, mitsamt der Artane Boys Band, die gerade »Sweet Little Shamrock« schmetterte. Die Meuterei auf der Bounty wurde von der nun folgenden Flutwelle zerstört, während vier Kinder und ein hölzerner Papagei aus dem Fenster geschwemmt wurden.

Das Schwein sprang in den Schlamm, gefolgt von meinen Eltern und den Nachbarn. Aus seinem Magen heraus verkündete das Radio, dass die Mannschaften jetzt auf dem Spielfeld aufliefen. Mein Vater war in Tränen aufgelöst. Als das Schwein am Fuß des Fliegenschissbergs angekommen war, stimmten seine Innereien die Nationalhymne an, und das Schwein stand zackig habtacht, während meine Eltern und die Nachbarn voller Inbrunst sangen.

Die Hymne endete und 45 000 Stimmen jubelten im Schweineinneren los, als es vor seinen Verfolgern her den Fliegenschissberg hochjagte. »Ich sag dir nur eins«, brüllte mein Vater hinterher. »Gebratener Speck!«

Später stand das Schwein verloren auf dem Hügel herum, und sein Magen sendete die Sechs-Uhr-Nachrichen und den Landwirtschaftsbericht. Die neuesten Speckpreise waren nicht gut für seinen Stolz, da ein Schweinekopf jetzt zwei Euro wert war und ein Schweinearsch zwei Euro und sechs Cent.

Dunkelheit umhüllte nun das Schwein und brachte ein Gefühl von Hilflosigkeit mit sich. Das Schwein streckte alle viere von sich und erstickte dabei den Klang einer Ceilidh Band und des Zeremonienmeisters, der ein künstliches Gebiss trug. Seine müden Augen blickten immer weiter nach unten, und mit einem Gemüt, wie es nur Schweine haben, träumte es davon, sich einem Zirkus anzuschließen. Mit dem Radio im Bauch könnte es doch als Imitator auftreten.

Jeden Sonntag könnte es gälische Sportarten vorführen und dabei die Artane Boys Band, die irische Präsidentin, zwei Mannschaften, fünf Bischöfe, sechzig Geistliche, einen Souvenirverkäufer, den Halter des soeben von Dieben aufgebrochenen Wagens DXL 1026 und schließlich noch eingeschobene Kurznachrichten liefern. Als Zugabe könnte es mit einer Frauenstimme ein halbstündiges Kochprogramm bringen.

Aber in jener Nacht auf dem Gipfel vom Fliegenschissberg endete das Rundfunkprogramm mit der Nationalhymne. Das Schwein sprang im Schlaf hoch und kippte vom Hügel, was seine verheißungsvolle Karriere im Keim erstickte, denn aus seinem Inneren ertönte ein Klicken und plötzlich wurde nach nah und fern Radio Moskau ausgestrahlt. Radio Moskau brachte Joseph Stalin mit den Landwirtschaftsnachrichten. Ein Schweinekopf war einen Rubel wert, ein Schweinearsch anderthalb.

Kein Zirkus hätte ein Schwein eingestellt, das Josef Stalin imitierte, deshalb rappelte es sich müde auf und beschloss, nach Hause zu trotten und seine Strafe auf sich zu nehmen.

Ein ehemals beruhigendes Nieseln brachte keinen Trost. Sterne funkelten vorwurfsvoll und ein Spinngewebe klebte am Rüssel des Schweines und imitierte ein Labyrinth aus Rissen. Aus seiner Position über dem verdunkelten Haus sorgte der Mond für diesen Eindruck. Wie dunkel das Haus bleiben würde, ließ sich nur erraten. Vielleicht würde der unvermeidliche Tritt, mit dem das Schwein rechnete, dafür sorgen, dass es wieder auf den irischen Rundfunk umschaltete, und es würde immer dort hocken und ab und zu einen Klaps abbekommen, der es klarer einstellte. Oder, und das war das Unaussprechliche, das Wort »gebratener Speck« würde sich ins tiefste Herz vom Fliegenschissberg einschleichen. Hier hieß es entweder »stell das Schwein schärfer ein« oder »gib mal die Butter«.

Katinka Buddenkotte

Schwesterherz

Wir haben heute wieder Probe. Telefonisch. Seit über zehn Jahren sprechen meine Schwester und ich uns jeweils gegenseitig vor, was wir am Sonntagabend unserer Mutter, ebenfalls am Telefon, mitteilen wollen.

Normalerweise bestehen die Verbesserungsvorschläge der jeweils anderen eher aus Kürzungen denn aus Ausschmückungen des Wochenrapports, zum Beispiel so:

»Das mit der hohen Tierarztrechnung würde ich weglassen.«

Oder auch:

»Sag doch lieber Migräne als zwei Tage durchgesoffen.«

Als ich meiner Schwester empfehle, besser gar nicht zu erwähnen, dass sie stundenlang im Internet nach einem neuen Glitzer-Cowboyhut für das Pfingstturnier der Wimmelbündener Westernpferdfreunde e.V. gesucht hat, sagt sie: »Du hast recht, besser keine Hunde wecken.«

Ich verbessere sie: »Liebes, ich glaube, es heißt, man soll keine *schlafenden* Hunde wecken.«

Ich spüre, wie meine Schwester am anderen Ende der Leitung das Gesicht verzieht. Sie dehnt es immer gründlich, bevor sie mit ihrem Modern Dance für Mundwinkel, Nasenflügel und Augenhöhlen beginnt. Sie hat die Bewegungen selbst entwickelt und perfektioniert, eine schnelle Abfolge von Irritation, Beleidigung und Rechthaberei, die sich zusätzlich in einem kurzen Schnauben entlädt: »Pah, ich denke, es ist doch klar, dass die Hunde vorher schlafen müssen, bevor man sie wecken kann. Das muss man nicht noch extra erwähnen.«

Ich denke darüber nach und weiß, dass meine Schwester

weiß, wie ich dabei aussehe. Ärger, Verblüffung und rückwärts von zehn bis null zählen wird bei mir nur durch ein einziges Stirnrunzeln begleitet. Während meine Schwester die Pina Bausch der Mimik ist, bin ich nie über das Mutter-Kind-Turnen hinausgekommen.

»Lass das, das macht Falten«, sagt meine Schwester, aber nur, um mich vom Grübeln abzuhalten.

Sie schafft es nicht, denn ich entgegne blitzschnell: »Schätzchen, du würdest also auch sagen: Lügen haben ... Beine?«

»Weiß nicht. Hab mich sowieso immer gefragt, was das mit den kurzen Beinen überhaupt bedeuten soll?«

Ich nicht. Denn ich weiß es. Weil ich nicht nur viel rauche, sondern auch die Innenseiten der Cañuma-Zigarettenpapierpackungen lese, wo nicht nur Warnungen der europäischen Gesundheitsminister stehen, sondern auch Sprichworte erklärt werden. Also kläre ich mein Schwesterherz auf:

»Oh, das soll wohl meinen, dass man mit kurzen Beinen nicht weit kommt beziehungsweise schnell eingeholt wird, also, dass die Wahrheit eh rauskommt.«

»Aha.«

Kein anderes menschliches Wesen ist so derart begabt wie meine Schwester, wenn es darum geht, »Aha« zu sagen. Sie kann in diese kurze Buchstabenfolge eine Betonung hineinlegen, dass ich oft versucht bin, meine Schwester heimlich bei der NATO zu bewerben. In der richtigen Stimmung und auf der richtigen Seite könnte sie das Weltgeschehen vielleicht nicht immer verbessern, zumindest aber verkürzen.

Hätte meine Schwester damals im US-amerikanischen Senat gesessen, als Präsident Bush sagte: »Wir sind sicher, dass wir auf irakischem Boden Biowaffen finden werden«, hätte ein von ihr gerufenes »Aha« genügt und Georgie-Boy wäre auf der Stelle eingeknickt. Wahrscheinlich wäre er beim Anblick meiner Schwester sogar wimmernd zusammengebrochen, denn wenn sie »Aha« sagt, guckt sie dabei wie eine sehr herbe Mischung aus Miss Piggy und Condoleeza Rice.

Jetzt jedoch kehrt meine Schwester noch einmal zum Ausgangsthema zurück, sprich: zu den kurzen Beinen.

»Also, das ist doch Sportlehrer-Gewäsch«, entrüstet sie sich und ahmt täuschend echt unseren Erzfeind, Herrn Oberstudienrat Seldinger, nach: »Ach, Mädchen, mit den langen Beinen musst du doch die hundert Meter schneller laufen können. – Also, Katinka, mit den langen Haxen weiß ich nicht, warum du nicht bei der Basketball-AG bist ...«

»Schon gut, schon gut, ich weiß, was du meinst«, flehe ich um Gnade.

Erinnerungen steigen in mir hoch, wie ich durch die Turnhalle gestolpert bin, stundenlang, bis mir von irgendeinem Spielverderber ein Ball zugespielt wurde, der mich stets zu Boden riss. Ich bin überzeugt davon, dass lange Beine in Koordinationssportarten wie Basketball, Hürdenlauf oder Spazierengehen eher unpraktisch sind. Es sind einfach längere Wege, die die Befehle aus dem Gehirn benötigen, bis sie in den weit entfernten Füßen angekommen sind, so schaut's aus.

»Okay«, lenke ich das Gespräch wieder auf zu korrigierende Redensarten, »dann sollte man besser sagen: ›Lügen stolpern schnell, landen dabei unglücklich neben dem Trampolin, und alle lachen, vor allem die Sportlehrer.‹«

Meine Schwester ist empört: »Willst du damit sagen, dass ich lüge?«

»Nein, bestimmt nicht, war nur so eine Idee.«

Meine Schwester ereifert sich weiter über sportliche Sprichworte:

»Diese saublöde Hase-und-Igel-Geschichte, was soll uns das denn lehren? Dass wir alle schummeln sollen? Oder uns klonen lassen? Oder dieses elende ›Die Nase vorn haben‹. Das will man ja wohl hoffen, dass niemand die Nase hinten hat. Total bescheuert ist ja wohl auch: ›Man soll den Tag nicht vor dem Abend loben‹. Ja, geht's denn noch? Darf ich niemandem mehr einen guten Tag wünschen, oder was, oder wie?«

So habe ich die Dinge noch gar nicht betrachtet. Allerdings befürchte ich, dass niemand außer meiner Schwester die Dinge je so betrachtet. Trotzdem ist sie leider keine von den brauchbaren Autisten, mit denen man Geld machen kann. Wenn man eine Schachtel Streichhölzer vor ihr auf den Boden fallen lässt, schüttelt sie nicht wirr den Kopf und summt: »Zweiundvierzig! Zweiundvierzig noch in der Schachtel. Zweiundvierzig Hölzer«, sondern eher etwas wie: »Hast du immer noch nicht aufgehört zu rauchen?«

Jetzt allerdings redet sie sich in Rage, kein Dazwischenkommen möglich: »Und da widerspricht sich ja auch alles. ›Müßiggang ist aller Laster Anfang‹, aber dann wieder: ›Wer schläft, sündigt nicht!‹ Pah! Frühe Vögel fangen vielleicht Würmer, aber ich habe neulich diese Reportage über Eulen gesehen …«

Ich lege den Hörer zur Seite und schalte auf Lautsprecher. Wenn meine Schwester über Tierfilme spricht, kommt sie davon nicht so schnell wieder los. Einmal hat sie mir die Handlung von ›Ein Schweinchen namens Babe in der großen Stadt‹ nacherzählt. Da sie nicht der Typ ist, der Unterbrechungen duldet, legte ich den Hörer beiseite, um mich kurz meiner eigenen Realität zu widmen. Als ich wieder aus der Dusche zurückkam, waren die Viecher noch nicht mal in New York angekommen. Allerdings gab es am Schluss dieses Telefonates eine unangekündigte mündliche Prüfung, in der ich kläglich versagte, weil ich nicht wusste, wer den Hütehund synchronisiert hat. Ich wurde von meiner Schwester scharf gerügt und bekam die DVD zu Weihnachten geschenkt. Seitdem drücke ich die Lautsprechertaste, sobald meine Schwester die magischen Worte »Neulich im Fernsehen …« ausspricht. Wenn sie eine Reportage über

Eulen gesehen hat, wird dieser Aufhänger unweigerlich in einen Monolog über die letzte Folge von ›Tiere suchen ein Zuhause‹ münden.

Ich kritzele etwas auf den Zettel, der für solche Fälle neben meinem Telefon liegt, und halte ihn so hoch, dass mein Freund von seinem Zimmer aus lesen kann: *Bring mir ein Bier!* Er nickt und tut wie geheißen.

Meine Schwester plärrt: »Na ja, also, jedenfalls wollte ich dann dreißig Euro an die Bullterrier-Hilfe Nottuln spenden, wollte aber erst einmal mit denen telefonieren, um sicherzugehen, dass das Geld auch wirklich für das Spezialfutter für die Welpen verwendet wird, denn diesen einen alten, hässlichen Hund mit den komischen Augen wollte ich nun nicht auch noch mit durchziehen ...«

Ich schreibe einen weiteren Zettel an meinen Freund. *Hast du Lust, mit mir nach Paris zu fahren?* steht drauf. Er nickt begeistert und bucht einen Bustrip.

Als wir aus Paris zurückkehren, hat meine Schwester einen kleinen Schritt für die Menschheit, aber einen großen Schritt für sich selbst gewagt. Statt über Welpen redet sie über Menschen oder zumindest fast. Während ich die Skulptur des Eiffelturms auf den Fernseher drapiere, höre ich, wie sie über die von ihr entdeckte Meta-Ebene in einem Shakin'-Stevens-Video doziert.

Ein heikles Thema, da erwartet sie oft Diskussionsbeiträge von mir. Ich spurte an den Hörer und steige spontan ein: »Liebe Schwester, du glaubst also tatsächlich, dass Shakin' Stevens in dem Video von ›You drive me Crazy‹ im selben Haus herumläuft, um das Paul Young in ›Come back and stay‹ herumschleicht?«

Meine Schwester atmet aus, wahrscheinlich zum ersten Mal seit drei Tagen. »Nein«, haucht sie, »ich glaube es nicht, ich weiß es. Das Interessante ist aber doch, dass Shaky von oben nach unten durch das Haus geht, Paul aber von unten nach oben. Und was sagt uns das?«

Ich zucke mit den Schultern. Wer mit meiner Schwester aufgewachsen ist, lernt relativ jung, was rhetorische Fragen sind, nämlich ihre.

»Genau«, triumphiert meine Schwester, »während Shakin' Stevens darüber mosert, dass seine Alte ihn verrückt macht, geht es abwärts. Paul Young hingegen hat begriffen, dass es ohne seine große Liebe nicht geht, und befindet sich auf dem richtigen Weg, nach oben, ha!«

Was soll ich dazu sagen? Meine Schwester ist Lehrerin und lässt auch völlig skrupellos Abiturklausuren über den Song ›Paradise by the Dashboard Light‹ schreiben, mit Zusatzfragen wie: »Warum lieben wir alle Meat Loaf, obwohl er so fett ist?«

»So ist das also«, murmele ich und merke, dass ich langsam müde werde. Ich sehe nur eine Möglichkeit, unser Gespräch zu beenden: »Schwesterlein, um noch mal auf die andere Sache zurückzukommen: Was hältst du eigentlich von dem Sprichwort ›Blut ist dicker als Wasser‹?«

Meine Schwester zögert nicht lange: »Stimmt eindeutig, ist aber dementsprechend überflüssig. Sieht man ja schon beim Blutabnehmen.« Dann begreift sie. »Oh, also, ich meine, vielleicht sollten wir mal Schluss machen, ich habe auch noch was zu tun … und …«

»Du bist meine allerliebste Lieblingsschwester von allen, die ich habe«, zitiere ich unsere private Abschiedsformel.

»Du meine auch«, bekundet meine Schwester, dann legen wir auf.

Sekundenlang warte ich, mit dem Hörer in der Hand, dann kann ich nicht widerstehen. Ich will meinen Bruder anrufen, um ihn zu fragen, welche seiner beiden Schwestern er lieber hat. Natürlich ist die Leitung besetzt. »Wer zuerst kommt, mahlt zuerst«, denke ich – und schlafe erschöpft ein.

Steffi von Wolff

Von Booten und Männern

Meine Güte, hatte der Mann Augen! Ich war so fasziniert, dass ich gar nicht sagen konnte, welche Farbe sie hatten. Hell waren sie, hell wie die Sonne und grün wie das Meer, um es mal pathetisch auszudrücken.

Mit zitternder Hand reichte ich ihm den Cappuccino-Becher. Er erfüllte wirklich jedes Klischee eines Mannes aus der Aftershave- oder Luxus-Unterwäschen-Werbung: die ideale Körpergröße, breite Schultern, volles grau durchwirktes Haar mit silbernen Schläfen. Er trug ein dunkelgrünes Hemd und gut sitzende Jeans. Ach, was rede ich: *perfekt* sitzende Jeans über einem perfekten Hintern. Ich entdeckte *keinen* Ehering. Ich versuchte, genauer hinzuschauen, wollte feststellen, ob sich eine Druckstelle oder ein weißer Streifen am Ringfinger befand, was darauf hindeutete, dass kurz vorher noch der sichtbare Beweis einer Bindung fürs Leben getragen wurde. Manche Männer machen das ja.

Da war aber nichts. Dafür fiel mir auf, dass er schöne Hände hatte. Und wahnsinnig erotische Unterarme. Braun. Muskulös. Behaart, nicht dicht, aber genau richtig.

»Hallo?«

Ich schreckte hoch. Schaute ihm krampfhaft wieder in die grünen Augen.

»Entschuldigung«, hörte ich mich sagen. »Äh, Sie wollten noch etwas?«

»Ja. Ich brauche noch ein paar Sachen fürs Boot.«

Fürs Boot. Prima. Genau meine Baustelle.

Ich hatte nicht lange nachgedacht, als Bettina mich anrief und fragte, ob ich in ihrem Hafenkiosk aushelfen kann. Ihr Mann war von einer Wespe gestochen worden, unglücklicherweise in die Zunge, und die war jetzt total angeschwollen. Die Kunden dachten, Hannes sei Inder oder besoffen, weil er nur lallen konnte und auf Fragen wie: »Kann ich für morgen Brötchen vorbestellen?« mit »Jallakallabsilla« antwortete und dabei verzweifelt herumgestikulierte. Ein unhaltbarer und auch nicht ganz ungefährlicher Zustand. Hannes musste sich in ärztliche Behandlung begeben und Bettina traute sich den Kioskbetrieb nicht alleine zu. Weil ich eine gute Freundin bin, habe ich spontan zugesagt.

Also stand ich hier am schönen Hafen in Laboe, in dem kleinen, pittoresken Ostseestädtchen auf der Sonnenseite der Kieler Förde, in dem Segel- und Motorjachten an den Stegen lagen, Möwen flogen und Touristen herumliefen, in Bettinas Hafenkiosk und nahm Bestellungen für belegte Brötchen entgegen, sortierte Zeitschriften, verkaufte Schokoriegel und Eis an die Eltern kreischender Kinder, schäumte Milch für Cappuccino in einer modernen, vollautomatischen Kaffeemaschine, die ich hasste, weil ständig irgendwas nicht funktionierte, und versuchte, eine gute Kioskmitarbeiterin zu sein.

Es war viel los an diesem Junitag. Nach anfänglichem Zögern war nun der Sommer mit voller Wucht angekommen und die Touristen verließen ihre Hotelzimmer und Ferienwohnungen, als würde es nur *diesen einen* schönen Tag im Jahr geben. Boote kamen an, die Crews waren hungrig und alle wollten Bockwürste, ständig musste ich irgendwelche Fragen beantworten (»Wo ist der Supermarkt?«, »Wo sind Klos?«, »Wo ist der Hafenmeister?«), aber ich murrte nicht, denn es war ja für einen guten Zweck.

Und dann stand er plötzlich vor mir, dieser Mann ohne Ehering, dieser Mann in den perfekt sitzenden Jeans, und brauchte noch was für sein Boot. In einem kleinen Extraraum unseres kleinen Kiosks konnte man nämlich auch Kleinkram für Boote erstehen. Also Klebeband, Segelmachergarn, Segelmachernadeln, Leinen, Gaskartuschen, Batterien, Motoröl und auch so Dinge, deren Namen ich vorher noch nie gehört hatte, zum Beispiel Schäkel, Schmelzsicherung, Splinte und Winschkurbeln. Bettina hatte mir Gott sei Dank die wichtigsten Begriffe mitsamt ihren Erklärungen auf einen Block geschrieben. Ein Schäkel zum Beispiel ist eine metallische Schraubverbindung für das Rigg eines Bootes, das Rigg nennt man Mast, Wanten und Stage, und die wiederum sind Stützdrähte, die den Mast halten, und so weiter und so fort. Auf dem Block stand sehr viel und vor mir stand der Mann, der was für das Boot brauchte. Ich seufzte. Irgendwie war das hier alles nicht meine Welt.

»Gern.« Ich lächelte den Mann nun verbindlich an. »Kommen Sie doch mit nach hinten.«

Ich ging an ihm vorbei und er roch nach Seeluft und einem Mann mit silbernen Schläfen und erotischen Unterarmen. Möglicherweise hatte ich einmal im Leben Glück und er würde mich, sobald wir im hinteren Raum angekommen waren, einfach schnappen, meinen Oberkörper nach hinten in seinen Arm biegen, wie damals Rhett Butler Scarlett O'Hara, und flüstern, dass ich die Frau seines Lebens sei, und würde mich auf seinen starken Armen aus dem Kiosk tragen. Oder er würde mich gleich hier, zwischen bruchfesten Tellern und Klebeband, verführen und dabei würde ein Farbeimer umkippen. Er, der Mann im grünen Hemd, würde einen Pinsel aus dem Regal nehmen und mit der Farbe ein Herz auf den Boden malen, dann vor mir knien und mich fragen, ob ich den Rest meines …

»Ich brauche einen Impeller für einen Yanmar 9 GM 20.«

Ich stand wieder auf dem Boden der Tatsachen.

»Einen Impeller?«

»Ja. Und haben Sie Dyneema-Kern? Wenn nicht, nehme ich eben bemanteltes Dyneema und melke die Seele raus.«

Ich musste gar nicht erst auf meinen Block schauen, um zu wissen, dass diese Begriffe nicht draufstanden. Trotzdem – dem Himmel sei Dank, vielleicht war es Fügung! –

wusste ich, was der im grünen Hemd meinte. *Der im grünen Hemd …* das hörte sich wahnsinnig romantisch an. Irgendwie indianisch.

Also: Er brauchte ein Schaufelrad aus Gummi für die Kühlwasserpumpe eines bestimmten Bootsmotors der Marke *Yanmar.* Eine gute Marke, sozusagen unkaputtbar, wie man in Fachkreisen behauptete. Und Dyneema-Kern war der innere tragende Teil einer wenig dehnbaren Leine. Wenn es das nicht gibt, melkt man es sich quasi raus aus einer Leine, wo es halt drinsteckt. Ist so ein geläufiger Begriff unter Leuten, die mit Booten zu tun haben.

Warum ich das wusste? An einem meiner einsamen Abende, an denen Horst mal wieder in seinem blöden Hobbyraum saß, hatte ich vor dem Fernseher gehockt, mir eine Flasche Weißwein reingezwirbelt und schwachsinnige Dokus angeschaut. In diesem Fall eine Doku über Segler. Und aus irgendeinem Grund hatte ich mir diese idiotischen Begriffe gemerkt. Und noch mehr.

Mit traumwandlerischer Sicherheit ging ich zu den entsprechenden Regalen und holte die gewünschten Artikel. Ich legte sie vor den im grünen Hemd und strahlte ihn an.

Mir fiel noch etwas ein.

»Wie dick soll der Dyneema-Kern denn sein?«, fragte ich hoffentlich sehr professionell, und plötzlich spulte sich die ganze Doku vor meinem inneren Auge noch einmal ab. »Genügen acht Millimeter?«, fragte ich meinen Traummann.

Er blickte mich fast etwas bewundernd an.

»Acht Millimeter – das ist genau die Stärke, die ich brauche. Ich habe eine Sunbeam 26.«

Zack, da hatten mich meine Kenntnisse dann auch schon wieder verlassen. Ich wusste nicht im Geringsten, was eine *Sunbeam 26* war. Ein Kreuzfahrtschiff? Ein Papierboot? Eine Motorjacht, auf der sich botoxgeformte Blondinen mit Bekleidungsphobien herumwälzten, Cocktails tranken und kreischend in die Wellen sprangen, während der im grünen Hemd seine Dichtung in den Yanmar-Motor einbaute und dann mit Öl im Gesicht bei den Weibern auftauchte und »Wer von euch will denn eingeölt werden?« fragte?

Aber ich bewahrte die Ruhe. »Wow! Ein tolles Boot!«

»Ja.« Er holte sein Portemonnaie raus. »Sie kennen sich ja echt gut aus. Hut ab.«

»Ach«, sagte ich. »Ich bin hier nur die Aushilfe. Immer vormittags. Der Mann meiner Freundin ist momentan wegen eines Insekts außer Gefecht gesetzt.« Was redete ich denn da?

Nun schaute der im grünen Hemd auch etwas verwirrt. »Aha. Was bekommen Sie denn?«

Nein. Er durfte noch nicht gehen. Rede weiter, du dumme Kuh.

»Nachmittags habe ich Zeit«, beeilte ich mich zu sagen. »Ab 14 Uhr.« O mein Gott, war ich *wahnsinnig*? Wie konnte ich mich nur so *anbiedern*? Seit der Sache mit Horst war ich irgendwie nicht mehr ganz zurechnungsfähig.

Der im grünen Hemd mochte mit Sicherheit genau solche Frauen überhaupt nicht. Allerdings sah er mich sehr freundlich an, während ich den Betrag zusammenrechnete.

»Das heißt, Sie hätten heute ab zwei Zeit?«

»Ja.« Meine Stimme war keine Stimme mehr, sondern nur noch ein dünnes Band aneinandergereihter Worte, die sich mühsam den Weg aus meinem Mund bahnten.

»Und hätten Sie Lust zu segeln?«

»Ja«, krächzte ich, obwohl ich das gar nicht wusste, denn ich hatte Boote, egal welche, bislang nur von Stegen oder vom Fernsehsessel aus gesehen. Mühsam formulierte ich dann: »25 Euro und 80 Cent.«

»Ich zahle mit Karte.« Er reichte sie mir und ich sah mit verhangenem Blick, dass er Fridolin Freiherr von Friedewald hieß.

Himmel. Himmel. Himmel.

»Wie lange segeln Sie denn schon?« Und ab jetzt begann ich, mich ins Verderben zu reden.

»Oh, schon seit Ewigkeiten. Mein Vater hatte immer Segelboote, und so musste ich ständig mit. Deswegen kann ich es richtig gut.«

Mein Vater war Lehrer und konnte nicht schwimmen.

»Prima.« Er schaute mich bewundernd an. »Das ist großartig. Segeln ist doch total klasse, oder? Dieses Gefühl von Weite und Freiheit, die Geschwindigkeit …« Er kam sofort ins Schwärmen. »Wenn es nach mir ginge, würde ich auf einem Boot wohnen!«

»Das kann ich gut verstehen. Ich auch«, sagte ich dünn.

Er strahlte.

Ich ging zur Kasse und merkte, wie ich schwitzte. Der Freiherr im grünen Hemd folgte mir erneut. Nachdem der Bezahlvorgang abgeschlossen war, sagte er: »Dann kommen Sie doch heute Nachmittag einfach mit. Ich fahre raus bei dem Wetter! Und für Sie ist es doch bestimmt schön, wenn Sie so gern segeln! Bei der super Sonne und dem klasse Wind! Ich würde mich wirklich freuen! Ich kenne nicht viele Frauen, die segeln und sich auch noch so hammermäßig gut auskennen mit den technischen Dingen und dem Zubehör! Die meisten meiner Segelbekanntschaften sind Männer. Aber das muss ja nicht so bleiben.« Er strahlte mich an, seine Augen blitzten und er schien sich wirklich zu freuen. Ja, er mochte mich.

»Meine letzte Beziehung ist daran gescheitert, dass ich so gern segle. Leider war ich damit allein.«

Nun sah er ein wenig traurig aus und ich hätte ihn sehr gern in den Arm genommen.

»Oh«, hauchte ich. »Das tut mir sehr leid. Aber ich …« Ich stockte. Jetzt wäre die Gelegenheit da gewesen zu sagen: *Natürlich* würde ich wahnsinnig gern mitkommen. Aber leider kenne ich mich überhaupt nicht aus. Das war vorhin nur ein Zufall. Wenn Sie mich aber trotzdem mitnehmen wollen, freue ich mich. Aber ich sagte es nicht, sondern: »Ich komme supergern mit.«

Fridolin Freiherr von Friedewald erklärte mir, wo ich um kurz nach zwei hinkommen sollte.

Dann lächelte er mich an, nickte mir zu, nahm seinen Kram und ging davon. Ich schaute ihm nach und wusste nicht, was ich tun sollte.

Dann sah ich auf meine Armbanduhr. Es war 11 Uhr. Noch drei Stunden, dann würde ich den im grünen Hemd wiedersehen. Und mit Sicherheit zum letzten Mal, denn mit so einem Vollhonk wie mir würde er ganz sicher nicht mehr auf ein Boot wollen. Andererseits – vielleicht war ich ja ein Naturtalent und wusste es nur noch nicht. So was soll es ja durchaus geben.

»Du willst segeln?«, hatte mich Bettina verwirrt gefragt, als sie mich im Kiosk ablöste. »Wieso *das* denn? Du und Wasser? Erinnere dich mal bitte daran, als wir bei unserer Tretboottour dauernd andere Boot touchiert haben und fast gekentert sind. Du bist eine Grobmotorikerin, was das angeht.«

»Menschen können sich ändern!« Ich hatte Bettina empört stehen gelassen und wartete nun pünktlich am vereinbarten Steg.

Fridolin freute sich. »Wir sagen doch du, oder?«

»Klar sagen wir du.« Diese Augen. Dieser Mann. Er war ganz allein mit seiner Leidenschaft, und die Frau hatte sich aus dem Staub gemacht. Bestimmt saß er oft einsam auf dem Boot, starrte in die Sonnenuntergänge und trauerte seiner verlorenen Liebe nach.

Das musste sich einfach ändern.

Das Einzige, was mich wirklich störte an ihm, war sein Name. Fridolin hießen meiner Meinung nach in die Jahre gekommene Stoffgiraffen, denen schon ein Ohr fehlte oder denen bösartige Kinder den Hals verknotet hatten.

»Fridolin ist ein schrecklicher Name, deswegen nennen mich alle Frido«, sagte er in dem Moment. Na, das klang ja schon ein klein wenig besser, wenn auch nicht optimal.

»Ich bin Geli«, sagte ich und mein Herz klopfte. Frido und Geli. Angelica Freifrau von Friedewald. Gab es etwas Schöneres? Nein, noch nicht mal Zartbittertrüffel waren besser.

Ich freute mich auf den Nachmittag.

Wie sollte ich nur auf dieses Boot kommen? Der Bug, also die vordere Spitze, ragte zum Steg hin. Das heißt, ich musste vom Steg aus auf diese komische Spitze klettern, mich dann an dem sehr niedrigen Bugkorb festhalten und dann versuchen, um dieses Ding herumzukommen, um das ein Segel gerollt war. Vom Schwanken des Schiffes mal ganz zu schweigen.

»Ich habe mich letztens am Fuß verletzt«, rief ich in Fridos Richtung, damit der nicht zu Recht dachte, ich sei ein Bewegungslegastheniker. »Das ist ein bisschen blöd, ich kann den Fuß nicht so belasten. Könntest du mir helfen?«

»Klar.« Schon tauchte Fridos strahlendes Gesicht vor mir auf. »Gib mir deine Hand.«

Er zog mich auf das Schiff und ich rief dauernd »Au, au«, weil ich ja am Fuß verletzt war. Aber ich wollte nur sehr ungern seine Hand loslassen.

Das Schiff war nicht besonders groß. Es gab ein Cockpit mit einer Pinne und Sitzgelegenheiten, unten eine kleine Küchenzeile mit einem zweiflammigen Spirituskocher, ein Sofa, einen Tisch und vorn eine Koje, in der zwei dünne oder sich besonders zugetane Leute schlafen konnten. »Heute ist ein perfekter Tag zum Segeln.« Frido lächelte mir zu. »Dann wollen wir mal!«, rief er. »Machst du die Leinen los?«

Mir fiel glücklicherweise ein, dass ich mich auch kürzlich an der Hand verletzt hatte. Also machte er die Leinen los.

Frido war sehr verständnisvoll. Er sagte, er rechne es mir hoch an, dass ich trotz meiner Verletzungen mitkomme. Ich sei ganz schön hart im Nehmen.

»Mehr Backbord, mehr Backbord!« Frido rief das nun schon zum fünften Mal. Er selbst stand am Großsegel und fummelte daran herum.

Ich saß an der Pinne. Mit einer Pinne ist das so eine Sache: Zieht man nach rechts, fährt das Boot nach links und umgekehrt. In meiner Panik verwechselte ich das alles.

Wir waren seit zwei Stunden unterwegs. Das Wetter war herrlich! So wie man sich das wünscht: Sonne, perfekter Wind, glattes Wasser, gute Sicht. Nur mit dem Segeln stand ich auf Kriegsfuß. Glücklicherweise hatte ich ja den schlimm verletzten Fuß und die unerträglich schmerzenden Hände, weswegen ich die Pinne nicht gut bedienen konnte. Es war nur eine Frage der Zeit, bis die Beschwerden auf ihrem Höhepunkt und damit im Gehirn angekommen sein würden. Dann würde ich außerstande sein, überhaupt noch etwas zu tun. Au, au, au, hieß mein Zauberwort.

Aber Frido verstand das. Er war sehr fürsorglich und sagte, wenn es schlimmer werden würde, könnten wir nachher zu seinem Bruder gehen, der sei nämlich Arzt und habe seine Praxis im Ortskern von Laboe. Frido war bestimmt einer von denen, die einem die Hand hielten und gut zuredeten, während man Gliedmaßen amputiert bekam. Ach, er war einfach ein *toller* Mann. Ich konnte mich so wahnsinnig gut mit ihm unterhalten. Er war sowieso der erste Mann seit Langem, mit dem ich mich unterhielt, außer mit Bettinas Mann und den Kioskkunden. Aber das zählte ja nicht. Während das Boot nun etwas ruhiger vor sich hinsegelte, saßen wir nebeneinander und erzählten.

»Wie war das denn mit dieser Beziehung?«, fragte ich vorsichtig. Natürlich wollte ich wissen, was ich alles besser machen konnte und musste. Frido war so ganz anders als Horst.

Von Horst hatte ich mich vor Kurzem nach zwei Jahren Zusammenleben getrennt. Horst hieß natürlich gar nicht Horst, er hatte sich nur verhalten wie einer. Er hieß Attila, was die Sache auch nicht wirklich besser machte. Attila war Biologe. Attila war Stubenhocker. Und jetzt kommt das Schlimmste: Attilas Hobby war Puzzeln. Er liebte Puzzles, die mindestens 10 000 Teile hatten und wollte, dass wir unseren nächsten Urlaub in einer Art Puzzle-Lager verbrachten, um mit anderen Puzzlern zu puzzeln. Als er beim Sex dann auch noch über sein neues Puzzle sprach (Lemminge, die gerade mit schreckgeweiteten Augen von einem hohen Felsen ins Meer sprangen), hatte ich die Nase voll. Und jetzt war ich froh. Ohne Horst-Attila ging es mir wirklich besser.

Frido puzzelte natürlich *nicht.* Er saß da und erzählte mir von der Beziehung, die in die Brüche gegangen war.

»Es fing schleichend an. Erst hieß es: ›Klar komm ich mit segeln. Das ist super, das macht Spaß, ich kann das gut.‹« Er schüttelte resigniert den Kopf. »Aber dann, kaum auf dem Boot, ging es los: ›Ich kann das nicht, es wackelt, ich hab mir wehgetan.‹« Resigniert schaute er mich an. »Ich mag Menschen nicht, die lügen und so tun, als würden sie irgendwas gut finden, nur um einem zu gefallen.«

»Nein, das ist schrecklich«, sagte ich verzweifelt.

Frido erzählte mir, dass er außer Segeln auch noch Freeclimbing machte.

»Abends werden an der Felswand Zelte zum Übernachten aufgehängt. Die Halterungen schlägt man in den Stein! Dann hat man einen wunderbaren Blick über das Gebirge, isst Ravioli direkt aus der Dose und hängt teilweise über hundert Meter hoch. Bei Wind schaukelt das Hängezelt natürlich. Das ist irre!«

Das war ja genau das Richtige für mich mit meiner Höhenangst.

»Super«, sagte ich. »Also wenn du mich da mal mitnehmen würdest – ich fände das oberklasse!« Beim Gedanken an ein freihängendes Zelt krampfte sich mein kompletter Körper zu einem Klumpen zusammen. Keine Ahnung, wie ich aus der Nummer jemals wieder rauskommen sollte.

Nun nahm Frido meine Hand und sah mir tief in die Augen. »Du bist eine tolle Frau. Quatsch, eine *Hammerfrau!* Echt, Geli, *der Hammer!* Frauen wie dich gibt's selten! Die darf man nicht mehr gehen lassen!«

»Ach ...« Ich zuckte mit den Schultern und versuchte, die Kurve zu kriegen. »Ich hab auch meine Fehler.«

»Ha! Die hat ja wohl jeder. Aber du liebst Segeln, bist trotz verletztem Fuß und der schlimmen Hand mitgekommen und willst auch Freeclimben. Was Besseres kann mir doch kaum passieren.« Sein Gesicht kam näher. »Ich will dich gern öfter sehen«, sagte er leise und mein Herz zersprang fast, als ich in diese wunderschönen Augen sah! Ich musste wirklich aufpassen, dass ich ihn nicht fragte, ob er mich auf der Stelle heiraten würde. Die Gewissheit, dass niemand mit mir puzzeln wollte, veranlasste mich zu wahren Höhenflügen. Dass jemand zu mir sagte, ich sei klasse. Wahnsinn.

»Das mit dem Fuß und der Hand macht mir aber wirklich Sorgen«, erklärte Frido und holte sein Handy raus. »Ich ruf doch mal meinen Bruder an. Der kann dich bestimmt in seiner Sprechstunde noch dazwischenschieben.« Er hielt das Handy schon ans Ohr.

»Das ist nicht ...«, wollte ich erwidern, aber der Bruder war schon dran.

»Kein Problem. Wir können nachher zu ihm in die Praxis kommen.«

Na gut. Von mir aus. Ich war ja gut im etwas vormachen.

Ich lehnte mich zurück und genoss jetzt erst mal den Tag. Diesen perfekten Tag, der vielleicht ein Neuanfang war.

»Erzähl doch noch mehr von dir«, bat mich Frido dann. »Ich will alles von dir wissen.«

Und wir redeten und redeten. Ich erzählte ihm von dem

kleinen Kaff bei Hannover, in dem ich aufgewachsen war, und Frido kannte Supphausen sogar! Er hatte mit einem Freund dort mal eine Reifenpanne gehabt! Oh, wir verstanden uns gut. Wir mochten auch beide keinen Fenchel und ich wertete das als gutes Zeichen.

Was für ein Tag mit Bilderbuchwetter und einem Mann an meiner Seite, der mich umarmte und mir permanent Komplimente machte. Ich lehnte mich zurück und beschloss, Frido nur häppchenweise mit der Wahrheit zu versorgen und mich dann natürlich zu entschuldigen. Wenn unsere Beziehung erst mal gefestigt war, sollte das kein Problem mehr sein. Dass Frido bis über beide Ohren in mich verknallt war, konnte ja ein Blinder mit Krückstock sehen.

Hinter meinen geschlossenen Augen malte ich mir unsere gemeinsame Zukunft in schillernden Farben. Ich sah uns gemeinsam kochen, Wein trinken, ich sah mich nach Laboe ziehen, als freiberufliche Layouterin konnte ich ja überall arbeiten, ich sah uns beide vor dem Altar, ich in einem Kleid, das zur Schnappatmung führte. Oh, ich sah so viel.

»Ich bin heute Abend mit ein paar Freunden zum Essen verabredet«, sagte Frido. »Willst du vielleicht auch kommen?«

Er wollte mich seinen Leuten also schon vorstellen!

»Natürlich. Sehr gern!« Während wir langsam Richtung Hafen zurückfuhren, war ich Gott dankbar für diesen herrlichen Zufall.

»Wenn du willst, kannst du auch bei mir übernachten«, erklärte mir Frido, während er die Leinen klarmachte.

Na, der ging aber ran – aber warum auch nicht? Wieso unnütze Zeit mit Geplänkel verlieren! Wir waren schließlich keine zwanzig mehr, sondern beide Anfang dreißig. Da musste man nicht mehr um den heißen Brei herumreden.

Frido legte die Leinen um die Pfähle (ich konnte ja nicht, der Fuß, die Hand) und hielt plötzlich inne. Ich folgte seinem Blick Richtung Steg, wo ein großer blonder Mann stand.

»Ingo?«, fragte Frido ungläubig. »Das glaub ich jetzt nicht!« Er sprang auf den Steg und lief dem Blonden entgegen. »Du bist echt gekommen! Mensch, wie ich mich freue. Ich war mir wirklich nicht sicher, ob …«

Und dann umarmten sie sich.

Und küssten sich.

Auf den Mund.

Mitten auf dem Steg.

Ich saß da und sagte nichts.

»Geli!« Frido schrie fast. »Komm mal her! Ich muss dir Ingo vorstellen!«

»Äh«, räusperte ich mich. »Ich dachte, deine Beziehung mochte nicht segeln.«

»Ja, aber das war doch nicht Ingo! Wir kennen uns erst eine Woche und ich war mir nicht sicher, ob Ingo wirklich kommt. Er war sich nämlich noch nicht sicher, ob er sich auf eine neue Beziehung einlassen will. Aber jetzt«, liebevoll strich Frido Ingo über die Wange, »scheint es so zu sein.«

Ingo nickte. »Hallo, Geli. Ich freue mich, dich kennenzulernen.« Er winkte mir zu und sah dann wieder Frido an. Verliebt.

Jetzt war mir natürlich alles klar. Frido konnte ich auch gar keinen Vorwurf machen. Er hatte immer nur von der Beziehung gesprochen, ich war diejenige, die dachte, es sei natürlich eine Frau. Und umarmt hatte er mich, weil Schwule nun mal gern Frauen umarmen. Wenigstens hätte er mir sagen können, dass er schwul war.

Was war ich nur für ein verträumter Idiot gewesen.

Langsam ging ich nach vorn und sprang behände von Bord.

»Geht's deinem Fuß besser?«, fragte Frido freundlich. Plötzlich waren die Sonne zu heiß, die Leute zu laut, die

Möwen zu nervig, das Wetter zu schön, das Meer einfach ätzend. Ich hatte meinen persönlichen zweiten Horst-Gau.

»He!«, rief Frido und winkte schon wieder einem Mann zu, der über den Steg lief.

»Das ist Philipp, mein Bruder«, sagte er dann zu mir. Etwas anderes hätte ich auch nicht ertragen. Philipp sah Frido ziemlich ähnlich. Eigentlich sah er genauso aus wie Frido, nur dass er ein Jahr älter war.

»Es ist ja Mittwoch«, sagte Philipp. »Daran hab ich vorhin gar nicht gedacht. Nachmittags ist die Praxis immer zu. Hi.« Er grinste mich an. Müde lächelte ich zurück.

»Dann zeig mir doch mal deinen Fuß. Und die Hand natürlich.«

Weil jetzt sowieso alles egal war, setzte ich mich einfach auf den Steg und hielt sie ihm hin. Egal, egal.

»Hm«, machte er eine Minute später, »da ist nichts zu finden.«

Und dann fing ich an zu heulen.

Vier Stunden später saßen wir in Fridos Garten. Es war ein wunderbarer Abend. Wir hatten den Tisch unter den Bäumen gedeckt, Ingo grillte, diverse Freunde und Freundinnen von Frido wuselten herum. Schöne Café-del-Mar-Musik dudelte im Hintergrund, und Philipp saß mir gegenüber.

»Versprich mir, dass du wirklich kein Freeclimbing magst«, bat er mich.

»Ich schwöre.«

»Das ist gut. Ich habe nämlich Höhenangst.«

»Ich auch.«

Philipp und ich hatten uns stundenlang unterhalten und ich hatte ihm alles erzählt. Auch das von Horst. Und von der Begegnung mit Frido.

»Das ist mal wieder typisch für meinen Bruder«, sagte Philipp fast etwas böse. »Das ist nicht das erste Mal so gewesen. Er sagt einfach nicht, dass er schwul ist, und stürzt die Frauen, die sich für ihn interessieren, ins Unglück.«

»Ach, das ist doch jetzt egal«, entgegnete ich lächelnd. Eigentlich gefiel Philipp mir viel besser. Er liebte wie ich italienisches Essen und wollte unbedingt mal nach Schottland. Er segelte auch nicht, sondern lag lieber am Strand. Wie ich.

Frido beachtete mich gar nicht mehr. Er war so abwechselnd mit Ingo und dem Grillgut beschäftigt, dass er nichts von seiner Umgebung wahrnahm.

»Wie lange bleibst du denn noch in Laboe?«, fragte Philipp und häufte Salat auf seinen Teller.

»Ich weiß noch nicht.« Ich zögerte.

»Von mir aus kannst du lange bleiben, solange du willst.«

»Oh«, sagte ich.

»Wir könnten dann ja etwas zusammen unternehmen.«

»Ja«, sagte ich und ich spürte den kleinen Freudenhüpfer in meinem Bauch.

»Wir könnten«, sagte Philipp und strahlte mich nun so an, dass mir schwindlig wurde, »einfach alles zusammen machen. Für immer.«

Mein Herz quoll über vor Glück.

In diesem Moment klingelte mein Wecker.

Ich schoss hoch und riss die Augen auf.

»Mach doch mal den Wecker aus«, knurrte jemand neben mir und ich wusste, es war Horst.

Ich stand auf und ging im Schlafanzug in die Küche, um Kaffee zu machen.

Ach, Horst. Unsere Beziehung war schon lange keine mehr. Es war nur noch ein Nebeneinanderher …

Das Telefon klingelte.

»Geli«, rief meine Freundin Bettina aufgeregt in den Hörer. »Du musst mir helfen. Pack deine Sachen und komm zu mir. Hannes ist von einer Wespe gestochen worden. In die

Zunge. Er ist völlig außer Gefecht gesetzt. Und ich habe ja die Pension und den Kiosk. Beides schaffe ich nicht. Kannst du herkommen?«

Ich schaute aus dem Fenster. Es war noch früh.

Es würde ein schöner Tag werden.

»Ich komme«, sagte ich.

Wer kann schon wissen, was das Leben bringt?

Ich würde es herausfinden.

Jetzt.

Dann ging ich nach oben und packte meine Sachen.

10 Monate später:

Paula Manon ist da!
8. März 2014
Wir freuen uns sehr!

Dr. Philipp Freiherr von Friedewald
Angelica Freifrau von Friedewald
sowie unsere Eltern und der stolze Onkel Fridolin!
Laboe, im März 2014

Kurt Tucholsky

Die Kunst, falsch zu reisen

Wem Gott will rechte Gunst erweisen, den schickt er in die –

»Alice! Peter! Sonja! Legt mal die Tasche hier in das Gepäcknetz, nein da! Gott, ob einem die Kinder wohl mal helfen! Fritz, iss jetzt nicht alle Brötchen auf. Du hast eben gegessen!«

in die weite Welt!

Wenn du reisen willst, verlange von der Gegend, in die du reist, *alles:* schöne Natur, den Komfort der Großstadt, kunstgeschichtliche Altertümer, billige Preise, Meer, Gebirge – also: vorn die Ostsee und hinten die Leipziger Straße. Ist das nicht vorhanden, dann schimpfe.

Wenn du reist, nimm um Gottes willen keine Rücksicht auf deine Mitreisenden – sie legen es dir als Schwäche aus. Du hast bezahlt – die anderen fahren alle umsonst. Bedenke, dass es von ungeheurer Wichtigkeit ist, ob du einen Fensterplatz hast oder nicht; dass im Nichtraucher-Abteil einer raucht, muss sofort und in den schärfsten Ausdrücken gerügt werden – ist der Schaffner nicht da, dann vertritt ihn einstweilen und sei Polizei, Staat und rächende Nemesis in einem. Das verschönt die Reise. Sei überhaupt unliebenswürdig – daran erkennt man den *Mann.*

Im Hotel bestellst du am besten ein Zimmer und fährst dann anderswohin. Bestell das Zimmer nicht ab; das hast du nicht nötig – nur nicht weich werden.

Bist du im Hotel angekommen, so schreib deinen Namen mit allen Titeln ein … Hast du keinen Titel … Verzeihung … ich meine: Wenn einer keinen Titel hat, dann erfinde er sich einen. Schreib nicht: »Kaufmann«, schreib: »Generaldirektor«. Das hebt sehr. Geh sodann unter heftigem Türenschlagen in dein Zimmer, gib um Gottes willen dem Stubenmädchen, von dem du ein paar Kleinigkeiten extra verlangst, kein Trinkgeld, das verdirbt das Volk; reinige deine staubigen Stiefel mit dem Handtuch, wirf ein Glas entzwei (sag es aber keinem, der Hotelier hat so viele Gläser!) und begib dich sodann auf die Wanderung durch die fremde Stadt.

In der fremden Stadt musst du zuerst einmal alles genauso haben wollen, wie es bei dir zu Hause ist – hat die Stadt das nicht, dann taugt sie nichts. Die Leute müssen also rechts fahren, dasselbe Telefon haben wie du, dieselbe Anordnung der Speisekarte und dieselben Retiraden. Im Übrigen sieh dir *nur* die Sehenswürdigkeiten an, die im Baedeker stehen. Treibe die Deinen erbarmungslos an alles heran, was im Reisehandbuch einen Stern hat – lauf blind an allem andern vorüber, und vor allem: Rüste dich richtig aus. Bei Spaziergängen durch fremde Städte trägt man am besten kurze Gebirgshosen, einen kleinen grünen Hut (mit Rasierpinsel), schwere Nagelschuhe (für Museen sehr geeignet) und einen derben Knotenstock. Anseilen nur in Städten von 500 000 Einwohnern aufwärts.

Wenn deine Frau vor Müdigkeit umfällt, ist der richtige Augenblick gekommen, auf einen Aussichtsturm oder auf das Rathaus zu steigen; wenn man schon mal in der Fremde ist, muss man alles mitnehmen, was sie einem bietet. Verschwimmen dir zum Schluss die Einzelheiten vor Augen, so kannst du voller Stolz sagen: Ich hab's geschafft.

Mach dir einen Kostenvoranschlag, bevor du reist, und zwar auf den Pfennig genau, möglichst um hundert Mark zu gering – man kann das immer einsparen. Dadurch nämlich, dass man überall handelt; dergleichen macht beliebt und heitert überhaupt die Reise auf. Fahr lieber noch ein Endchen weiter, als es dein Geldbeutel gestattet, und bring den Rest dadurch ein, dass du zu Fuß gehst, wo die Wagenfahrt angenehmer ist; dass du zu wenig Trinkgelder gibst; und dass du überhaupt in jedem Fremden einen Aasgeier siehst. Vergiss dabei nie die Hauptregel jeder gesunden Reise:

Ärgere dich!

Sprich mit deiner Frau nur von den kleinen Sorgen des Alltags. Koch noch einmal allen Kummer auf, den du zu Hause im Büro gehabt hast; vergiss überhaupt nie, dass du einen Beruf hast.

Wenn du reisest, so sei das Erste, was du nach jeder Ankunft in einem fremden Ort zu tun hast: Ansichtskarten zu schreiben. Die Ansichtskarten brauchst du nicht zu bestellen: Der Kellner sieht schon, dass du welche haben willst. Schreib unleserlich – das lässt auf gute Laune schließen. Schreib überall Ansichtskarten: auf der Bahn, in der Tropfsteingrotte, auf den Bergesgipfeln und im schwankenden Kahn. Brich dabei den Füllbleistift ab und gieß Tinte aus dem Federhalter. Dann schimpfe.

Das Grundgesetz jeder richtigen Reise ist: *Es muss was los sein* – und du musst etwas »vorhaben«. Sonst ist die Reise keine Reise. Jede Ausspannung von Beruf und Arbeit beruht darin, dass man sich ein genaues Programm macht, es aber nicht innehält – hast du es nicht innegehalten, gib deiner Frau die Schuld.

Verlang überall ländliche Stille; ist sie da, schimpfe, dass nichts los ist. Eine anständige Sommerfrische besteht in einer Anhäufung derselben Menschen, die du bei dir zu Hause siehst sowie in einer Gebirgsbar, einem Oceandancing und einer Weinabteilung. Besuche dergleichen – halte dich dabei aber an deine gute, bewährte Tracht: kurze Hose, kleiner Hut (siehe oben).

Sieh dich sodann im Raume um und sprich: »Na, elegant ist es hier gerade nicht!« Haben die andern einen Smoking an, so sagst du am besten: »Fatzkerei, auf die Reise einen Smoking mitzunehmen!« – hast *du* einen an, die andern aber nicht, mach mit deiner Frau Krach. Mach überhaupt mit deiner Frau Krach.

Durcheile die fremden Städte und Dörfer – wenn dir die Zunge nicht heraushängt, hast du falsch disponiert; außerdem ist der Zug, den du noch erreichen musst, wichtiger als eine stille Abendstunde. Stille Abendstunden sind Mumpitz; dazu reist man nicht.

Auf der Reise muss alles etwas besser sein, als du es zu Hause hast. Schieb dem Kellner die nicht gut eingekühlte Flasche Wein mit einer Miene zurück, in der geschrieben steht: »Wenn mir mein Haushofmeister den Wein so aus dem Keller bringt, ist er entlassen!« Tu immer so, als seist du aufgewachsen bei …

Mit den lächerlichen Einheimischen sprich auf alle Fälle gleich von Politik, Religion und dem Krieg. Halte mit deiner Meinung nicht hinterm Berg, sag alles frei heraus! Immer gib ihm! Sprich laut, damit man dich hört – viele fremde Völker sind ohnehin schwerhörig. Wenn du dich amüsierst, dann lach, aber so laut, dass sich die andern ärgern, die in ihrer Dummheit nicht wissen, worüber du lachst. Sprichst du fremde Sprachen nicht sehr gut, dann schrei: Man versteht dich dann besser.

Lass dir nicht imponieren.

Seid ihr mehrere Männer, so ist es gut, wenn ihr an hohen Aussichtspunkten etwas im Vierfarbendruck singt.

Die Natur hat das gerne.

Handele. Schimpfe. Ärgere dich. Und mach Betrieb.

Die Kunst, richtig zu reisen

Entwirf deinen Reiseplan im Großen – und lass dich im Einzelnen von der bunten Stunde treiben.

Die größte Sehenswürdigkeit, die es gibt, ist die Welt – sieh sie dir an.

Niemand hat heute ein so vollkommenes Weltbild, dass er alles verstehen und würdigen kann: Hab den Mut, zu sagen, dass du von einer Sache nichts verstehst.

Nimm die kleinen Schwierigkeiten der Reise nicht so wichtig; bleibst du einmal auf einer Zwischenstation sitzen, dann freu dich, dass du am Leben bist, sieh dir die Hühner an und die ernsthaften Ziegen und mach einen kleinen Schwatz mit dem Mann im Zigarrenladen.

Entspanne dich. Lass das Steuer los. Trudele durch die Welt. Sie ist so schön: Gib dich ihr hin, und sie wird sich dir geben.

Die Autoren

Ewald Arenz, geboren 1965, studierte englische und amerikanische Literatur sowie Geschichte und publiziert seit Beginn der Neunzigerjahre. Für seine Werke wurde er mehrfach ausgezeichnet. Bei dtv erschienen seine Romane ›Der Duft von Schokolade‹ (dtv 13808), ›Der Teezauberer‹ (dtv 13978), ›Ehrlich & Söhne‹ (dtv 14051) und ›Das Diamantenmädchen‹ (dtv 14230).

(Abdruck mit freundlicher Genehmigung des Verlags ars vivendi, Cadolzburg. Aus: E. Arenz, Meine kleine Welt. Cadolzburg 2008)

T. Coraghessan Boyle, geboren 1948 in Peekskill/New York im Hudson Valley, entdeckte seine Liebe zum Schreiben während des Geschichtsstudiums. Heute zählt er zu den bekanntesten und produktivsten amerikanischen Autoren. Für seinen Roman ›World's End‹ erhielt er 1987 den PEN/Faulkner-Preis. Er lebt mit seiner Familie in Kalifornien und unterrichtet an der University of Southern California in Los Angeles.

(Abdruck mit freundlicher Genehmigung des Carl Hanser Verlags, München. Aus: T. C. Boyle, Zähne und Klauen. Erzählungen. Deutsch von Annette Grube und Dirk van Gunsteren, München 2008)

Claudia Brendler ist Autorin, Musikerin und Teil des bekannten Comedy-Duos »Queens of Spleens«. Sie hat drei erfolgreiche Romane veröffentlicht, ›Dösende Möwen‹ (2014), ›Paarungszeit‹ (2013) und ›Eiertanz‹ (2012). Claudia Brendler lebt und arbeitet in Frankfurt.

(Erstveröffentlichung. Abdruck mit freundlicher Genehmigung der Autorin. © 2014 Claudia Brendler)

Wolfgang Brenner, geboren 1954 in Quierschied/Saar, lebt als freier Journalist und Autor von Hörspielen, Theaterstücken und Drehbüchern (›Tatort‹, ›Polizeiruf 110‹) in Berlin und im Hunsrück. Für die ›Frankfurter Allgemeine Sonntagszeitung‹ schrieb er siebzehn Jahre lang die beliebten Schmalenbach-Geschichten, die Kultstatus erreicht haben.

(Aus: W. Brenner, Elke versteht das. Deutscher Taschenbuch Verlag, München 2010)

Katinka Buddenkotte, Jahrgang 1976, lehrte nach langen Lehr- und Wanderjahren die Betreiber von Call-Centern, Jugendherbergen und Messeständen das Fürchten. Nach Aufenthalten in Berlin, Hamburg, Los Angeles und Düsseldorf lebt die Autorin mittlerweile in Köln.

(Abdruck mit freundlicher Genehmigung des Verlags Die Muschel, Köln. Aus: K. Buddenkotte, Nicht lecker, aber Weltrekord. Köln 2010)

Alex Capus, geboren 1961 in Frankreich, studierte Geschichte und Philosophie in Basel. Er arbeitete als Journalist bei verschiedenen Schweizer Tageszeitungen und bei der Schweizerischen Depeschenagentur SDA in Bern. Alex Capus lebt heute als freier Schriftsteller in Olten, Schweiz.

(Aus: A. Capus, Eigermönchundjungfrau. Deutscher Taschenbuch Verlag, München 2004. Originalveröffentlichung: Zürich 1998)

Pamela Cockerill ist eine walisische Autorin. Für ihre Kurzgeschichten wurde sie mehrfach ausgezeichnet. Neben ihren Kinderbüchern (u.a. ›Winterponys‹, dt. 1998) wurde sie hauptsächlich bekannt als Co-Autorin von Biografien wie z.B. über Heather Mills.

(Deutsche Erstveröffentlichung. Originaltitel: ›The seventh wave‹. Aus: Catwomen from Hell, Contemporary Short Stories by Women from Wales. Herausgegeben von Janet Thomas. 2000 Honno Press, Wales, 2000. Deutsch von Gabriele Haefs.)

Mick Fitzgerald, geboren 1951 in Dublin, ist nicht nur Schriftsteller, sondern arbeitete auch als Journalist und Schauspieler. Als Musiker war er Mitglied verschiedener irischer Bands. Seine Erzählungen und Gedichte wurden in Zeitschriften und Anthologien veröffentlicht. Seine Erzählung ›Die Geigenstunde‹ war für den angesehenen irischen Hennessy-Preis nominiert. Mick Fitzgerald lebt in Dublin. Mehr über den Autor: www.mickafitzgerald.com

(Aus: M. Fitzgerald, Session. Irish Stories. Deutsch von Gabriele Haefs. Wien 2010. Abdruck mit freundlicher Genehmigung des Autors. © 2010 Mick Fitzgerald)

Axel Hacke wurde 1956 in Braunschweig geboren und lebt heute als Schriftsteller und Journalist in München. Er arbeitete zwanzig Jahre für die ›Süddeutsche Zeitung‹, in deren Magazin bis heute seine Kolumne ›Das Beste aus aller Welt‹ erscheint. Seine journalistische Arbeit wurde mit vielen Preisen ausgezeichnet, und seine Bücher, zu denen Bestseller wie ›Der kleine Erziehungsberater‹ (1992), ›Der kleine König Dezember‹ (2000) und ›Der weiße Neger Wumbaba‹ (2004) gehören, wurden in zahlreiche Sprachen übersetzt.

(Abdruck mit freundlicher Genehmigung des Antje

Kunstmann Verlags, München. Aus: A. Hacke, Der kleine Erziehungsberater. München 1992)

Elke Heidenreich, geboren 1943 in Korbach/Waldeck, verbrachte ihre Jugend im Ruhrgebiet, studierte Germanistik, Theaterwissenschaft und Publizistik in München, Hamburg und Berlin. Seit 1970 arbeitet sie als freie Autorin und Moderatorin für Funk, Fernsehen und verschiedene Zeitungen.

(Abdruck mit freundlicher Genehmigung des Carl Hanser Verlags, München. Aus: E. Heidenreich/B. Schroeder, Rudernde Hunde. Geschichten. München 2002)

Anja Jonuleit wurde in Bonn geboren, wuchs am Bodensee auf und lebte einige Jahre im Ausland. Sie studierte Italienisch und Englisch und arbeitete als Übersetzerin und Dolmetscherin, bis sie anfing, Romane und Geschichten zu schreiben. Bei dtv sind u. a. ihre erfolgreichen Romane ›Herbstvergessene‹ (dtv 24788) und ›Die fremde Tochter‹ (dtv 24945) erschienen. Die Autorin lebt mit ihrer Familie in der Nähe von Friedrichshafen.

(Erstveröffentlichung. Abdruck mit freundlicher Genehmigung der Autorin. © 2014 Anja Jonuleit)

Laabs Kowalski, 1963 in Dortmund geboren, ist der Urenkel einer ungarischen Zigeunerprinzessin und studierte Germanistik, Theater-, Film- und Fernsehwissenschaften und Soziologie. Seit 1998 sind zahlreiche Romane und Erzählbände von ihm erschienen. Der Grimme-Preisträger arbeitete als Zeitschriftenredakteur, Herausgeber, Musikjournalist und Drehbuchautor und lebt mit seiner Familie in Köln. Bei dtv erschien sein Roman ›Das Mädchen, das den Himmel nicht mochte‹ (dtv 21450).

›Drischbatzka‹ 203
(Aus: L. Kowalski, So zärtlich war das Ruhrgebiet. Eine Kindheit in den Siebziger Jahren. Abdruck mit freundlicher Genehmigung des Autors. © 2013 Laabs Kowalski)

Arnold Küsters, geboren 1954, arbeitete nach dem Studium als Journalist für Hörfunk und Fernsehen und veröffentlichte zahlreiche Kurzkrimis und Kriminalromane. 2014 erscheint sein siebter Kriminalroman ›Endstation Allgäu‹. Als Musiker gehört er zu der weltweit einzigen Krimiautorenband »HANDS UP! and the shooting stars« und spielt Bluesharp in der Rockband »STIXX«. Arnold Küsters lebt mit seiner Familie am Niederrhein. Weitere Infos unter www.arnold-kuesters.de und www.stixx-online.de
›Tandoorische Nächte‹ 187
(Erstveröffentlichung. Abdruck mit freundlicher Genehmigung des Autors. © 2014 Arnold Küsters)

Siegfried Lenz, geboren am 17. März 1926 in Lyck/Ostpreußen, zählt zu den bedeutendsten und meistgelesenen Autoren der deutschen Nachkriegs- und Gegenwartsliteratur. Sein Werk wurde mit zahlreichen Preisen und Auszeichnungen geehrt, u.a. dem Goethe-Preis der Stadt Frankfurt und dem Friedenspreis des Deutschen Buchhandels. Er lebt als freier Schriftsteller in Hamburg.
›Kummer mit jütländischen Kaffeetafeln‹ 75
(Abdruck mit freundlicher Genehmigung des Hoffmann und Campe Verlags, Hamburg. Aus: S. Lenz, Die Erzählungen. Hamburg 2006)

Katherine Mansfield, geboren 1888 Wellington, Neuseeland, gestorben 1923 in Fontainebleau, Frankreich, wird oft verglichen mit englischen Schriftstellern wie Thomas Hardy, Virginia Woolf oder T. S. Eliot. 1903 ging sie nach London und gehörte dort schnell zur literarischen Bohème. Sie unterhielt Beziehungen zu Männern und Frauen. Nachdem ihre Ehe mit dem Literaturkritiker John Middleton Murry gescheitert war, starb sie mit erst 34 Jahren an Tuberkulose.

(Abdruck mit freundlicher Genehmigung des Suhrkamp Verlags, Berlin. Aus: K. Mansfield, Glück und andere Erzählungen. Deutsch von Heide Steiner, Berlin 2012)

Milena Moser, 1963 in Zürich geboren, machte eine Buchhändlerlehre, arbeitete als Journalistin, schrieb für Zeitungen und Magazine, lebte lange in San Francisco und wurde mit ›Schlampenyoga‹ (2005) und ›Die Putzfraueninsel‹ (dtv 21455) zu einer der erfolgreichsten Autorinnen der Schweiz.

(Abdruck mit freundlicher Genehmigung des Verlags Nagel & Kimche im Carl Hanser Verlag, München. Aus: M. Moser, High Noon im Mittelland. Die besten Kolumnen. München 2011)

Stefan Moster, geboren 1964 in Mainz, lebt als Autor, Übersetzer, Lektor und Herausgeber mit seiner Familie in Espoo, Finnland. 2001 wurde er mit dem staatlichen finnischen Übersetzerpreis ausgezeichnet. 2009 veröffentlichte er seinen ersten Roman, ›Die Unmöglichkeit des vierhändigen Spiels‹ (dtv 14137). 2011 folgte ›Lieben sich zwei‹ (dtv 14226).

(Abdruck mit freundlicher Genehmigung des mareverlag Hamburg. Aus: Ein extraherrlicher Meersommerabend. Herausgegeben von Jan Christophersen. Hamburg 2013)

Alice Munro, 1931 in Ontario geboren, hat zahlreiche Erzählungsbände und einen Roman veröffentlicht. Für ihr umfangreiches literarisches Werk wurde sie mit unzähligen

Preisen ausgezeichnet. Sie erhielt 2009 den renommierten Man Booker International Prize und 2013 den Literaturnobelpreis. Alice Munro lebt in Ontario und in British Columbia.

(Abdruck mit freundlicher Genehmigung des S. Fischer Verlags, Frankfurt. Aus: A. Munro, Zu viel Glück. Deutsch von Heidi Zerning, Frankfurt 2011)

Cees Nooteboom, 1933 in Den Haag geboren, gehört zu den meistgelesenen niederländischen Autoren. Sein Werk umfasst Romane, Novellen, Reiseberichte und Gedichte. Internationale Aufmerksamkeit erregte 1980 sein Roman ›Rituale‹ und 1991 seine Novelle ›Die folgende Geschichte‹. Sein Werk wurde mehrfach ausgezeichnet und in mehr als 15 Sprachen übersetzt.

(Abdruck mit freundlicher Genehmigung des Suhrkamp Verlags, Berlin. Aus: C. Nooteboom. Roter Regen. Leichte Geschichten. Deutsch von Helga van Beuningen, Frankfurt 2007)

Anne B. Ragde, geboren 1957 in Trondheim/Norwegen, studierte Sprachwissenschaften und schrieb 1992 ihren ersten Roman. Ihren großen internationalen Erfolg hatte sie mit der Trilogie über die Familie Neshov (›Das Lügenhaus‹, ›Einsiedlerkrebse‹, ›Hitzewelle‹, 2007). Sie zählt zu den am meisten gelesenen Autorinnen in den skandinavischen Ländern.

(Aus: Mord unterm Nordlicht. Krimierzählungen aus Skandinavien. Herausgegeben von G. Haefs, Ch. Hildebrandt, D. Mißfeldt. Deutscher Taschenbuch Verlag. Deutsch von Gabriele Haefs. Abdruck mit freundlicher Genehmigung der Autorin. © 2013 Anne B. Ragde)

Ulrike Rylance studierte Deutsch und Englisch in Leipzig und London und arbeitet seit einigen Jahren als freie Autorin. Unter dem Namen Ulrike Rylance schreibt sie Kinder- und Jugendbücher und als Ulrike Herwig Unterhaltungsromane für Erwachsene. Seit 2001 lebt sie mit ihrer Familie in Seattle/USA, wo es immer so viel regnet, dass ihr gar nichts anderes übrig bleibt, als pausenlos Bücher zu schreiben.

(Erstveröffentlichung. Vermittelt durch die Literaturagentur Kai Gathemann, München. Abdruck mit freundlicher Genehmigung der Autorin. © 2014 Ulrike Rylance)

Nadine Stachorra wurde 1982 in Haan im Rheinland geboren und lebt noch heute dort. Nach einem Studium für Kommunikationsdesign beschäftigt sie sich beruflich mit dem Schreiben von Fach- und Pressetexten. Ihre Liebe zur deutschen Sprache und ihr persönliches Interesse an Sprachphänomenen und Dialekten führten sie zu Kiezdeutsch. Mit ihren originellen Märcheninterpretationen plädiert sie dafür, in diesem spannenden Phänomen der Jugendsprache keine Gefährdung, sondern eine Bereicherung der deutschen Sprache zu sehen.

(Aus: N. Stachorra, Sieben auf ein Streisch. Kiezdeutsch Interpretationen. Abdruck mit freundlicher Genehmigung der Autorin. © 2014 Nadine Stachorra)

Kurt Tucholsky, geboren 1890 in Berlin, gestorben 1935 in Göteborg, war Journalist, Satiriker, Erzähler, Lyriker, Chanson- und unermüdlicher Briefeschreiber. Sein Werk veröffentlichte er auch unter den Pseudonymen Kaspar Hauser, Peter Panter, Theobald Tiger und Ignaz Wrobel. Er zählt zu den meistgelesenen Autoren der Weimarer Republik und wird bis heute geschätzt und verehrt.

(Aus: K. Tucholsky, Gesammelte Werke, Band 2. Rowohlt Verlag, Reinbek 1960).

Steffi von Wolff wurde 1966 geboren und wuchs im Taunus auf. Sie arbeitete als Moderatorin, Reporterin und Redakteurin und begeistert regelmäßig mit ihren Erfolgsromanen (u. a. ›Aufgetakelt‹, ›Fremd küssen‹ und ›Saugfest‹) ein breites Publikum. Sie lebt mit ihrem Mann in Hamburg.
›Von Booten und Männern‹ 222
(Erstveröffentlichung. Abdruck mit freundlicher Genehmigung der Autorin. © 2014 Steffi von Wolff).

Dora Heldt im dtv

»Freuen Sie sich auf ein Lesevergnügen, das Sie zum Lachen, zum Weinen und zum Nachdenken bringen wird.«
Bild der Frau

Ausgeliebt
Roman
ISBN 978-3-423-**21410**-0
Nach 10 Jahren Ehe mit fast 40 per Telefon verlassen zu werden – ein Schock. Zum Glück ist Frau nicht alleine …

Unzertrennlich
Roman
ISBN 978-3-423-**21133**-8
Christine glaubt auch ohne beste Freundin auszukommen. Dabei verpasst sie eine Menge, findet ihre Kollegin Ruth.

Urlaub mit Papa
Roman
ISBN 978-3-423-**21143**-7
Eigentlich hatte Christine für Norderney andere Pläne. Doch ihre Mutter verdonnert sie dazu, ihren Vater Heinz (73) mitzunehmen – eine Nervenprobe.

Tante Inge haut ab
Roman
ISBN 978-3-423-**21209**-0
Freudig begrüßt Christine am Bahnhof ihren Johann, doch das Unheil naht: Hinter ihr steht Tante Inge (64), Papas jüngere Schwester. Was macht sie allein auf Sylt? Noch dazu mit so vielen Koffern?

Kein Wort zu Papa
Roman
ISBN 978-3-423-**21362**-2
ISBN 978-3-423-**24814**-3
(dtv premium)
Christine und Ines müssen für ein paar Tage eine Pension auf Norderney übernehmen – ein Job, von dem die Schwestern keine Ahnung haben!

Bei Hitze ist es wenigstens nicht kalt
Roman
ISBN 978-3-423-**21437**-7
ISBN 978-3-423-**24857**-0
(dtv premium)
Bloß nicht den 50. Geburtstag mit der Familie feiern! Doris (49) sucht ihr Heil in der Flucht und fährt mit zwei alten Schulfreundinnen in ein Wellness-Hotel an der Ostsee.

Herzlichen Glückwunsch, Sie haben gewonnen!
Roman
ISBN 978-3-423-**21529**-9
ISBN 978-3-423-**28007**-5
Papa Heinz und Onkel Walter gewinnen eine Luxusreise an die Schlei, doch die entpuppt sich als dubiose Verkaufsfahrt.

Bitte besuchen Sie uns im Internet: www.dtv.de

Die Kult-Serie von Jutta Profijt im dtv

ISBN 978-3-423-**21129**-1
ISBN 978-3-423-**40122**-7
(eBook)

ISBN 978-3-423-**21185**-7
ISBN 978-3-423-**40312**-2
(eBook)

ISBN 978-3-423-**21256**-4
ISBN 978-3-423-**40574**-4
(eBook)

ISBN 978-3-423-**21340**-0
ISBN 978-3-423-**40916**-2
(eBook)

ISBN 978-3-423-**21506**-0
ISBN 978-3-423-**41981**-9
(eBook)

Das sonst so geordnete Leben des Rechtsmediziners Dr. Martin Gänsewein gerät völlig aus den Fugen, als sich eines Tages die Seele des toten Autoschiebers Pascha bei ihm einnistet.

»Nur zwei Worte: Zum Totlachen!« (Für Sie)

Bitte besuchen Sie uns im Internet: www.dtv.de

Katharina Münk im dtv

Die Insassen
Roman
ISBN 978-3-423-**21299**-1

Vier Insassen der Nervenklinik St. Ägidius – drei ehemalige Top-Manager führender Wirtschaftsunternehmen und eine Chefsekretärin – bringen ihre Anstalt zunächst auf Kurs und dann an die Börse …

Glänzende Geschäfte
Roman · dtv premium
ISBN 978-3-423-**24988**-1

Ausgerechnet eine akute Sinnkrise verhilft Dr. Wilhelm Löhring, Wirtschaftsboss und ehemals Insasse der Nervenklinik St. Ägidius, zu einem glanzvollen Comeback in der deutschen Wirtschafts-Community, einem Wiedersehen mit Ex-Investmentbanker und Mitinsasse Keith Winter und einem ebenso vielversprechenden wie irrwitzigen Big Deal.

Die Eisläuferin
Roman
ISBN 978-3-423-**21415**-5

Die Regierungschefin einer westlichen Industrienation verliert durch einen Unfall ihr Gedächtnis und erfährt jeden Tag aufs Neue, dass sie ein Land regieren muss. Das geht so lange gut, bis die Chefin entdeckt, wie förderlich Emotionen für die Erinnerung sind …

Alle Titel sind auch als eBook erhältlich.

Bitte besuchen Sie uns im Internet: www.dtv.de